TRAFFIC SAFETY AND
ACCIDENT PREVENTION FOR
ELECTRIC BICYCLE

电动自行车
交通安全与事故预防

周继彪　董升　吴瑶　等 著
郭延永　马昌喜 主审

人民交通出版社
北京

内 容 提 要

本书是一本介绍电动自行车交通安全与事故预防的学术专著,较为全面地论述了电动自行车的发展现状、交通出行特性、交通事故特征、安全影响因素、风险骑行行为、决策行为分析、头盔政策分析、上牌政策分析以及协同治理对策。

本书的特色是理论与实践相结合,内容涵盖电动自行车交通事故预防、综合协同治理等主要环节,并结合交通调查实践,展示了电动自行车出行安全领域研究的前沿方法和先进技术。本书的出版对践行"绿色交通"理念,助力交通强国建设具有一定的推动意义。

本书可作为高等院校安全工程、交通运输规划与管理、交通工程、应急管理等专业的研究生教材和高年级本科生选修教材,也可供公安交警、交通、应急、市场监管、工业信息等行业管理部门以及科研院所、科普机构、相关行业协会和企业等参考。

图书在版编目(CIP)数据

电动自行车交通安全与事故预防 / 周继彪等著. — 北京:人民交通出版社股份有限公司, 2024.1

ISBN 978-7-114-18825-1

Ⅰ.①电… Ⅱ.①周… Ⅲ.①电动自行车—行车安全 ②电动自行车—交通事故—事故预防 Ⅳ.①U484 ②U491.3

中国国家版本馆 CIP 数据核字(2024)第 019910 号

Diandong Zixingche Jiaotong Anquan yu Shigu Yufang

书　　名	电动自行车交通安全与事故预防
著 作 者	周继彪　董　升　吴　瑶　等
责任编辑	郭红蕊　杨　明
责任校对	赵媛媛　魏佳宁
责任印制	刘高彤
出版发行	人民交通出版社
地　　址	(100011)北京市朝阳区安定门外外馆斜街 3 号
网　　址	http://www.ccpcl.com.cn
销售电话	(010)59757973
总 经 销	人民交通出版社发行部
经　　销	各地新华书店
印　　刷	北京交通印务有限公司
开　　本	787×1092　1/16
印　　张	16
字　　数	380 千
版　　次	2024 年 1 月　第 1 版
印　　次	2024 年 1 月　第 1 次印刷
书　　号	ISBN 978-7-114-18825-1
定　　价	98.00 元

(有印刷、装订质量问题的图书,由本社负责调换)

作者简介

周继彪，工学博士，宁波市高等级公路建设管理中心副主任，德国 Bauhaus-University Weimar 访问学者，同济大学博士后，宁波市领军和拔尖人才第二层次（2022年）。主要研究方向为交通系统建模与仿真、交通安全。主持国家自然科学基金1项，主持和参与省部级基金项目10余项。发表高水平论文40余篇，其中SCI/EI收录17篇，出版专著1本，申请并获授权国家专利5项、实用新型专利3项，曾荣获第十一届钱学森城市学金奖提名奖、中国智能交通协会科学技术奖三等奖、宁波市鄞州区第五届哲学社会科学优秀成果一等奖、深圳市城市交通协会一等奖等奖项。

董升，工学博士，宁波工程学院副教授，德国 Bauhaus-University Weimar 访问学者。主要研究方向为交通行为、交通安全。主持和参与国家级、省部级项目10项。发表高水平论文20余篇，其中SCI/EI收录17篇，合作出版专著1本，申请并获授权国家专利5项、实用新型专利3项，曾荣获第十一届钱学森城市学金奖提名奖、中国智能交通协会科学技术奖三等奖、中国自动化学会CAA技术发明奖二等奖等奖项。

吴瑶，工学博士，南京邮电大学讲师，硕士生导师，江苏省"双创"人才，东南大学博士，加拿大 University of British Columbia 博士后。主要研究方向为现代智能交通、交通安全、智能运输与物流管理等。主持国家自然科学基金1项，江苏省教育厅面上基金1项，参与国家级、省部级项目10余项。发表高水平论文20余篇，合作出版专著1本，获授权国家发明专利10项，荣获2019年"杨东援交通学科优秀论文"提名奖，2020年度《中国公路学报》优秀论文二等奖，第十四届（2021）全国交通运输领域青年学术会议优秀论文奖，第十一届钱学森城市学金奖提名奖等。

张敏捷，工学博士，宁波工程学院讲师，希腊国家交通研究院访问学者。主要研究方向为交通信号控制理论与方法、交通仿真理论与技术等。主持和参与国家级、省部级项目10余项。发表高水平论文20余篇，其中SCI/EI收录13篇，曾荣获第十一届钱学森城市学金奖提名奖、中国智能交通协会科技进步二等奖（2013）和三等奖（2020）、广东省科技进步二等奖（2014）。

毛新华，工学博士，长安大学运输工程学院副教授、硕士生导师，加拿大 University of Waterloo 博士后，入选长安大学高层次人才支持计划"长安学者"，西安市交通基础设施建设与管理数字化重点实验室副主任。主要从事交通网络建模与优化、交通基础设施弹性优化、城市公共交通方面的研究。主持国家自然科学基金1项、主持和参与省部级科研项目10余项。发表论文30余篇，其中SCI检索20余篇，获中国公路学会交通BIM工程创新奖一等奖、二等奖各1项。

序 1
FOREWORD ONE

道路交通事故不仅会造成人员伤亡和财产损失，也会在一定程度上阻碍道路交通的可持续发展。为维护广大人民群众出行安全，增强交通安全文明意识，推动社会和谐发展，2012年，国务院正式批复同意将每年12月2日设立为"全国交通安全日"。2019年，中共中央、国务院印发的《交通强国建设纲要》明确指出要"构建安全、便捷、高效、绿色、经济的现代化综合交通体系"，我国城市交通安全改善工作任重道远。

近年来，电动自行车因其经济便捷、机动灵活及适宜中短距离出行等优势，在发展中国家尤其是中国得到了迅猛发展，并成为一种重要的通勤交通工具。然而，电动自行车的快速增长带来的道路交通安全问题日益严峻，道路交通事故呈现上升态势。因此，面向道路交通安全行业的重大需求，对电动自行车深入开展交通安全与事故预防研究，具有重要现实意义。

该书是介绍电动自行车交通安全与事故预防的学术专著，较为全面地论述了电动自行车的发展现状、交通出行特性、头盔政策分析等内容。通过对电动自行车交通事故特征、决策行为分析、协同治理对策等内容的分析，阐述了电动自行车在外部环境变化、行业发展趋势和国家政策导向下的新特点、新趋势、新格局。该书特色是理论与实践相结合，内容涵盖电动自行车交通事故预防、综合协同治理等重要环节，并且结合交通调

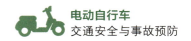

查实践，展示了电动自行车出行安全领域研究的前沿方法和先进技术。

该专著整合了研究团队近10年在电动自行车交通安全与事故预防领域的相关研究成果，是研究团队已出版专著《城市自行车共享系统交通特性与发展策略》的姊妹篇，是对浙江省哲学社会科学规划课题"面向'城市大脑'的数据驱动型交通事故风险防控策略研究"（21NDJC163YB）研究成果的凝练总结。该专著的出版将有力地推动我国电动自行车交通安全基础理论研究与工程实践，促进我国交通高质量和可持续快速发展。

同济大学教授、博导

2023年3月

序2
FOREWORD TWO

世界卫生组织发布的《2018年全球道路安全现状报告》指出，每年死于道路交通事故的人数高达135万，其中超过一半的伤亡者是电动自行车、自行车和行人等弱势道路使用者。2021年10月28日，世界卫生组织启动《全球道路安全行动十年计划》，提出到2030年将全球道路交通伤亡人数降低至少50%的宏伟目标。针对电动自行车交通安全与事故预防开展研究，是改善全球道路交通安全行动的有力途径。

据不完全统计，我国电动自行车保有量从1998年的5.8万辆增长到2022年的4.0亿辆，年均增长率高达44.5%。在短短二十多年内，我国已成为全球最大的电动自行车生产、消费、使用和出口国。与此同时，电动自行车的快速增长也带来了一系列安全问题，电动自行车交通事故已成为我国交通事故新的增长源。

该专著正是基于上述背景进行编写，是作者在电动自行车交通安全与事故预防领域研究成果的总结与提炼，书中系统阐述了电动自行车交通出行特性与交通事故特征、安全影响因素、决策行为分析、头盔政策分析与上牌政策分析以及协同治理对策等。该专著内容新颖丰富，特色突出，理论与实际紧密结合，具有很高的学术研究价值和应用推广价值。

该专著的出版不仅有利于推进我国电动自行车安全协同治理与绿色交通的可持续发

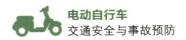

展，而且对持续提高我国城市慢行交通治理的科学化、精细化和智能化水平，对践行"绿色交通"理念，助力交通强国建设，都具有一定的推动意义。希望本专著研究成果能够为同行提供有益参考和借鉴，为建设人民满意的安全、共享、舒适的骑行环境发挥积极作用。

东南大学教授、博导

郭延永

2023年3月

前言
PREFACE

2020年12月，作者团队与人民交通出版社股份有限公司合作出版了第一本专著《城市自行车共享系统交通特性与发展策略》，引发了社会各界高度关注和积极讨论，书稿成果于2021年获得了第十一届钱学森城市学金奖"城市交通问题"金奖提名奖。与城市自行车共享系统相比，电动自行车作为更加便捷和广泛使用的交通出行工具，其安全问题受到了社会各界的普遍关注。为进一步践行"绿色交通"理念，助力交通强国建设，本团队现推出第二本专著《电动自行车交通安全与事故预防》。

全书共10章，包括绪论、电动自行车发展历程与相关标准、电动自行车交通出行特性、电动自行车交通事故特征、电动自行车安全影响因素、电动自行车风险骑行行为、电动自行车决策行为分析、电动自行车头盔政策分析、电动自行车上牌政策分析和电动自行车协同治理对策。其中，第1章由周继彪编写，第2章由周继彪和郑韬编写，第3章由张敏捷编写，第4章由周继彪和任毅编写，第5章由吴瑶编写，第6章由董升和吴瑶编写，第7章由董升编写，第8章由周继彪和郑韬编写，第9章由周继彪和吴瑶编写，第10章由毛新华编写，全书的统稿工作由周继彪和董升完成，审稿工作由郭延永和马昌喜完成。

本书的特色是理论与实践相结合，内容涵盖电动自行车交通事故预防、综合协同治

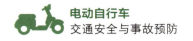

理等主要环节，并且结合交通调查实践，展示了电动自行车出行安全领域研究的前沿方法和先进技术。

本书在编写过程中得到以下项目的资助及项目团队研发人员的积极参与和支持，在此深表谢意！

（1）国家自然科学基金项目"城市大型客运枢纽高密度客流失稳机理解析与管控方法"（52002282），负责人：周继彪；

（2）国家自然科学基金项目"信号交叉口冲突场景下行人过街行为智能体建模方法"（52202382），负责人：吴瑶；

（3）浙江省哲学社会科学规划课题"面向'城市大脑'的数据驱动型交通事故风险防控策略研究"（21NDJC163YB），负责人：周继彪；

（4）浙江省哲学社会科学规划课题"基于D-S证据推理的疫情风险动态评估与精准管控策略"（22NDJC166YB），负责人：董升；

（5）浙江省自然科学基金项目"跨空间数据驱动的城市道路交通运行态势演化分析关键技术研究"（LY21E080010），负责人：董升；

（6）浙江省基础公益研究计划项目"基于溢流控制的过饱和干道公交绿波协调控制方法研究"（LGF20F030004），负责人：张敏捷。

（7）江苏省自然科学面上项目"基于高精轨迹的信号交叉口非机动车风险预测与安全预警"（21KJB 580015），负责人：吴瑶。

最后，感谢同济大学和宁波工程学院对本书的支持。

因作者水平所限，书中内容可能存在疏漏和不足之处，敬请读者指正，联系邮箱：zhoujibiao@tongji.edu.cn（联系人：周继彪）。

作　者

2023年4月

目录
CONTENTS

1 绪论 ··· 001

    1.1 研究背景 ··· 001
    1.2 内容简介 ··· 004
    1.3 特色亮点 ··· 007

2 电动自行车发展历程与相关标准 ·· 009

    2.1 全球电动自行车发展历程 ·· 009
    2.2 电动自行车知识图谱分析 ·· 020
    2.3 全球电动自行车标准 ·· 035
    2.4 本章小结 ··· 043

3 电动自行车交通出行特性 ·· 045

    3.1 实地交通调查 ·· 045
    3.2 电动自行车骑行者出行目的 ·· 047
    3.3 电动自行车骑行者出行时段 ·· 048
    3.4 电动自行车骑行者出行距离 ·· 048
    3.5 电动自行车流量分布特征 ·· 049
    3.6 电动自行车行驶速度特征 ·· 051

3.7 电动自行车密度分布特征 ··· 053
3.8 电动自行车违法行为分析 ··· 055
3.9 本章小节 ··· 056

4 电动自行车交通事故特征 ·· 058

4.1 电动自行车交通事故特性 ··· 058
4.2 电动自行车交通事故骑行者特征 ·· 061
4.3 宁波市电动自行车事故特征 ·· 063
4.4 电动自行车安全改善对策 ··· 069
4.5 本章小结 ··· 071

5 电动自行车安全影响因素 ·· 072

5.1 骑行者因素 ··· 073
5.2 车辆性能因素 ·· 078
5.3 骑行道路因素 ·· 082
5.4 管理政策因素 ·· 083
5.5 本章小结 ··· 086

6 电动自行车风险骑行行为 ·· 087

6.1 风险骑行行为研究 ·· 087
6.2 红灯违章行为机理研究 ·· 097
6.3 红灯违章行为异质性分析 ··· 107
6.4 快递外卖骑手风险骑行行为研究 ·· 119
6.5 本章小结 ··· 135

7 电动自行车决策行为分析 ·· 136

7.1 决策行为特征分析 ·· 137
7.2 停车/通过决策点判别 ·· 144
7.3 基于隐马尔科夫模型的决策模型构建 ··································· 149
7.4 基于隐马尔科夫链的驾驶模型预测 ······································ 157
7.5 电动自行车停车/通过决策行为机理解析 ······························· 160
7.6 本章小结 ··· 169

8 电动自行车头盔政策分析 ·· 170

8.1 基础数据采集方法 ·· 170

8.2	双变量有序概率建模	179
8.3	二元有序概率模型估计结果分析	180
8.4	结论和展望	185
8.5	本章小结	186

9 电动自行车上牌政策分析 188

9.1	基础数据采集方法	188
9.2	离散选择模型构建	193
9.3	二元概率模型估计结果分析	194
9.4	结论和展望	198
9.5	本章小结	199

10 电动自行车协同治理对策 200

10.1	构建协同治理体系	200
10.2	强化政府部门协同	202
10.3	加强企业主体责任	205
10.4	引导公众积极参与	207
10.5	本章小结	208

附录 209

附录 1	主要研究成果	209
附录 2	调查相关表格	211
附录 3	电动自行车相关政策	215

参考文献 219

结语 231

致谢 234

目录

图 目 录

图 1-1　电动自行车的典型类型示意图 ……………………………………… 003
图 1-2　本书的研究思路 ……………………………………………………… 004
图 2-1　电动自行车的诞生 …………………………………………………… 010
图 2-2　电动自行车发展史 …………………………………………………… 013
图 2-3　中国电动自行车的发展阶段 ………………………………………… 014
图 2-4　中国电动自行车行业发展历程 ……………………………………… 016
图 2-5　中国电动自行车产量统计图（2015—2021 年）…………………… 017
图 2-6　中国电动自行车保有量统计图（2010—2021 年）………………… 017
图 2-7　中国电动自行车与机动车保有量对比（2015—2021 年）………… 017
图 2-8　常见的共享电动自行车品牌及款式 ………………………………… 019
图 2-9　研究机构的可视化分析 ……………………………………………… 023
图 2-10　期刊共被引网络图 …………………………………………………… 025
图 2-11　关键词网络分析图 …………………………………………………… 027
图 2-12　中国电动自行车重要指标 …………………………………………… 036
图 3-1　实地调查中路段点位分布 …………………………………………… 046
图 3-2　实地调查过程 ………………………………………………………… 047
图 3-3　宁波市电动自行车使用调查中出行目的分布数据 ………………… 047
图 3-4　宁波市电动自行车使用调查中出行时段分布数据 ………………… 048
图 3-5　宁波市电动自行车使用调查中出行距离分布数据 ………………… 049
图 3-6　交叉口点位的电动自行车速度区间分布 …………………………… 051
图 3-7　交叉口点位的电动自行车分位车速统计 …………………………… 051
图 3-8　路段点位的电动自行车速度区间分布 ……………………………… 052
图 3-9　路段点位的电动自行车分位车速统计 ……………………………… 052
图 3-10　电动自行车速度区间分布（桥梁点位）…………………………… 053
图 3-11　电动自行车分位车速统计（桥梁点位）…………………………… 053
图 4-1　不同交通方式事故年平均增长率（2016—2020 年）……………… 059
图 4-2　全国电动自行车道路交通伤害趋势 ………………………………… 059
图 4-3　道路交通死亡事故区域分布 ………………………………………… 060
图 4-4　电动自行车交通事故原因分布（2018—2020 年）………………… 060
图 4-5　城市电动自行车交通事故时段分布（2010—2020 年）…………… 061
图 4-6　全国电动自行车交通事故中伤亡人员年龄分布（2020 年）……… 062
图 4-7　全国电动自行车交通事故中伤亡人员身份分布（2020 年）……… 062

图 4-8	全国电动自行车交通事故中伤亡人员受伤部位分布（2020年）	063
图 4-9	电动自行车发生交通事故的比例	063
图 4-10	事故点位的坐标转换	064
图 4-11	电动自行车交通事故季度变化情况	065
图 4-12	电动自行车交通事故月度变化情况	065
图 4-13	电动自行车交通事故星期变化情况	066
图 4-14	电动自行车交通事故小时变化情况	066
图 4-15	电动自行车交通事故当事人年龄分布情况	067
图 4-16	电动自行车交通事故致因分布情况	068
图 4-17	电动自行车交通事故碰撞类型情况	069
图 5-1	电动自行车和机动车保有量（2015—2021年）	072
图 5-2	驾驶电动自行车与全交通方式死亡人数增长趋势对比（2015—2020年）	074
图 5-3	全国不同交通方式出行交通事故死亡数（2020年）	074
图 5-4	驾驶电动自行车肇事导致的伤亡人数（2020年）	075
图 5-5	乘坐电动自行车导致死亡的人数（2015—2020年）	075
图 5-6	驾驶电动自行车交通事故中死亡人员的受损部位分布	076
图 5-7	电动自行车事故死亡原因分析（2020年）	076
图 5-8	驾驶和乘坐电动自行车的事故死亡人员年龄分布（2020年）	077
图 5-9	电动自行车交通事故违法行为统计分析（2020年）	078
图 5-10	绍兴市某区电动自行车交通冲突发生结果统计（2018年）	079
图 5-11	我国电动自行车技术规范发展历程	079
图 5-12	冲击试验（重物落下）	081
图 5-13	冲击试验（车架/前叉组合件落下）	082
图 5-14	电动自行车骑行者事故死亡人数分布（2020年）	082
图 5-15	电动自行车事故起数分布（2020年）	083
图 5-16	造成电动自行车死亡事故的路段照明情况分布	083
图 5-17	电动自行车头盔佩戴率对事故致死率下降的影响	085
图 5-18	道路安全管理——纵向和横向协调	086
图 6-1	研究路段的设施布局和摄像范围	089
图 6-2	计算机视频自动分析的框架	090
图 6-3	动力两轮车碰撞时间（TTC）与物体速度冲突问题	092
图 6-4	不同类型冲突的严重程度分布	094
图 6-5	不同类型冲突的空间分布热点图	095
图 6-6	随偏航率变化的冲突频率分布	096
图 6-7	选定地点的截面	098
图 6-8	交叉口人行横道（进香河路与珠江路）	099
图 6-9	行人红灯各时段闯红灯行为特征	105
图 6-10	描述性统计	107

图 6-11	自行车过路设施、自行车类型和信号类型	108
图 6-12	模型1中变量的参数估计分布	117
图 6-13	模型2中变量的参数估计分布	118
图 6-14	BOP概念模型程序	129
图 7-1	过渡信号时间范围示意图（单位：s）	137
图 7-2	电动自行车骑行者分类	138
图 7-3	电动自行车骑行者决策类别	138
图 7-4	交叉口空间布局与摄像机架设示意图	140
图 7-5	电动自行车运行轨迹数据	141
图 7-6	电动自行车关键行为参数分布	142
图 7-7	绿灯-红灯信号过渡期间停/驶决策行为分类的形成机理	144
图 7-8	绿灯-红灯过渡信号期间四类停/驶决策行为比例	144
图 7-9	加速度分布（场景一）	145
图 7-10	加速度分布（场景二）	145
图 7-11	加速度分布（场景三）	146
图 7-12	加速度分布（保守型）	146
图 7-13	加速度分布（正常型）	146
图 7-14	加速度分布（激进型）	147
图 7-15	基于加速度的决策点判别（黄灯启亮时刻为"0"）	148
图 7-16	基于"速度+加速度"的决策点综合判别	149
图 7-17	隐马尔科夫模型结构示意图	151
图 7-18	HMM程式化结构示意图	152
图 7-19	一个HMM模型的时间序列	152
图 7-20	隐马尔科夫模型的参数估计过程	154
图 7-21	判别状态组合	155
图 7-22	HMDM模型参数估计	157
图 7-23	HMDM决策状态判别过程	157
图 7-24	HMDM模型预测精度	158
图 7-25	HMDM模型与Logit模型预测准确率对比示意图	160
图 7-26	绿闪灯和绿灯倒计时交叉口	161
图 7-27	停车/通过决策区域分布	163
图 7-28	潜在通行时间所对应的停车概率	165
图 7-29	决策类型的典型速度和加速度分布	166
图 7-30	各种决策类型的预测结果	167
图 7-31	过渡信号对骑行者停/驶决策的影响机理分析	168
图 8-1	电动自行车骑行者头盔佩戴率变化图（宁波市，2020）	178
图 8-2	计算步骤与过程	181

表 目 录

表2-1	电动自行车发展史	010
表2-2	我国主要省（区、市）自行车、电动自行车产量统计表（2021年）	016
表2-3	发表量前二十的作者	020
表2-4	发文量前二十的科研机构	021
表2-5	发文量前二十的期刊	023
表2-6	发文量前二十的国家或地区	025
表2-7	研究方向与主要研究作者	034
表2-8	电动自行车安全技术规范新旧国标对比	036
表2-9	车辆类别要求	039
表2-10	部件的测试要求	039
表2-11	全球电动自行车相关标准及认证情况对比	042
表3-1	交叉口点位电动自行车流量统计表（辆/h）	049
表3-2	路段点位电动自行车流量统计表（辆/h）	050
表3-3	交叉口点位的电动自行车密度统计	054
表3-4	路段点位的电动自行车密度统计	054
表3-5	宁波市区电动自行车违法行为统计表	056
表4-1	不同位置电动自行车交通事故数量	067
表4-2	电动自行车交通事故严重程度占比	068
表4-3	电动自行车事故环境	069
表5-1	电动自行车新旧国标对比示意图	080
表5-2	电动自行车制动性能	080
表6-1	道路使用者之间的冲突频率（次/h）	092
表6-2	按照运动类型划分的冲突频率（次/h）	093
表6-3	冲突严重程度分布（次/h）	093
表6-4	电动自行车危险骑行行为	095
表6-5	用于现场数据采集的选定信号交叉口汇总表	097
表6-6	自行车式电动车、踏板式电动车和自行车的红灯违章率对比表	100
表6-7	红灯违章率模型候选解释变量的描述性统计表	101
表6-8	红灯违章率模型规范结果表	102
表6-9	数据收集交叉口的特点	108
表6-10	解释变量的描述性统计	109
表6-11	三种自行车类型的红灯违章率比较	113

表号	标题	页码
表 6-12	标准逻辑回归和贝叶斯随机参数逻辑回归估计	114
表 6-13	不同过街设施处的贝叶斯随机参数逻辑回归估计	115
表 6-14	调查地点地理位置信息表	121
表 6-15	个人信息（5项）	124
表 6-16	工作条件信息（6项）	125
表 6-17	安全意识信息（8项）	126
表 6-18	潜在风险信息（18项）	126
表 6-19	BOP模型的估计结果	131
表 6-20	BOP模型的边际效应结果	132
表 7-1	所调查交叉口的主要特征	139
表 7-2	关键行为参数统计特征	141
表 7-3	对数似然值迭代变化过程	156
表 7-4	模型变量分析	159
表 7-5	模型拟合度检验	159
表 7-6	电动自行车停车概率模型	164
表 8-1	调查地点地理位置信息表	171
表 8-2	个人特征变量统计	174
表 8-3	出行信息变量统计结果	175
表 8-4	骑行行为变量统计结果	176
表 8-5	主观态度变量统计	176
表 8-6	BOP模型估计结果	181
表 8-7	事故发生BOP模型的边际效应	182
表 8-8	政策发布后头盔佩戴率BOP模型的边际效应	183
表 8-9	描述性统计结果	184
表 8-10	相关性分析结果	184
表 9-1	涉及碰撞和电动自行车车牌使用的电动自行车交叉列表	190
表 9-2	人口统计信息的描述性统计数据	190
表 9-3	出行信息的描述性统计数据	191
表 9-4	骑行行为和感知的描述性统计数据	192
表 9-5	BP模型的估计结果	194
表 9-6	BP模型的边际效应	195
表 10-1	部分地区电动自行车管理政策梳理	203
表 10-2	新旧电动自行车安全技术规范对比	205
附表 2-1	问卷调查表1（样表）	211
附表 2-2	路段非机动车流量调查表	212
附表 2-3	路段非机动车速度调查表	212
附表 2-4	路段电动自行车密度调查表	213
附表 2-5	问卷调查表2（样表）	213

1 绪论

随着社会经济的快速发展和生产生活需求的不断提升，电动自行车因经济便捷、机动灵活逐渐成为居民中短距离出行必备的交通工具。然而，随着电动自行车数量的迅速攀升，电动自行车骑行者闯红灯、逆行、非法载人、超速行驶、未规范佩戴头盔等各种危险骑行行为也层出不穷，严重影响了交通秩序，亟待规范治理。因此，为规范电动自行车管理，应深入剖析影响电动自行车骑行者交通安全的因素，使城市道路交通更加安全、有序和畅通。本章首先介绍了本书的研究背景，提出了电动自行车交通安全与事故预防的整体思路，在此基础上，讲述了本书的研究内容、章节安排、研究方法和特色亮点。

1.1 研究背景

电动自行车是以车载蓄电池作为辅助能源，具有脚踏骑行能力，能实现电助动或/和电驱动功能的两轮自行车。电动自行车的总重量小于40kg，它保留了自行车轻便、灵活、机动的特点，具有零排放、低噪声、低能耗、低故障率、低使用费、易于骑行等优点。同时，载重量低、功率小、连续行程短，也是它的局限。根据助力形式，电动自行车可分为两大类：纯电动类型的电动自行车和电力助动类型的电动自行车。纯电动类型的电动自行车可以脚踏骑行，也可以靠纯电力驱动，利用手把控制骑行的速度，实现 0~20km/h 的无级变速；电力助动类型的电动自行车具有与普通自行车相似的操作方式，可以人力骑行，也可以电力助动，没有纯电动功能，以人力为主、电力为辅。电动自行车的驱动方式主要有 3 种：第一种是轮毂式驱动，第二种是中置式驱动，第三种是悬挂式驱动。电动自行车市场上以轮毂式驱动为主，而轮毂式驱动又以"后轮驱动"为最佳的驱动方式，"前轮驱动"的性能相对较差。

电动自行车的典型类型主要有 4 种，分别为自行车式（e-bike）、踏板式（e-scooter）[1]、共享式（shared e-bike）和货运式（cargo e-bike）电动自行车，如图 1-1 所示。自行车式电动自行车的尺寸和重量与自行车相似，通常配备 36V 的电池和 180~250W 的电机；踏板式电动车通常配备 48V 的电池和 350~500W 的电机，这使它们能够以比自行车式电动自行车更高的速度行驶；共享式电动自行车[2-3]又名"共享电单车"，通过扫码开锁，可循环共享，在中国实行不鼓励发展共享式电动自行车的政策。不同于前 3 种类型，货运式电动自行车又名"助力货运式电动自行车"，它是一种用于装载货物的自行车，在美国或欧洲比较常见。大多数货运式电动自行车的特点是轴距比标准自行车长，可增加稳定性，还配有一个架子或料斗，可以把物品放在上面或里面。与其他电动自行车一样，助力货运式电动自行车还提供了额外的助力，但达到一定的速度后，根据美国电动自行车法律的规定，其助力就必须停止。另外，随着移动网络技术的不断成熟以及智能手机在中国的普及，中国外卖行业和快递行业迅速发展，同时外卖式电动自行车也随之产生并繁荣发展。在中国，作为货运式电动自行车的一种，外卖式电动自行车（delivery e-bikes）通常被用来运输快递包裹或者外卖。

电动自行车因其价格低廉、便捷、灵活及适合中短距离出行等明显优势，逐渐成为一种新兴的交通工具和出行载体，并逐渐得到全球消费者，尤其是发展中国家消费者的青睐。以中国为例，据不完全统计[4]，中国的电动自行车数量从 1998 年的 5.8 万辆增长到 2022 年的 4 亿辆，年均增长率高达 44.5%。其中，北京市电动自行车的保有量为 379.3 万辆，天津市电动自行车的保有量接近 459 万辆。在过去的 20 多年里，电动自行车出行逐步发展为一种可持续的交通出行方式，电动自行车在世界许多城市已成为一种重要的通勤交通工具，并在世界各地得到了广泛的应用。

尽管电动自行车优势明显，但电动自行车的快速增长也引发了一系列安全问题。一方面，根据 2022 年统计数据，全球每年因电动自行车交通事故导致的死亡人数达 135 万，是人类死亡的第八大杀手，更是 5~29 岁青少年的头号杀手[5]。尽管世界各国均在采取相应的措施，以减少电动自行车导致的道路交通伤亡，但是目前的进展比较缓慢。按照目前的安全形势来推测，我们难以实现 2021 年世界卫生组织（WHO）提出的到 2030 年将全球道路交通伤害降低 50% 的可持续发展目标。另一方面，涉及电动自行车骑行者的交通违法行为较多。例如，违反交通信号[1,6]、违反规定载人[7-8]、未在非机动车道内行驶[9-10]、逆向行驶[11-12]、骑车打电话[13-14]等违规行为是导致电动自行车骑行者发生交通事故甚至伤亡的主要危险因素。相关文献[6,11,15-17]发现，电动自行车骑行者违反交通信号是导致道路交通事故的主要原因之一，占总事故数据的 54.18%。为提高电动自行车的安全性和规范性，文献[18-21]建议交管部门加强对电动自行车骑行者的监管力度和处罚力度，增加其违法成本，以期进一步规范骑行者的驾驶行为，降低电动自行车交通事故产生的危害。

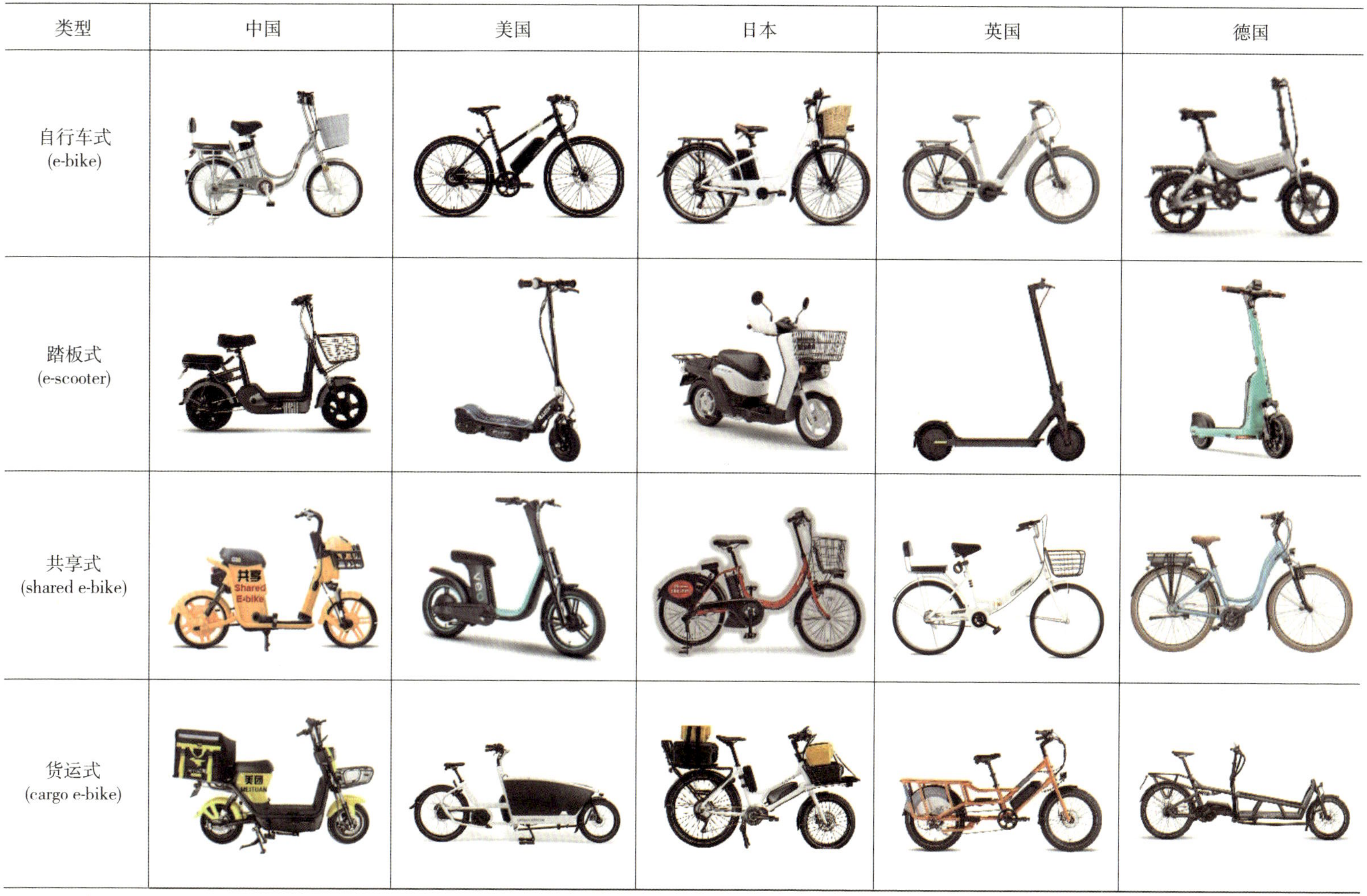

类型	中国	美国	日本	英国	德国
自行车式 (e-bike)					
踏板式 (e-scooter)					
共享式 (shared e-bike)					
货运式 (cargo e-bike)					

图 1-1 电动自行车的典型类型示意图

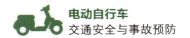

1.2 内容简介

1.2.1 主要内容

本书围绕"电动自行车交通安全特征分析与事故预防"这一主题，深入讨论了电动自行车发展历程、交通出行特性、交通事故特征、安全影响因素、风险骑行行为、决策行为分析、头盔政策分析、上牌政策分析和协同治理对策等主要内容，研究方法涉及文献计量学分析法、知识领域图谱技术、隐马尔科夫模型、二元概率模型、问卷调查法、实地调研法和统计分析法等，具体研究思路如图1-2所示。

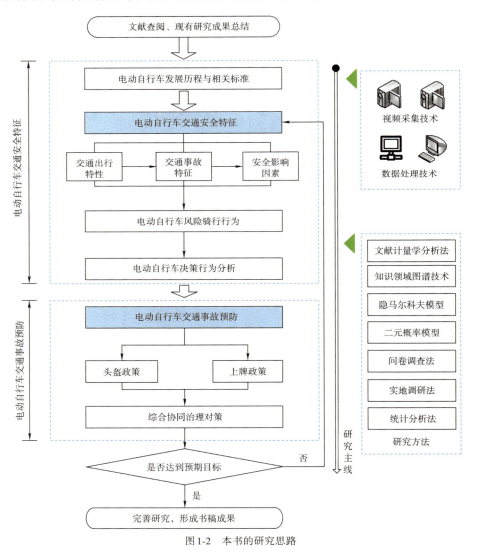

图1-2 本书的研究思路

1.2.2 章节安排

本书主要研究内容分为10个章节，主要包括绪论、电动自行车发展历程与相关标准、电动自行车交通出行特性、电动自行车交通事故特征、电动自行车安全影响因素、电动自行车风险骑行行为、电动自行车决策行为分析、电动自行车头盔政策分析、电动自行车上牌政策分析和电动自行车协同治理对策。

1）绪论

介绍了本书的研究背景，提出了电动自行车交通安全与事故预防的整体研究思路。在此基础上，还提出了本书的研究内容、章节安排、研究方法和特色亮点。

2）电动自行车发展历程与相关标准

首先介绍了全球电动自行车发明史、中国电动自行车产业发展史。其次，基于知识领域图谱技术，详细回顾了电动自行车过去50年的发展历程、重点研究领域、未来研究方向等。最后，梳理了中国、北美、欧盟、澳洲、日本等国家的电动自行车相关标准。

3）电动自行车交通出行特性

通过实地调查和问卷调查，从出行角度对宁波市电动自行车交通出行特性进行统计，包括出行目的、出行时段、出行距离、流量分布等。

4）电动自行车交通事故特征

基于近十年（2012—2022年）全国城市道路电动自行车交通事故数据，从电动自行车整体交通安全形势、事故时空分布特征、事故伤亡人数变化情况和电动自行车骑行者年龄、职业及受伤部位等方面总结电动自行车交通事故总体特征。

5）电动自行车安全影响因素

针对电动自行车交通事故数据进行深入分析，分别从电动自行车骑行者因素、车辆性能因素、骑行道路因素、管理政策因素等四个方面对影响电动自行车安全出行的严重性进行剖析。

6）电动自行车风险骑行行为

现有的关于电动自行车风险骑行行为的研究方法主要涉及问卷调查法、结构方程模型和二元概率模型等；非法占用机动车道、超速骑行、闯红灯、非法载人和逆向骑行等行为是电动自行车违规骑行中主要的风险骑行行为；不同骑行者由于性别、年龄、视听觉、反应能力、红灯忍耐时间、从众和超越等生理、心理特征的不同，其风险骑行行为存在差异；统一登记上牌照、实行准驾制度、改善骑行环境、加强安全宣传和培训等事故干预措施被认为是预防电动自行车交通事故、保障骑行者交通安全的有效措施。

7）电动自行车决策行为分析

对电动自行车过渡信号期间通过交叉口的驾驶特征关键参数进行统计分析，运用隐马尔科夫模型（Hidden Markov Model，HMM）技术建立电动自行车停止/通过决策行为分析模型，以速度和加速度的变化作为观察状态，实现对电动自行车停车/通过决策过程的判别；通过与Logit模型来对比，来分析基于隐马尔科夫链的驾驶模型（Hidden Markov Driven Model，HMDM）的判别精度，并运用经验法来进一步修正HMDM的决策行为判别结果。

8）电动自行车头盔政策分析

通过问卷调查，对宁波市骑行者的分布特征进行统计，包括个人特征、出行信息、骑行行为和主观态度四个方面，最终共回收1048份有效问卷。采用二元有序概率（Bivariate Ordered Probit，BOP）模型对问卷数据进行拟合，以探寻影响电动自行车头盔佩戴率和骑行事故率的潜在因素，并通过计算边际效益来量化其影响。

9）电动自行车上牌政策分析

旨在研究三个问题：一是与电动自行车碰撞事故相关的风险因素有哪些？二是与电动自行车使用有关的因素有哪些？三是探寻影响电动自行车碰撞事故和车牌使用的潜在共同因素，同时分析电动自行车碰撞事故和车牌使用之间的潜在关系是什么？

10）电动自行车协同治理对策

电动自行车的协同治理需要政府部门、电动自行车企业以及社会公众的共同参与，缺一不可。要实现电动自行车协同治理体系，三方参与主体需要共同树立协同治理理念，将协同治理理念贯穿于政府日常工作、企业生产经营、公众行为准则中。

1.2.3 研究方法

针对电动自行车的研究内容，本书主要运用了文献计量学分析法、知识领域图谱技术、隐马尔科夫模型、二元概率模型、问卷调查法、实地调研法和统计分析法等。

1）文献计量学分析法

文献计量学是数学和统计方法在书籍和其他传播媒介上的应用。该方法是以文献为研究对象，分析文献的数量特征和变化规律。它可以有效地确定某一领域的研究趋势，该方法使用了大量的文献计量指标，如引文量、发表量、每篇文章的引文量等，并结合引文量和发表量来评估国家、组织和作者的研究产出情况。

2）知识领域图谱技术

知识领域图谱技术（Mapping Knowledge Domain，MKD）旨在揭示知识领域的发展和结构关系，利用图片直观呈现某一特定领域的相关研究。MKD分析揭示的网络结构是一个学科的信息地图，可以分析学科的进化潜力，呈现研究热点和研究趋势。随着可视化技术的不断深入，MKD分析被应用于研究知识结构及变化，同时确定研究热点和探索前沿课题。本书将文献计量工作分为文献基础信息梳理、关键词共现聚类、关键词突变分析等。

3）隐马尔科夫模型

隐马尔科夫模型（Hidden Markov Model，HMM）[22]是一种具有学习能力的统计模型，其优点是算法成熟、效率高、效果好、易于训练，该模型在语音识别、手写字符识别、图像处理、生物信号处理等诸多领域已经得到了广泛的应用。该模型已被证明能够对交通领域的高度随机系统进行建模，如路径选择和交通控制策略。近年来，该模型在微观驾驶行为研究中的应用逐渐增多，但基于隐马尔科夫模型的决策行为预测仍处于起步阶段。基于隐马尔科夫模型的上述优势，本书在分析电动自行车决策行为方面，应用了此方法。

4）二元概率模型

二元概率（Bivariate Probit，BP）模型是 Probit 模型的拓展，适用于模型中有两个结果变量且假定方程组的随机扰动项之间存在相关性，模型中的方程需同时进行估计。BP 模型是两个二元变量结果的联合模型。如果这两个二元变量的结果是不相关的，我们可以估计两个独立的 Probit 模型，如果这两个二元变量的结果是相关的，使用 Probit 模型会导致估计结果偏差并影响结论，则需要使用 BP 模型，Probit 模型就不再适用了。BP 模型能够解决两个方程间的内在联系问题，提高估计的效率。该模型是解决对两个虚拟变量同时考虑其发生概率的模型，当两个 Probit 方程的扰动项之间可能存在相关性，如果对这两个被解释变量分别进行建模，则估计结果会损失效率。

5）问卷调查法

问卷调查法是搜集资料的一种常用的方法。在书中，问卷调查法被应用于收集有关电动车安全头盔使用与事故碰撞的信息、电动自行车上牌政策分析等。调查由宁波工程学院交通工程专业的课题组开展，在宁波市海曙区、江北区、镇海区、鄞州区、北仑区等5个核心区开展。调查时间分别于2015年7月至8月和2019年7月至8月开展。需要注意的是，信度和效度是检验问卷是否合格的主要标准，是用来确保问卷有意义的重要指标。因此，使用问卷调查时，要增加信度与效度检验内容。

6）实地调研法

实地调查主要针对电动自行车的交通特征进行调查，包括道路电动自行车流量、速度和密度等内容。此次共选取均匀分布于宁波市区道路和交叉口点位，调查范围涵盖宁波市主干道、次干道和支路电动自行车出行。调查时段选取周一至周五早高峰和晚高峰时段进行实地调查。本书中采用DV录像、无人机跟拍法和现场人工调查的方式进行基础数据采集，记录路段内、交叉口处的电动车的运行特征。

7）统计分析法

统计分析法是通过对研究对象的规模、速度、范围、程度等数量关系的分析研究，认识和揭示事物间的相互关系、变化规律和发展趋势，借以达到对事物的正确解释和预测的一种研究方法。相关统计方法包括聚类分析（Cluster Analysis）、因子分析（Factor Analysis）、相关分析（Correlation Analysis）、对应分析（Correspondence Analysis）、回归分析（Regression Analysis）、方差分析（ANOVA/Analysis of Variance）。除了以上统计学方法，还包括信度分析、生存分析、多重响应分析、距离分析等。相关统计工具包括SAS（Statistical Analysis System）、SPSS（Statistical Package for the Social Science）、STATA统计软件、Epi Info（Statistics program for epidemiology on microcomputer）、SPLM（Statistical Program for Linear Modeling）、EXCEL电子表格与统计功能等。

1.3 特色亮点

本书的特色是理论与实践相结合，内容涵盖电动自行车交通事故特征分析、风险骑行行为建模、综合协同治理等主要环节，并且结合交通调查实践，展示了城市非机动车出行安全领域研究的前沿方法和先进技术。

本书通过对电动自行车交通事故特征、决策行为建模、协同治理政策等内容的分析，阐述了电动自行车在外部环境变化、行业发展趋势和国家政策导向的新特点、新趋势、新格局。本书整合了研究团队近十年在电动自行车交通安全与事故预防领域的相关研究成果，是对浙江省哲学社会科学规划课题"面向'城市大脑'的数据驱动型交通事故风险防控策略研究"（21NDJC163YB）等研究成果的凝练总结。

本书是对非机动车出行安全领域研究成果的一次出版尝试，是对电动自行车交通安全与事故预防的一次深入总结。该书的出版有利于推进我国电动自行车协同治理与绿色交通的可持续发展，有助于提高我国城市治理的科学化、精细化、智能化水平，能够为同行提供有益参考和借鉴，为建设人民满意的安全、共享、舒适的骑行环境发挥积极作用。

最后，本书的编写具有较好的社会效益：一方面，电动自行车作为便捷和广泛使用的出行工具和方式，其安全问题受到了社会各界的普遍关注；另一方面，本书的出版对践行"绿色交通"理念，助力交通强国建设，具有一定的推动意义。

2

电动自行车发展历程与相关标准

随着电动自行车的广泛使用，其导致的交通安全问题也在不断增加。本章节从电动自行车安全问题入手，详细地对电动自行车的发明历史、行业发展历程、相关管理政策、生产与检测标准变化及学术研究热点等方面进行介绍，以期为政府决策部门、科研机构和电动自行车企业等提供相关参考。

2.1 全球电动自行车发展历程

2.1.1 全球电动自行车发展史

电动自行车是以车载蓄电池作为辅助能源，具有脚踏骑行能力，能实现电助动和电驱动功能的两轮自行车[23]。1881年，法国工程师古斯塔夫·特鲁夫（Gustave Trouvé）研制出了世界上第一辆电动自行车，如图2-1 a）所示。其外形并不是现代常见的两轮电动自行车，而是三轮电动自行车。因为受当时经济水平和科技水平的限制，古斯塔夫只能选择较为稳定的三轮车作为改造为电动自行车的对象。当时的三轮车以电池作为动力，同现代电动自行车的动力来源相仿。1895年，美国俄亥俄州的发明人奥格登·博尔顿（Ogden Bolton）申请了电动个人出行工具的第一个专利，如图2-1 b）所示。他的这一构思改变了人类对个人出行工具动力概念的认识。

a) 古斯塔夫·特鲁夫（Gustave Trouvé）研制的世界上第一辆电动自行车（1881年）

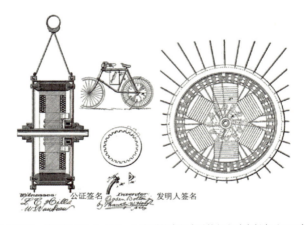

b) 奥格登·博尔顿（Ogden Bolton）发明的直驱式后轮毂电动自行车（1895年）

图 2-1　电动自行车的诞生

注：图片来源于文献［24］。

电动自行车的发展史比燃油汽车更长。然而，随着燃油汽车技术的发展，电动自行车在能源技术和行驶里程的研究上长期未能取得突破。20世纪20年代初至60年代末，电动自行车的发展进入了一个沉寂期。直到进入20世纪70年代，由于中东石油危机的爆发和人类对自然环境的日益关注，电动自行车才再度成为技术发展的热点。电动自行车的发展史[25]详见表2-1和图2-2。

电动自行车发展史　　　　　　　　　表2-1

年份	发明者或发明组织	国家	事例
1881	古斯塔夫·特鲁夫（Gustave Trouvé）	法国	研制出了世界上第一辆电动自行车
1892	格瑞菲尼（M.Graffigny）	法国	发明了可以踩踏的电动三轮车
1895	奥格登·博尔顿（Ogden Bolton）	美国	发明了直驱式后轮毂电动自行车，申请了电动个人出行工具的第一个专利

2 电动自行车发展历程与相关标准

续上表

年份	发明者或发明组织	国家	事例
1897	海瑟尔·利比（Hosea W. Libbey）	美国	发明了中置电机的电动自行车
1897	克勒克（Clerc）和皮高特（Pingault）	法国	发明了名为Humber的双人电动自行车
1898	高登·斯高特（Gordon J. Scott）	美国	发明了多驱动自行车
1898	马修·斯蒂芬斯（Mathew J. Steffens）	美国	发明了后轮和皮带传动装置的电动自行车
1899	约翰·斯耐夫（John Schnepf）	美国	发明了后轮摩擦式电机
1900	艾伯特·翰什（Aebert Hansel）	美国	发明了中置后驱电动自行车
1913	克虏伯（Krupp）	美国	Autoped电动滑板车由克虏伯公司在美国和德国分别制造，于1921年在美国停产，1919年至1922年由德国克虏伯公司生产
1946	杰西·塔克（Jesse D. Tucker）	美国	发明了电机可以自由收纳的电动自行车
1985	永久	中国	研制出中国历史上第一辆电动自行车永久DX-130型电动自行车
1992	克莱夫·辛克莱尔（Clive Sinclair）	英国	研制出第一款上市电动自行车Zike
1993	雅马哈（YAMAHA）	日本	研制出第一个曲柄驱动电动自行车PAS
1997	绿源	中国	1997年，浙江绿源电动车有限公司成立于浙江金华，成为我国最早进入电动车行业的企业之一
2001	雅迪	中国	2001年雅迪科技集团有限公司于无锡注册成立，2016年5月，雅迪在香港联交所成功上市，成为中国电动两轮车行业首家上市企业
2014	小牛	中国	小牛电动成立于2014年，美国纽约时间2018年10月19日上午9:30，小牛电动正式登陆纳斯达克
2020	美团	中国	2020年，美团旗下的美团电单车投入使用
2021	哈啰	中国	2021年4月7日，哈啰出行旗下哈啰电动车在北京发布了适用于两轮电动车产品的VVSMART超联网车机系统，同时推出了首批搭载这一系统的智能两轮电动车产品

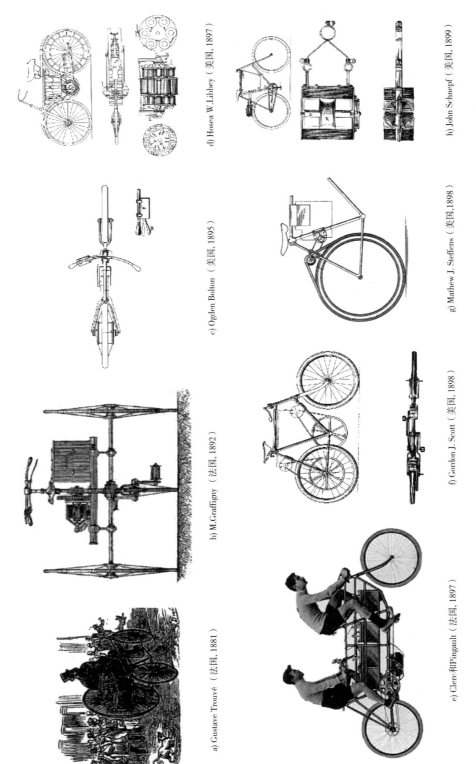

图 2-2

2 电动自行车发展历程与相关标准

图 2-2 电动自行车发展史

2.1.2 中国电动自行车产业发展史

中国电动自行车产业的发展史,可大致分为以下4个阶段,如图2-3所示。

a) 电动自行车的初级发展阶段

b) 电动自行车的生产规模化阶段

c) 电动自行车的加速发展阶段

d) 电动自行车的政策推进阶段

图 2-3 中国电动自行车的发展阶段

1)电动自行车的初级发展阶段(1995—1999年)

这个阶段也被称作是电动自行车的早期实验性生产阶段,主要是对电动自行车的电机、电池、充电器和控制器的关键技术摸索研究。在研发生产方面,主要是生产企业自发地搜集信息、跟踪技术、组织市场观察和进行小批量的市场试用投放。在这个时期,电动自行车开始进入消费者的视野,并逐渐被他们认可和接受。从技术层面上来讲,早期的电动自行车,充电一次大约只能行驶30 km,电池寿命短,爬坡能力差,容易磨损,而且电机也都是有刷无齿电机。这个时期的积累,为电动自行车产业的人才培养、技术和产品研发等方面奠定了基础。

2)电动自行车的生产规模化阶段(2000—2004年)

在这个时期,中国电动自行车行业受"禁摩令""非典"等几个重大事件的影响,使得在初级发展阶段里举步维艰的电动自行车一下子迎来了春天,电动自行车行业的发展进入了规模化生产阶段。在2000年到2004年期间,随着关键技术的突破和骑行性能不断提升,电动自行车成为摩托车和自行车的替代产品,而它的快捷、环保、方便和廉价,也激发了市场对电动自行车的需求。在日益增长的市场需求中,先前投入生产研发的企业迅速崛起，一些新的企业也开始加入市场竞争，他们对电动自行车的研发投入不断加大，使得电动自行车的产能迅速提升。由此，以一些知名品牌为代表的大规模生产企业已经形成。按照南北差异，形成了以江苏、浙江、天津为代表的三大电动自行车产业集聚地。

3）电动自行车的加速发展阶段（2005—2015年）

在这个时期，生产企业之间的激烈竞争大大刺激了技术的进步和新技术扩散，全行业的技术水平大幅度提高，蓄电池寿命和容量提高了35%；电机从单一的有刷有齿电机发展成为无刷高效电机为主流，寿命提高了5倍，效率提高了近30%，爬坡和载重能力提高约3.5倍。在性能提高的同时，电机的制造成本也大幅度下降，价格功率下降到原来的21%；在控制器系统和充电系统方面，技术水平也大幅提高。特别是在电池技术和电机技术方面都有很大的进展，电动自行车专用铅酸电池在技术上的突破已经领先国际，而且形成了以天能、超威为龙头的浙江长兴板块，康丽恩、双登为代表的江苏板块和以瑞达为代表的广东板块。电池也由单一的铅酸电池演进出多类型的高性能电池。锂电池的出现，进一步推进了电动自行车，特别是简易款电动自行车的发展。在电机方面，永磁无刷电机的发明，让行业发展的步伐明显加快。电机性能的关键是强磁材料的性能，各种永磁材料中，稀土永磁材料性能最为优越。而我国是世界公认的稀土资源大国和稀土产品的制造强国，由于稀土强磁材料性能好，价格低，制造能力强，使得国际市场价格昂贵的BLDC（无刷直流永磁电机）系统在中国企业得到广泛应用，电动自行车产业因此获得了得天独厚的资源优势。从行业的总产销量来看，2005年，全国数百家企业的各种轻型电动自行车（含电动自行车）的总产量已经超过900万辆，出口200万~300万辆，实现工业产值200亿元，利润约60亿元，相关的生产和服务领域的就业人员近100万人。目前，中国轻型电动自行车产销量已经占到全球的90%以上，中国已经成为全球最大的轻型电动自行车生产国、消费国和出口国。

4）电动自行车的政策推进阶段（2016年至今）

2019年，《电动自行车安全技术规范》（GB 17761—2018，俗称"新国标"）正式实施，文件对电动自行车的整车质量、整车尺寸、最高时速等指标作出明确界定，且指标性质均为强制性指标。

供给端方面，新国标将电动自行车的认证方式由工业产品生产许可证管理转为3C（China Compulsory Certification，CCC）认证。流程复杂的3C认证提高了行业准入门槛。原来那些不达标的电动自行车被归类为电轻摩或电动摩托车（俗称"电摩"）后，要求企业具备电摩生产资质。3C认证及电摩生产资质，加速不达标小厂的产能出清，使得行业向龙头集中。根据弗若斯特沙利文（Frost & Sullivan）研究，2021年电动两轮车行业前二占市率（Concentration Rate，CR2）达46.4%。

需求端方面，"新国标"对于电轻摩和电动摩托车的牌照、驾驶资格有明确要求，多个地区已经出台了过渡期的截止时间，没有3C认证、超标的两轮车不能上路、上牌，这些政策驱动了存量车的替换需求。

综上，中国电动自行车行业发展历程如图2-4所示。

图 2-4　中国电动自行车行业发展历程

根据国家统计局[26]相关数据，2021年度中国电动自行车主要省（区、市）的产量详见表2-2。

我国主要省(区、市)自行车、电动自行车产量统计表（2021年）　　表2-2

电动自行车			自行车		
省(区、市)	产量（万辆）	比例（%）	省(区、市)	产量（万辆）	比例（%）
天津	1493.9	41.61	天津	2682.60	53.19
浙江	628.8	17.51	江苏	910.00	18.04
广东	483.3	13.46	广东	884.80	17.54
江苏	416.6	11.60	浙江	330.00	6.54
河南	163.5	4.55	上海	113.40	2.25
广西	115.4	3.21	河北	43.50	0.86
四川	100.5	2.80	福建	33.30	0.66
山东	88.8	2.47	山东	20.50	0.41
湖北	50.8	1.41	安徽	15.20	0.30
河北	16.8	0.47	四川	10.40	0.21
其他	31.9	0.91	其他	0.10	—
总计	3590.3	100.00	总计	5043.80	100.00

由于电动自行车方便快捷、出行成本低等特性，在中国得到迅速发展。据不完全统计[26]，近年来我国电动自行车的产量和保有量变化图分别如图2-5和图2-6所示。

随着电动自行车在我国的发展，其在公路交通运输中所占的比例也逐渐增大。近年来我国机动车与电动自行车的保有量对比如图2-7所示。

2 电动自行车发展历程与相关标准

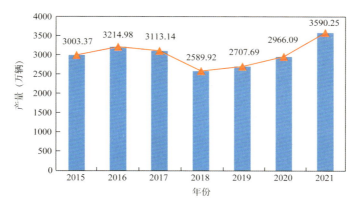

图2-5 中国电动自行车产量统计图（2015—2021年）

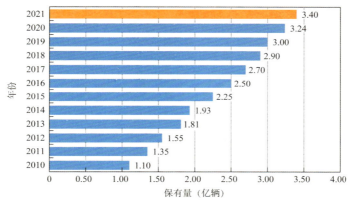

图2-6 中国电动自行车保有量统计图（2010—2021年）

图2-7 中国电动自行车与机动车保有量对比（2015—2021年）

此外，由于电动自行车在中国传播广泛，继共享单车、共享汽车后，共享运营的思想也催化了另外一种交通工具的诞生，那就是共享电动自行车（又名"共享电单车"）。

共享电动自行车（Shared electric vehicle, Shared ev）是一种新的交通工具，通过扫码开锁，循环共享[27]。2016年12月，南昌航空大学第一批投放了40辆共享电动自行车；

2017年3月，某品牌共享电动自行车出现在北京，通过扫码开锁，这是国内首次出现面向大众的共享电动自行车服务，收费模式为"0.5元/公里+0.1元/分钟"；此后，大批运营商，例如猎吧、租八戒、小鹿单车、电斑马、ebike、八点到、7号电单车、萌小明等一系列从事电动自行车租赁的公司，以及一些传统电动自行车制造商，也将电动自行车切入共享出行领域。这些运营商大多选择校园或者景区作为运营范围。

然而，由于共享电动自行车存在部分生产不合规、责任不明确、安全隐患较大等特点，很快便遭到各省市交警部门和政府的驱逐和抵制：2017年1月，共享电动自行车进入成都，因不符合相关管理规定，被撤回厂家；同月，某品牌电动自行车在深圳上线仅一天，就被深圳市交管部门紧急叫停约谈，随后给出深圳市暂时不适合发展电动自行车的结论；2017年3月8日，共享电动自行车在北京三元桥上线，交管部门对其负责人进行约谈要求停止运营；2017年5月27日，郑州市公安局发出通知，在隐患未整改到位，国家或地方出台相应的准入、运行、管理政策之前，共享电动自行车运营企业应立即停止在郑州市范围内一切共享电动自行车的运营业务；2017年9月，杭州相关管理部门宣布叫停共享电动自行车，并对在杭州提供租赁电动自行车业务的企业进行了约谈，要求在限定时间内，自行对本平台车辆进行清理并暂时退出杭州市场，对逾期不清理且未退出的，将开展专项整治。

2017年11月，《上海市规范发展共享自行车指导意见（试行）》首次对各方责任、车辆投放、押金管理、信用互通等方面给出较为明确的意见，并提出上海不发展共享电动自行车。在相关的编制说明中，上海市交通委员会表示，这一原则主要是基于城市交通安全和市民人身安全考虑。共享电动自行车产权不属于个人，一旦驾驶操作不当，存在较大的安全隐患，极易引发交通安全事故。据统计，上海市因电动自行车肇事的道路交通事故，2015年发生158起共96人死亡，2016年发生108起共95人死亡，电动自行车交通事故死亡率由2015年的60%上升至2016年的88%。此外，上海市交通委员会在相关的编制说明中指出，共享电动自行车充电过程和露天停放对电池的安全也有很大的影响，综合考虑后提出了"上海市不发展共享电动自行车"。

此后，在2018年5月，由国务院安全生产委员会办公室发布的《国务院安委会办公室关于开展电动自行车消防安全综合治理工作的通知》中明确提出，要落实国家不鼓励发展共享电动自行车政策，督促共享单车企业限期清理回收共享电动自行车。

然而，由于共享电动自行车出行成本低廉、方便快捷等特性，深受广大群众喜爱[25]。不少省市政府联合共享电动自行车厂家对其进行严格的整改行动，并重新让共享电动自行车恢复到公众的视野中。

2020年7月1日，《浙江省电动自行车管理条例》正式生效，浙江成为全国第一个通过地方立法明确共享电单车发展方式的省份。该条例提出，政府应当组织相关部门，针对性制定互联网电动自行车的投放政策，明确允许的投放范围、数量和相关管理要求，并向社会公布。"智慧城市"建设先行者宁波首当其冲。宁波于2010年便开始探索城市数字化、智能化、智慧化的发展路径，涌现出一批致力于共享电单车出行的探路者，小遛共享便是其中之一。小遛共享成立于2007年，这一致力于智能出行的初创企业如今已在全国超100多个城市投放近20万辆车，注册用户数已超3000万人，成为宁波本土最大的互联网共享出行平台。面对成长迅速的共享电单车市场，宁波于2019年实施《宁波市非机动车管理条例》，确立了包括总量调控、电子注册、电子围栏、即时代履行四项制度，为共享电单车行业有序发展制定了"硬性"框架。与此同时，在刚性法规要求之外，宁波还为管理部门与企业之间就停放管理问题签订行政协议预留了空间。

2020年7月20日，江苏省南京市交通运输局、南京市公安局、南京市城市管理局联合发布《关于引导和规范互联网租赁自行车发展的意见（试行）》。该意见特别指出，南京市积极推动绿色低碳的互联网租赁自行车服务，但暂不发展电动自行车作为互联网租赁自行车。然而，在江苏省第二大城市徐州，共享电动自行车的情况却截然不同。2020年7月9日，徐州市城市管理局召开利企便民改革新闻发布会，宣布在主城区分批次建设共享助力电动自行车站点500处，安装停车桩位2万个，投放共享助力电动自行车1.8万辆，满足市民绿色化、多样化出行需求。共享助力电动自行车限速25 km/h，当电量低于30%的时候，将由运营公司派专人更换电池。同时，苏州市政府与企业合作，针对电池建立了一套完整的生产、报废、回收的管理体系，这样就不会对环境造成污染，而是更加便捷、高效、智能化。

目前，共享电动自行车呈现出向三线及以下城市下沉的趋势。一方面，现在的一、二线城市，例如上海、杭州等地的核心城区已不允许共享电动自行车投放运营。大部分共享电动自行车投放点都转移到了郊区或者周边的卫星城市运营。这既是由于维护成本压力大，也是因为共享电单车的管理要比共享单车更难治理。另一方面，许多县城及地级市都有了共享单车、共享电单车，安徽、河南、湖南、湖北、浙江、江苏多个省份的地级市及县级城市都相继投入了共享电动自行车，包含了哈啰、小遛、青桔、街兔等一系列电单车，价格一般是每15min收费2元，市民骑行共享电动自行车的活跃度较高。目前市面上的一些共享电动自行车类型如图2-8所示。

a) 哈啰共享电单车

b) 美团共享电单车

c) 小遛共享电单车

d) 青桔共享电单车

图2-8 常见的共享电动自行车品牌及款式

2.2 电动自行车知识图谱分析

传统的文献综述需要人工搜集大量的文献,并进行主题分类和研究方向的确定,由于综述者的主观性,会导致不同的研究者有不同分类方法,研究主题会有主观性偏差,且文献综述的工作量巨大。为有效解决传统模式下电动自行车文献综述主观性强、工作量大、可视化效果弱的问题,知识领域图谱技术(Mapping Knowledge Domain,MKD)提供了一个有效的解决方法。该技术是文献计量分析的重要科学研究工具,它不仅可以显示应用于文献的可视化研究,而且可以绘制、挖掘、分析和显示知识领域的各种关系,从而来发现研究点,预测科学动态,开创创新研究领域。最开始时,MKD是作为图书和档案管理的工具,后来成为文献资源整理分析的重要工具,如今文献计量分析已经应用于多个领域,如医学领域、车辆研究领域、国际社会学领域、安全领域。因此,为了全面、客观反映电动自行车研究的发展趋势,我们选择WoS的核心数据库作为数据源,用MKD技术对近46年(1976—2022年)来电动自行车研究的文献进行了可视化展示和分析,并对电动自行车研究的发展趋势进行分析。本章节应用MKD技术对电动自行车研究进行了全面客观的回顾。

2.2.1 数据采集和方法

本章的科学计量分析主要通过WoS网站检索得到相关领域的文献,与其他科学数据库相比,WoS涵盖12000多种具有高度影响力的期刊,是全球最全面的文献数据库,收录的论文经过严格的评议,因此科学计量研究通常使用WoS核心收集数据库。由于每位学者的观点和偏好不同,主题词不是唯一的,4个关键词被选择作为检索主题,包括"electric bike""electric bicycle""e-bike""e-scooter",通过"或"条件连接,检索时间为2022年11月30日。

作者发表和引文报告统计了作者在出版物中的出现次数。如果一位作者在10篇文章中出现,则贡献率为10,并不区分第一作者、通讯作者和其他作者。根据WoS分析的数据,表2-3列出了发表论文最多的前20位作者[28],前20位作者贡献224篇文章,占总发文量的10.66%。贡献率前20的作者中有9位作者隶属于中国,4位作者隶属于意大利,美国、比利时、挪威各有2位,加拿大有1位。其中,切瑞·克里斯托弗贡献了17篇文章,贡献率排名第1,且每篇文章平均被引次数高达65.53次,说明其科研影响力较大。

发文量前二十的作者 表2-3

作者	组织	文献数（篇）	引用数（次）	总链接强度
切瑞·克里斯托弗	田纳西大学	17	1114	10
科尔诺·马特奥	米兰理工大学	16	124	15
赛弗瑞斯·瑟吉奥	米兰理工大学	16	124	15

续上表

作者	组织	文献数（篇）	引用数（次）	总链接强度
笛福克·般尼迪特	根特大学	13	91	56
米契利	巴勒莫大学	13	89	24
菲力·艾斯兰卡	交通经济研究所	12	233	30
郭延永	东南大学	11	393	23
佩丽特日	巴勒莫大学	11	88	23
李志斌	东南大学	11	360	16
周继彪	宁波工程学院	11	200	12
伊玛蒂·阿里	麦克马斯特大学	11	137	7
刘攀	东南大学	10	266	23
柏露	香港大学	10	267	22
蒂加尔斯·巴斯	法语鲁汶大学	9	65	26
徐铖铖	东南大学	9	257	20
何正友	西南交通大学	9	278	19
王涛	青岛科技大学	9	50	18
王晨	东南大学	9	108	9
焦峻峰	得克萨斯大学奥斯汀分校	9	177	5
百瑞·意林	阿德莱德大学	8	81	33
总计	—	224	4502	—

通常来说，大学的研究实力是衡量国家科研和创新能力的指标。表2-4列出了电动自行车领域最具生产力的20所机构，均来源于世界各大高校，反映了这些机构在电动自行车领域的影响力。发文量排名前二十的机构贡献了505篇文章，占总量的24.04%。东南大学的发文量位于第一，达到74篇文章，其中，文章总被引频次最高的机构是田纳西大学，达到1274次。20所组织机构中，有7所机构来自中国高校，意大利、荷兰和美国各有2所机构，此外，澳大利亚、比利时、加拿大、德国、以色列、韩国、瑞士各有1所。

发文量前二十的科研机构　　　　表2-4

科研机构	国家	文献数	引用数	合著次数	发表量占比（%）
东南大学	中国	74	1037	69	3.52
同济大学	中国	44	458	36	2.09
清华大学	中国	30	1098	29	1.43
米兰理工大学	意大利	29	253	5	1.38

续上表

科研机构	国家	文献数	引用数	合著次数	发表量占比（%）
代尔夫特理工大学	荷兰	25	408	11	1.19
慕尼黑工业大学	德国	25	179	5	1.19
田纳西大学	美国	24	1274	19	1.14
长安大学	中国	24	33	14	1.14
巴勒莫大学	意大利	22	147	4	1.05
上海交通大学	中国	21	356	13	1.00
根特大学	比利时	20	174	38	0.95
加利福尼亚大学伯克利分校	美国	19	670	18	0.90
浙江大学	中国	19	303	17	0.90
西南交通大学	中国	19	510	14	0.90
英属哥伦比亚大学	加拿大	19	351	11	0.90
蒙纳士大学	澳大利亚	19	619	10	0.90
特拉维夫大学	以色列	19	134	7	0.90
埃因霍芬理工大学	荷兰	18	561	11	0.86
蔚山大学	韩国	18	106	1	0.86
瑞士联邦理工学院	瑞士	17	246	10	0.81
总计	—	505	8917	342	24.04

相比主要作者，主要机构在研究上产生的合作更为显著。合著网络图能有效利用表2-4的合著次数数据，较好地展示机构之间的联系。如图2-9所示，一个机构的合著次数及合著机构数量往往与其发文量呈正相关性。例如：东南大学作为在电动自行车安全领域发文量最多的科研机构，其合著次数和合著机构数量同样是最多的。不难发现，东南大学与多所机构进行了共计69次的合作，这说明其跨机构的科研产出较为显著，值得借鉴。然而，总体上，在WoS数据库中，国内外各个研究机构之间的合作并不密切，共形成了16个集群，图中相对较多的颜色反映出该主题下所涉及的机构较为繁多，通常针对某一个方向的研究需要来自其他国家或地区、覆盖不同研究类型的多个研究机构合作共同开展。

从表2-5可以看出，关于电动自行车的研究在《可持续发展》（*Sustainability*）期刊上发表的数量最多，占总量的4.81%，《交通研究D部分：运输与环境》（*Transportation Research Part D: Transport and Environment*）的贡献排名第二，共发表63篇文章，占被分析文章总量的3.00%。排名前二十的期刊共发表文章占所分析文章的30.65%，表明现有的电动自行车相关文献分布较为广泛，并没有集中在少数几个期刊中。总体而言，电动自行车研究的核心期刊要么是多学科的，要么是跨学科的，这表明电动自行车是一门多学科或跨学科的科学，具有工程、材料学、社会科学和许多其他学科的特征。

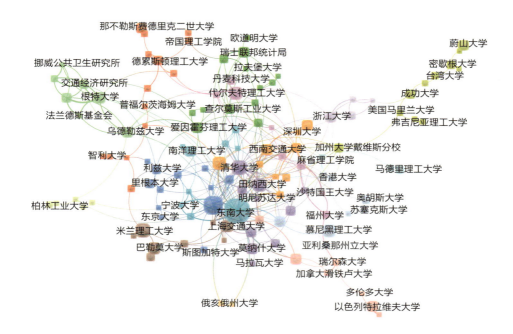

图 2-9　研究机构的可视化分析

发文量前二十的期刊　　　　　　　　　　　　　　　　　　表 2-5

期刊名	文献数	共被引次数	发表量占比（%）
《可持续发展（Sustainability）》	101	26589	4.81
《交通研究 D 部分：运输与环境（Transportation Research Part D：Transport and Environment）》	63	48171	3.00
《交通研究记录（Transportation Research Record）》	61	42634	2.90
《事故分析与预防（Accident Analysis and Prevention）》	51	57930	2.43
《能源（Energies）》	38	5186	1.81
《交通研究 A 部分：政策与实践（Transportation Research Part A：Policy and Practice）》	35	51762	1.67
《交通伤害预防（Traffic Injury Prevention）》	32	22012	1.52
《交通与健康杂志（Journal of Transportation Health）》	29	16077	1.38
《国际可持续交通杂志（International Journal of Sustainable Transportation）》	25	16136	1.19
《运输地理学报（Journal of Transport Geography）》	25	33733	1.19
《运输研究 F 部分：交通心理学与行为（Transportation Research Part F：Traffic Psychology and Behavior）》	23	32910	1.09
《国际环境研究与公共健康期刊（International Journal of Environmental Research and Public Health）》	21	6901	1.00

续上表

期刊名	文献数	共被引次数	发表量占比（%）
《先进运输杂志（Journal of Advanced Transportation）》	19	6196	0.90
《应用科学-巴塞尔（Applied Sciences Basel）》	18	NA	0.86
《IEEE工业电子杂志（IEEE Industrial Electronics Society）》	18	NA	0.86
《IEEE智能交通系统国际会议（IEEE International Conference on Intelligent Transportation Systems Itsc）》	18	NA	0.86
《运输研究程序（Transportation Research Procedia）》	18	9581	0.86
《交通政策案例研究（Case Studies on Transport Policy）》	17	5943	0.81
《应用力学与材料（Applied Mechanics and Materials）》	16	NA	0.76
《清洁生产杂志（Journal of Cleaner Production）》	16	12098	0.76
总计	644	393859	30.65

注：NA表示无数据。

期刊共被引分析方法是文献计量学中的一种定量研究方法，已被国内外科研人员广泛应用于多个学科领域的文献计量学研究。通过期刊共被引分析，可以对期刊进行分类和定位，较为准确地确定期刊在学科中的边缘或核心位置，进而能评价学术期刊。事实上，一篇文章往往会引用多篇文献，这将导致这些文献的所属期刊会同时产生较大的共被引值，因此往往会出现共被引次数远大于分析的文章数量的现象。不难发现，表2-5中所展示的共被引次数与发文量存在一定关联性的同时，还与期刊在该领域的权威性有着较大关系。可以看到，《事故分析与预防》《交通研究A部分：政策与实践》和《交通研究D部分：运输与环境》是共被引次数最多的三个期刊。因此，从发文量和共被引次数两个角度进行分析，这三个期刊在电动自行车研究中最具影响力。为了进一步展现期刊之间的联系程度，在期刊引用次数阈值为150的情况下，对53个期刊进行共被引的关联性展示，电动自行车领域的期刊共被引关系如图2-10所示，图中线条的粗细程度代表了期刊之间关联性的强弱。关联性最强的两个期刊是《事故分析与预防》和《运输研究F部分：交通心理学与行为》，两者之间产生的较高的共被引次数，反映了它们在电动自行车领域上的密切关系。

对电动自行车的研究来自83个国家或地区，详见表2-6。其中，中国发表的文章数量高达633篇，占总量的30.13%；美国共发表370篇，占总量的17.61%；其次是德国、意大利和英国。在区域层面，发文量前二十中欧洲发表了最多的文章（43.03%），亚洲和北美洲分别占比42.74%和21.37%。我们可以看到，发文量前二十的国家或地区累计占比高达110.38%，这是由于部分论文为不同国家或地区的学者共同研究所致，一篇论文可同时将多个国家记录在内。然而，区域分布分析只显示进行研究的国家或地区或作者所属机构所在地，案例研究或者研究对象可能来自不同的国家或地区。各个国家或地区的发表量与其发展水平、经济水平及科研投入有很大关系。中国作为"电动自行车大国"，投入大量的科研人员与经费用于电动自行车领域的研究。美国作为交通现代化程度最高的国家，得益于美国科研人员对交通各领域的深入探究，包括对电动自行车领域的研究分析。

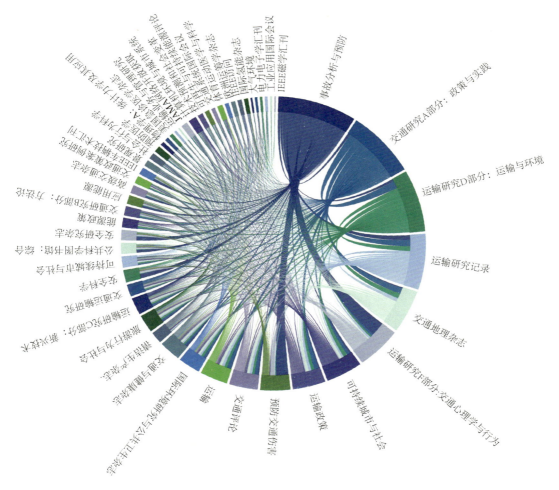

图 2-10 期刊共被引网络图

发文量前二十的国家或地区　　　　　　　　　　　　　　　　　　表 2-6

区域	国家或地区	文献数	引用数	发表量占比（%）	合计（%）
欧洲	德国	203	1252	9.66	43.03
	意大利	162	1308	7.71	
	英国	107	1941	5.09	
	荷兰	84	2243	4	
	西班牙	68	500	3.24	
	波兰	55	310	2.62	
	法国	50	435	2.38	
	比利时	47	418	2.24	

续上表

区域	国家或地区	文献数	引用数	发表量占比（%）	合计（%）
欧洲	瑞典	45	676	2.14	43.03
	瑞士	44	697	2.09	
	葡萄牙	39	410	1.86	
亚洲	中国大陆	547	6997	26.04	42.74
	中国台湾	86	515	4.09	
	韩国	80	850	3.81	
	印度	76	221	3.62	
	日本	74	600	3.52	
	以色列	35	240	1.67	
北美	美国	370	6465	17.61	21.37
	加拿大	79	1108	3.76	
大洋洲	澳大利亚	68	1156	3.24	3.24
合计		2319	28342	110.38	

　　在深入了解文献的作者、国家和机构的基础上，利用关键词聚类分析来进一步阐述电动自行车的前沿研究课题。图2-11显示了1976—2022年间电动自行车研究中关键词共同出现的网络可视化结果。在这项分析中，只有当关键词在稿件的标题、关键词或摘要中出现10次或以上时，才被纳入研究范围。图中的节点越大，说明该关键词出现的频率越高，关键词之间用曲线连接，说明两个关键词之间存在着关联性。此外，出现在同一颜色集群中的关键词有很强的相关性。总的来说，生成的210个关键词聚类形成了4大类群，颜色分别为：红、绿、蓝、黄，构成了电动自行车的前沿研究方向。当然，尽管现有知识图谱技术较为完善，但仅根据该方式得出的结论是不合理的，需要进一步开展人为的分析，进行优势互补，从而克服单一结论的局限性。因此，在后续分析中我们将同时考虑到这两个方面的因素进行关键词的筛选，而并非仅根据各个关键词的出现次数。

　　集群1（红色）主题为电动自行车充电系统和能源模型研究，共包含75个关键词，主要包括系统（System）、电池（Battery）、模型（Model）、能源（Power）和设计（Design）等。由于其文献研究的数量较大，我们分为两个主要方向，即：电动自行车的充电系统和能源模型研究。关于电动自行车（踏板车、共享电动自行车）充电系统的研究文献的数量较少，但针对充电系统内容的涵盖范围较为全面。我们发现，当前的研究工作主要考虑了电动自行车（包含踏板车和共享电动自行车）充电站的宏观规划和微观管理。具体而言，当前的研究主题涉及充电站选址优化、充电站空间设计、充电站规模分析、充电站设施布局、充电设备的调度以及电动自行车充电需求的决策优化。对于充电站的选型与规模确定，多采用粒子群优化模型，对于充电站的空间设计以及设施布局，基于Sketchup的3D模型是一种较为实用的方法，而对于充电站服务功能的优化方面，采用的方法则较为多样，比如平均状态空间模型、离散-连续混合模型以及模糊逻辑模型等。

2 电动自行车发展历程与相关标准

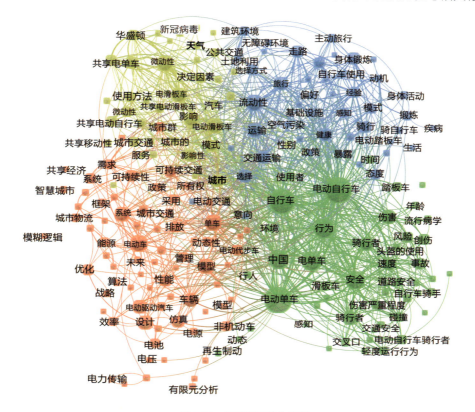

图 2-11 关键词网络分析图

与对电动自行车或踏板车充电站的关注较少形成明显对比的是，人们对电动自行车的能源供应以及能源系统的优化更为感兴趣，导致关注度大的一个可能原因是电动自行车与电动小汽车均以电能作为驱动能源，而电动汽车能源供应是目前炙手可热的研究点，其研究成果能够非常方便地扩展应用到电动自行车。能源供应方面，电动自行车燃料电池对环境的影响以及其经济可行性受到关注。早期电动自行车电池多是铅酸电池，环保效益较差，由铅酸电池演进出多种类型的高性能电池，而锂电池的出现，则更加带动了私人电动自行车特别是简易款的发展。随着锂电池或太阳能充电的发展，其环保效益越来越正面，太阳能电动自行车也被认为具有作为可持续交通方式的潜力。对于燃料电池和蓄电池的效益评估，全生命周期评估是常用的方法，而对于太阳能电池的效能评估，多采用实验分析、实证调查等。为了提高能源供应系统的效率，电池模块的设计和充电模式的选择则显得尤为重要，所采用的方法也比较多样化，例如模糊认知图方法（Fuzzy Cognitive Map）、感应电能传输（Inductive Power Transfer）、电池热系统（Battery Thermal System）、光伏阵列优化（Optimal Size of Photovoltaic Array Unit）以及串联电池组设计（Series-connected Battery Pack）等。

集群 2（绿色）主题为电动自行车骑行行为与安全特性研究，共包含 48 个关键词，主要包括行为（Behavior）、安全（Safety）、速度（Speed）、事故（Accidents）和损伤（Injury）等。在交通工程中，交通行为是指交通参与者在其整个交通活动过程中发生的各种行为现象和外在表现。交通行为从法律角度上可分为守法行为和违法行为，从出行对象上可分为个体行为和群体行为，从出行结果上可分为安全行为和风险行为。通过集群研究发现，现有对于交通行为的研究主要集中于风险骑行行为研究，因此该部分主要针对该方面进行详细论述。

电动自行车骑行者的风险骑行行为主要是指骑行者在骑行过程中有可能对自身和他人造成人身和财产伤害的行为。先前的研究发现，电动自行车的危险骑行行为主要包括14类，分别是：违反交通信号（如闯红灯、不按信号灯转弯）、超速、逆行、违法占用车道（或在机动车道上骑行）、分心骑行（如使用手机、与同伴交谈、吸烟、吃零食、喝酒、戴耳机听歌）、醉酒骑行、不正确佩戴头盔、骑行非法车辆（如无车牌、非法改装）、不按规定让行、违法转弯或换道、骑行时携带成年人、非法超车、单手骑行、乱停车等。已有研究证实，电动自行车的风险骑行行为是导致交通事故频繁发生的主要因素之一，电动自行车骑行者通常不严格遵守车道纪律，经常采取危险的驾驶操作，这增加了道路交通事故发生的可能性。先前研究发现，速度、超车和变道动作的次数及间隙接受度是与电动二轮车激进行为相关的因素；电动自行车的红灯违章率明显高于自行车；违规骑行行为与交叉口、共享交通设施等交通环境密切相关。研究还发现，10.31%的电动自行车在过交叉口时至少有一种风险骑行行为，男性的风险行为要高于女性；同时，电动车事故率要明显高于自行车。两类车型骑行者在骑行距离、出行目的、事故责任方等方面也存在一定的差异。在实际管理、使用和政策制定等方面应该对两种车型有所区别。

另外，研究还发现，电动自行车骑行者违反交通信号、未按规定让行、酒后驾驶是死亡事故主要成因。以中国（2018—2020年）为例，未按规定让行、违反交通信号通行导致的死亡事故分别占16.76%和17.25%。酒后驾驶造成电动自行车的交通事故比例虽然不足6%，但其导致死亡事故的比例却高达10.79%，是造成死亡事故的第三大违法成因。深入来看，其原因是，目前中国对非机动车酒后驾驶的检查与处罚力度与机动车相比相差甚远。中国对电动自行车违法行为的处罚力度较小，部分处罚条款与违法行为的严重性不匹配，没有扣留车辆等强制措施。

调查发现，骑行环境是电动自行车骑行者决定是否占用机动车道骑行的主要因素。另外，非机动车道的缺乏、不连续、没有形成道路网络、不满足骑行宽度以及交通拥挤，是驱使电动自行车骑行者选择占用机动车道骑行的主要原因。通过调查，我们还发现，电动自行车骑行者没有足够的路权以及机动车流的阻断，迫使电动自行车无法及时穿越到道路对面，是电动自行车逆向骑行的根本原因。这里，我们还有一个有意思的发现，电动自行车作为快递（或外卖）车辆使用与电动自行车占用机动车道骑行和逆向骑行决策行为均显著正相关。这表明，它与骑行者职业特性有关，因为快递（或外卖）业务追求时效性，导致电动自行车骑行者容易忽视安全问题，更倾向于做出风险骑行行为的决策。

此外，电动自行车的超速行为受理性决策和社会反应性决策双重因素的影响，但社会反应性决策的影响更明显。骑行者的主观态度、风险感知、骑行自我效能、行为意愿和行为意向是超速行为的关键因素。另外，我们还发现，超速骑行行为意向越强，越可能发生超速骑行行为，这一结果与大多数既往的研究结果类似。

交通安全问题是当今全球最关注的问题之一。近年来，随着电动自行车数量的增加，电动自行车的安全问题越来越受到全球学者的重视。以中国为例，根据中华人民共和国公安部的统计数据，2018—2020年中国城市道路电动自行车交通事故共造成7642人死亡、66861人受伤、直接财产损失达到1.2亿元。电动自行车在为参与者出行提供便利的同时，也给城市道路的交通安全带来了严重挑战。电动自行车交通事故已成为中国乃至全球道路交通安全一项亟待解决的重要问题。众多研究表明，电动自行车骑行者的风险行为因素是导致大多数涉及电动自行车交通事故的核心原因。同样，电动自行车骑行者的风险骑行行为是交通安全管理研究和实践的重要组成部分。从本质上讲，风险骑行行为往往表现为违反交通规则、风险骑行行为意识薄弱、缺乏安全谨慎的态度、盲目骑行的信心等，这些都会导致电动自行车事故率和伤亡人数居高不下。以违反交通规则为例，骑行者通常会闯红灯，占用机动车道或人行道。实际中，当骑行者在骑行时因赶时间、等待红灯时间过长、判断无法能否安全通过交叉口、受到其他车辆违章行为的干扰影响或者在追求高速度行驶等原因而产生了新的违法行为。调查结果还发现，有60%左右的交通事故是由两轮车造成，发生地点主要集中在交叉口处，事故原因是因为交通流混行（包括机动车混行、机非混行以及两轮车之间的混行）造成。所有这些违法行为都导致了交通事故的频繁发生和更严重的后果。

为了保证电动自行车的骑行安全，美国对电动自行车有严格的规定，年龄低于16岁的骑车人或者乘车人都应佩戴头盔，不允许三辆及以上自行车并排骑行，在转弯或停车时应做出相应的手势，在人行道上骑行或者穿越道路时应该避让行人、严禁超载等。在中国，多数参与者认为"单手驾驶"属于违法行为，但在调查中有超过1/3的调查对象存在单手驾驶的行为；电动自行车最高速度为25 km/h，超过一半的被调查者存在超速骑行行为；电动自行车骑行者都能意识到佩戴头盔的重要性，但在实际的骑行过程中，正确佩戴头盔的骑行者比例仅为51.44%。这些研究表明，大部分骑行者能够意识到潜在的危险，但骑行者并不去做足够的自身保护措施，原因可能是他们有盲目的自信心证明自己可以避免危险的发生。在中国，由于电动自行车与传统自行车车道共用，两者运行速度的差异也引起了一些担忧。针对电动自行车行驶速度的研究发现，电动自行车的平均行驶速度比传统自行车高40%~50%。政策制定者主要担心速度差异所包含的安全隐患，尽管目前还几乎没有相关的实证研究。

集群3（蓝色）主题为电动自行车环境影响和健康效益研究，共包含44个关键词，主要包括锻炼（Exercise）、政策（Policies）、健康（Health）、生命（Life）和感知（Perceptions）等。电动自行车对环境的影响主要关注于温室气体的排放。欧洲国家以及美国等在这方面的研究较为深入，而其他地区尤其是亚洲，尽管从世界范围看其电动自行车拥有量占据主体，但高质量的研究成果却较为欠缺。对电动自行车碳减排的研究，目前所采用的研究方法也是多样的，涵盖了全生命周期评估、基线调查、实证研究、模型预测以及场景分析等。以往的几乎所有研究均表明电动自行车在减少碳排放方面具有很好的潜力，在促进低碳交通和健康城市的政策中发挥着越来越重要的作用，即使在电力行业排放因子最高的国家（例如中国和澳大利亚），电动自行车所产生的二氧化碳和其他常规污染物的排放量也相对较低。仅仅从电动自行车这一交通方式自身对环境的影响，其无疑具有正面效应。但从交通出行的整体来看，各种交通方式之间是相互转换的。因此，若实现对电动自行车环保效益的客观分析，则需要关注电动自行车对整体交通出行模式的影响，即电动自行车的替代效应，这有利于解答电动自行车是否有助于整个交通系统向绿色转型。现有研究结果表明，电动自行车取代哪种交通方式的问题主要取决于当地情况，尤其是可用的交通替代方案。电动自行车的替代效应与采用电动自行车之前这个国家的主要出行方式组成密切相关，在欧洲国家、日本等人口密集的发达国家，电动自行车更多是作为一种休闲的通行方式，而非通勤选择。因此，其替代的往往是传统自行车。在汽车占主导地位的国家（例如澳大利亚、美国和加拿大等），电动自行车主要替代汽车出行。对于亚洲国家（例如中国等），自行车出行占有较大的份额，电动自行车作为介于传统自行车与机动车之间的一种通勤交通，则更多替代传统自行车或公共交通。电动自行车的替代效应分析表明，电动自行车对于环境的可持续性并不是绝对的正效益，是否可以实现正效益的关键在于电动自行车替代的是哪些出行方式。若是与传统自行车或公共交通竞争，则整体效益值得商榷；但是若部分替代了小汽车，则效益较为显著。

电动自行车对健康的影响方面，老年人是最受关注的一个群体。此处的"健康"一词的含义，仅限于通过增加身体活动来改善健康。研究方法主要为问卷调查与访谈，也有部分研究采用基线调查、受控实验与场景分析。研究表明，尽管电动自行车提供的体育活动水平低于传统自行车，但仍达到增强健康所必需的水平。随着老年人骑传统自行车变得更具挑战性，电动自行车实际上为老年人继续留在自行车道上提供了一种选择。因此，电动自行车有利于促进老年人骑自行车运动，对于老年人自行车运动的延续及健康的保持具有积极作用。此外，相关研究还表明，电动自行车对于超重等身体受限人群，有利于改善其心肺功能。除了老人以及体育活动受限等特殊人群外，对于普通民众，骑行电动自行车对于健康也有明显的积极作用。电动自行车可以增加人们骑自行车的多样性，具有克服传统自行车所面临的地形、距离和时间限制以及高温、降水等恶劣天气的优势，鼓励用户比传统自行车骑得更远、更频繁，从而通过诱导旅行带来额外的健康益处，而这也是电动自行车在世界范围内越来越普及的一个重要原因。

集群4（黄色）主题为电动自行车的使用特征及其影响研究，共包含42个关键词，主要包括微移动（Micro Mobility）、共享电动自行车（Shared E-Bike）、模式（Patterns）、城市机动性（Urban Mobility）和使用特征（Usage）等。电动自行车作为一种微移动工具，其在拥堵治理、节能减排、健康娱乐等均发挥着显著作用，是一种绿色的出行方式。与传统自行车相比，它吸引了更广泛的人群，尤其是老年人，扩大了出行的空间覆盖范围，可以减少由于骑自行车所需的大量体力劳动引起的不舒适问题。因此，电动自行车的使用特征和研究持续受到关注，而分析电动自行车的一系列使用特征，往往使用基于问卷调查的截面数据（Cross-sectional Data），少数文献会采用长周期的纵向调查。由于全球生活环境和交通文化的差异，不同地区的电动自行车用户对于电动自行车的使用态度与接受程度存在很大差别，由此导致电动自行车使用特征呈现出多样性。从区域角度来看，电动自行车的使用特征分析可以划分为3个片区，即欧洲、北美洲和亚洲。其中，北美洲主要是美国和加拿大，亚洲以中国为最典型的代表，欧洲包括的国家较多，比如法国、德国、英国、意大利、荷兰以及挪威、瑞典等北欧国家。调查显示，在北美洲，与传统自行车相比，人们更频繁地使用电动自行车，私人电动自行车被用来作为通勤出行使用时，往往是出于对环境的关注和对电动自行车的认识，也就是说只有在人们在确认电动自行车是一种有用的交通方式的前提下，才可能考虑选择它作为通勤工具。随着共享电动自行车的全球化发展，在北美洲，共享自行车用于通勤的趋势越来越明显，而由此导致的一个结果是部分汽车出行被替代，来自华盛顿特区的一项研究印证了这一观点。亚洲地区尤其是中国，电动自行车往往作为从传统自行车出行到机动车出行过渡的一部分，所以可以认为电动自行车是一种嵌入式交通方式。Cherry等通过来自中国昆明市长达六年的关于电动自行车使用状况的纵向调查，认为电动自行车作为一种中间模式，中断了从自行车到公共汽车以及从公共汽车到汽车的过渡，而造成这一结果的重要影响因素是收入和车辆拥有量。超过40%的电动自行车用户拥有家用汽车，说明电动自行车对向汽车为主导交通方式的转型具有强烈影响。除了代替传统自行车，电动车自行车同时也会取代公共交通出行和很小一部分的汽车出行。电动自行车与共享电动自行车在整个出行方式划分中所扮演的角色又有所不同，私人电动自行车往往是一种通勤工具，而共享电动自行车除了作为满足家庭需求和非正式出租车服务的便捷日常交通工具外，还被常用作第一公里和最后一公里的换乘交通工具，但在郊区或城市边缘区域，两者均被视为重要的通勤工具。欧洲地区，国家之间因为存在不同的自行车文化，在电动自行车的使用方面存在诸多差异。在法国，由于先前人们对共享自行车的绿色环保的认可，共享电动自行车被视作补充公共交通或传统共享单车的补充。疫情发生后，电动自行车作为公共交通工具的替代品具有相当大的潜力。来自荷兰、英国、瑞士、挪威等国家的调查数据显示，出于实用的原因，电动自行车部分替代了传统的自行车或私家车出行被作为通勤工具使用，替代的程度主要取决于用户购买电动自行车之前采用的交通方式，电动自行车经常被用作额外的交通选择。通过长达6年（2014年至2019年）的纵向数据分析发现，尽管电动自行车用户减少了汽车的使用，但并不能就此说明共享电动自行车可以替代汽车，电动自行车的使用程度与年龄、受教育程度以及性别有关。欧洲地区的调查整体显示，大多数电动自行车用户也骑传统自行车，身体和健康方面的限制是改用电动自行车的常见原因，那些总是骑电动自行车上下班的人过去最有可能使用传统自行车作为他们的主要通勤方式，而那些大部分或偶尔骑电动自行车上下班的人更有可能使用汽车作为他们以前的主要通勤方式模式。

与电动自行车使用的研究相关联的是对其影响因素的分析，所使用的数据主要来自横断面调查及在线调查等，影响变量的提取或确定以及显著性分析则主要使用Logit模型以及负二项分布模型等。电动自行车使用的影响因素总体上可以分为主观与客观两个方面。主观因素主要包括环保意识、对电动自行车熟悉程度、电动自行车采用意愿与态度等，而客观因素包括基础设施、天气状况、出行目的、交通状况以及年龄、受教育水平、收入水平等社会人口统计内容。调查显示，出行目的、电动自行车熟悉程度、骑自行车的原因、家庭年收入和教育水平是影响电动自行车购买的显著因素。电动自行车受访者和自行车受访者均表示，改善健康状况是骑自行车或骑电动自行车的关键因素。相关研究表明，受访者选择电动自行车的原因包括成本低、省力、出行时间灵活、堵车省时、可达性高等。用户态度也是影响受访者选择电动自行车的原因,即骑电动自行车出行有自由感和实用性。而闯红灯、超载、超速、突然变道等多种交通违法行为带来的交通安全性,是阻碍电动自行车进一步转型的主要负面因素。研究发现,环保意识高的人更有可能选择零排放的交通方式。环境意识的影响与他们在使用电动自行车之前最初选择的交通方式有关。不同国家或区域,由于整体出行模式构成不同,影响电动自行车的因素也存在不同。就可能影响个人骑行频率的建筑环境、自然环境、心理和文化因素而言,各国之间存在相当大的差异,此外,由于分析影响因素的角度不一样,大多数研究得到的结果有所差异。整体上来看,环境意识水平、性别、年龄、教育程度、收入、汽车和常规自行车的拥有量以及出行距离等均对电动自行车用户的选择存在影响。出行距离、降水量和访问距离是微移动模式选择的基础,对电动自行车使用的态度以及意愿是电动自行车使用的重要影响因素,主要为自我形象、健康、易用性。天气几乎是所有影响因素研究中出现频率最高,而且是最为关键的影响因素。电动自行车的可用性和安全性,诸如恶劣的天气和路况等环境因素,似乎是电动自行车使用的最大障碍。价格因素、出行目的,也是较为普遍认可的因素。另外,人口统计变量如年龄、受教育水平、收入水平以及创新性等也对电动自行车的选择具有影响。

2.2.2 研究结果和讨论

虽然最早的电动自行车原型在19世纪末便已诞生,但关于电动自行车的学术研究却出现较晚。1970年,Folchini A[29]最早对电动自行车进行了研究。在该研究中,Folchini A基于电动自行车原型,对古老而拥挤的米兰城镇进行了电动自行车道路测试实验,以改善米兰的空气污染和道路拥挤问题。此后,不少学者相继对电动自行车开展了研究。Graumlich A J[30]于1974年对电动自行车的电池和推进系统进行了探究,并总结出其典型组件、性能、尺寸、形状和重量之间的关系。1981年,Ferschl M S[31]基于研究制造了两辆电动助力车,其分别拥有12V与24V的电池系统,最高时速可达32km,可提供方便、安静、低成本、平稳、无污染的单人运输。随着日本雅马哈公司在20世纪80年代末成功研发出"动力辅助系统(Power Assist System,PAS)",引发电动自行车在全日本流行,日本的非机动车行驶安全与拥堵问题日益严重。1999年,日本学者Yamakawa H[32]对日本非机动车运输的现状、前景和当时存在的问题进行总结,并提出了相关建议。

进入21世纪,JX Weinert和Cherry C最早针对中国电动自行车的发展做出研究。2006年,Weinert J X和Cherry C等人[33]发表《中国向电动自行车的转型及其对出行行为、公交使用和安全的影响》一文,为中国从自行车大国向电动自行车大国转型打下了理论基础。此后,Cherry C在2006—2016年陆续发表十余篇论文[11, 34-44],分别在中国电动自行车的环境污染、成本分析、共享问题、骑行行为、事故危险分析等多个方面做出研究。2006年后,关于电动自行车的研究开始空前增多,并可主要分为以下几个方面:

(1)电动自行车的环境污染问题。2007年,Cherry C等人[34]对中国电动自行车的使用及其对环境、安全、出行和可达性的影响做出研究,对电动自行车在电池和电力污染方面的问题给出建议。之后,Zhang Y等人[45]对中国中山市电动自行车保有量与环境污染间的关系做出研究，结果表明，电动自行车保有量与建筑环境属性之间有较显著的关系，政策制定者需根据建筑环境的不同在不同地区制定不同的电动自行车政策。Cherry C 和 Cervero R[44] 通过调查中国昆明和上海两个大城市的电动自行车使用情况来探讨其对环境污染的情况。同期，Zhang C 等人[45] 也选择中国上海的电动自行车作为研究对象，将其与使用汽油作为动力的摩托车相比较，并在能源利用和环境影响两个方面对二者进行了生命周期评估，结果显示，在环境污染方面，当时的电动自行车并不优于摩托车，而在生命周期中，电动自行车消耗的能源更少，排出的空气污染物也更少，但在固体废物和酸化物质排出方面却输于摩托车。此后，大量学者也对电动自行车对城市的环境污染问题做出了研究，包含电池污染[46-47]，空气污染[48-49] 以及碳排放[47, 50-51] 等多个方面。

（2）电动自行车的经济成本研究。在电动自行车成为大众日常通勤交通工具之前，许多学者对电动自行车的出行成本及推广成本问题进行了研究。1995年，Oman H 等人[52] 针对电动自行车电池成本和充电/放电循环寿命对出行成本的影响做了研究，并建立了相应的电动自行车充电成本模型。Ji S 等人[38] 于2015年做出了一项关于共享电动自行车的用户需求与可实施性的研究，通过对田纳西大学某校区共享电动自行车试点项目的成本分析建模发现，在高出行需求场景下，每辆共享电动自行车需频繁更换备用电池才可尽可能降低出行成本。类似地，Cherry C 等人[53] 也针对共享电动自行车的出行和运营成本问题进行了研究，并提出了相应的充电协议和车外电池管理方案。相对地，Weinert J X 等人[54] 则通过对铅酸电池和锂离子电池内部的供电结构进行研究，提出了更具经济效益的电动自行车出行方案。随着社会经济的发展，近年来，也有不少学者[50, 55-56] 针对电动自行车的成本、碳排放、便利性及共享可行性进行了研究，提出了许多更加经济实惠，且可行性高的电动自行车出行和改装方案。

（3）电动自行车的骑行行为与事故风险研究。2007年，Cherry C 等人[44] 首先对中国电动自行车用户的使用特征及骑行行为特征进行了研究。这之后，许多学者针对电动自行车的骑行行为这一角度展开了研究。Wu C 等人[6] 研究了电动自行车骑行行为对闯红灯的影响，发现男性骑行者比女性更容易发生闯红灯行为，同时年轻与中年骑行者也比老年骑行者更容易闯红灯。Yao L 等人[57] 于2012年进行了一项研究，以确定影响电动自行车骑行者参与事故的风险因素，并建立了安全观念、风险感知和异常骑行行为之间的关系模型，研究同样发现男性比女性更容易发生过失事故，有较长驾驶经验的骑行者发生事故的可能性更小。Ma C 和 Zhou J 等人[58] 基于问卷调查分析，对电动自行车个体特征与违法超速行为之间的关系进行了研究，结果显示，骑行者的文化程度、驾龄、骑行熟练程度对是否超速行驶有显著影响。Guo Y 等人[59] 也通过问卷调查的形式，采用贝叶斯方法对影响中国电动自行车用户车牌登记的因素进行分析评价，结果表明，车牌登记受性别、年龄、文化程度、电动自行车保有量、家庭汽车保有量、家庭收入和电动自行车出行频率等因素影响。在电动自行车政策因素对骑行行为的影响上，Zhou J 等人[60] 以宁波市头盔政策为例，通过问卷的形式调查了1048名电动自行车骑行者与头盔政策相关的骑行行为数据，并采用二元有序概率模型（Bivariate Ordered Probit，BOP）来解释潜在的异质性，结果揭示了影响电动自行车头盔佩戴率和事故发生率的一些显著因素。此外，头

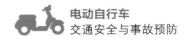

盔佩戴率与事故发生率之间存在显著负相关。

（4）电动自行车的共享研究。近年来，随着共享电动自行车的出现，不少学者将研究重点转移到共享电动自行车的运营系统与成本效益上。2014年，Ji S和Cherry C等人[38]首先以校园中的共享电动自行车系统为研究对象开展了关于共享电动自行车用户需求和系统可用性的仿真研究。同样地，Galatoulas等人[61]利用在比利时蒙斯大学进行的一项调查，对该学生在租用电动自行车方面的个人特征及态度进行了研究，以确定影响使用电动自行车共享系统作为智慧城市组成部分的关键因素。在共享电动自行车在城市中的应用研究方面，Bieliński T等人[62]和He Y等人[63]分别以波兰北部及美国犹他州某城市的电动自行车共享系统为研究对象，探寻其对居民出行方式选择的影响，以确定其使用障碍，并寻找出电动自行车共享系统在城市不同区域应用的差异。此后，许多学者都对共享电动自行车开展了不同程度的研究，包括出行方式选择[55]，骑行行为[64]，经济效益[65]，出行安全[11]等多个方面。

电动自行车的研究方向与主要研究作者详见表2-7。

研究方向与主要研究作者　　　　　　　　　　　表2-7

	研究方向	主要研究作者
电动自行车	环境污染与生态保护研究	Cherry C [11, 34-44, 46, 53]，Zhang Y [45, 66]，Cervero R [44]，Zhang C [45, 66]，Murugan M [47]，Wamburu J [50]，Liu Y [51]
	经济与出行成本研究	Oman H [52]，Cherry C，Ji S [38]，Weinert J X [33, 54]，Wamburu J，Suchanek M [55]，Soeprapto S [56]
	骑行行为与事故风险研究	Cherry C，Wu C [6]，Yao L [57]，Ma C [58]，Zhou J [58, 60]，Guo Y [59]
	共享电动自行车研究	Cherry C，Galatoulas [61]，Bieliński T [62]，He Y [63]，Fitch D [64]，Sya'Bana Y M K [65]，Langford B C [11]

2.2.3　研究工作展望

本书对电动自行车研究做了较为完善的总结和回顾，以WoS核心集作为数据源，利用文献图谱分析法对现有研究进行了多项分析讨论。在此基础上，讨论总结了目前现有的一些电动自行车研究。研究发现，随着科学发展的进步，关于电动自行车的研究热点也在不断更新。而未来关于电动自行车研究主要则趋向于三个方向：一是数字化电动自行车车牌的应用研究，二是智能网联环境下的交通电动自行车事故预防研究，三是共享电动自行车的后期运营和管理问题。

1）电动自行车数字化车牌

近年来，电动自行车安全事故频发，不仅引起了媒体和网民的关注，更引起了政府和监管部门的高度重视。目前，数字化车牌已在中国有了一定的应用。2021年10月20日，由浙江省市场监管局牵头、18个省级部门共同推出的"浙江e行在线"正式上线，该数字化系统从电动自行车生产、销售、登记、骑行、充停、维修、回收等7个环节入手，构建混合编码、标配销售、合体登记、文明骑行、规范充停、诚信维修、闭环回收七大核心应用场景，实现电动自行车全链条全生命周期闭环管理。车牌内嵌符合国家标准RFID芯片数字号牌，芯片写入车辆信息，数据安全可靠，防伪造、防复制。支持视频、射频、二维码扫码多种识别方式，对号牌遮挡、污损、假牌、套牌均能高效精准识别。车辆数据加密储存，仅支持官方专用仪器识别读取，保证市民信息安全。新的车牌与旧的车牌不同之处就在于牌照上方的"浙品码"（二维码），只要扫描"浙品码"，就可以查看车辆、蓄电池及牌照的相关信息，强化人、车、池信息关联，实现"一码知全貌"。同时，可有效杜绝车辆非法改拼装、二手电池流入市场等现象，大大确保了电动自行车的用车安全。总体来说，数字化车牌的诸多好处将使其成为未来研究的一大趋势。

2）智能网联环境下的电动自行车交通事故预防研究

随着智能交通与交通大数据的快速发展，道路交通系统正逐步迈入智能网联时代，即形成以车联网、车路协同、自动驾驶为基础的新型交通系统。智能网联交通系统会在较长时间内呈现出道路交通人机混驾和车辆人机共驾等新型混合交通系统特点。道路使用者感知、决策与交互行为均将发生改变，智能网联车辆的逐步渗透也使得各类交通行为（包括电动自行车骑行行为、弱势道路使用者行为、微观交互行为等）和交通风险更加复杂。在此背景下，电动自行车的行驶环境、骑行者的风险骑行行为特征、弱势道路使用者与智能网联车辆的交互机理与安全评测、电动自行车风险交通行为画像及影响因素分析、电动自行车风险骑行干预措施和相关政策等，将是未来亟待解决的难点和热点研究方向。

3）共享电动自行车的后期运营和管理问题

近年来，共享电动自行车正加速布局，进一步提升共享电动自行车的管理能力、推动共享电动自行车的行业健康有序发展，已成为未来检验城市治理能力和治理水平的最重要标准之一，也是提高超大城市治理现代化水平的迫切需要。截至2021年底，共享电动自行车已在全国1000多个城镇、区县投放运营，总投放量约1000万辆。行业管理方面，至今共有70多个城市出台了共享电动自行车的管理办法，地方政府将共享电动自行车纳入管理已成发展趋势。共享电动自行车的快速普及已成为客观事实，也是今后政府治理中不可回避的一环。从多个视角全方位挖掘电动自行车的特征规律，将对共享电动自行车快速发展背景下的电动自行车运营和管理提供支撑，也为推动行业健康有序发展提供参考。

2.3 全球电动自行车标准

2.3.1 中国电动自行车标准

中国关于电动自行车的定义为：以车载蓄电池作为辅助能源，具有脚踏骑行能力，能实现电助动或/和电驱动功能的两轮自行车[23]。2019年4月15日，中国正式实施《电动自行车安全技术规范》（GB 17761—2018）（俗称"新国标"），替代《电动自行车通用技术条件》（GB 17761—1999）（俗称"旧国标"）。与"旧国标"相比，"新国标"增加了防火性能、阻燃性能、整车标识、淋水涉水、防篡改要求、鞍座长度、照明、车速提示音等内容，电动自行车安全技术规范新旧国标对比详见表2-8。

电动自行车安全技术规范新旧国标对比　　　　表2-8

指标对比	《电动自行车通用技术条件》 （GB 17761—1999）（"旧国标"）	《电动自行车安全技术规范》 （GB 17761—2018）（"新国标"）
最高行驶速度（km/h）	20	25
最大电动输出功率（W）	240	400
制动性能（m）	干态制动距离≤4 湿态制动距离≤15	干态制动距离≤7 湿态制动距离≤9
最大整车质量（含电池）（kg）	40	55
蓄电池最大标称电压（V）	48	48
整车尺寸（mm）	无	H_1≤1100，W_1≤450，H_2≤1250， H_3≥635，L_1≤350，W_2≤175
脚踏骑行功能（km）	L_{30min}≥7	L_{30min}≥5

注：1. "新国标"中，以最高车速电动骑行时，其干态同时使用前后闸的制动距离不大于7m，湿态同时使用前后闸的制动距离不大于9m；

2. L_{30min}表示30min的脚踏骑行距离。

同时，"新国标"在脚踏功能、整车质量、行驶速度、整车尺寸等方面规定（图2-12）：一是电动自行车需具备脚踏骑行能力，整车质量不超过55kg，最高时速不超过25km/h，蓄电池标称电压不超过48 V，最大电机输出功率为400 W；二是整车尺寸方面，整车高度（H_1）不超过1100mm，车体宽度（W_1）（除车把、脚蹬部分外）不超过450mm，前后轮中心距（H_2）不超过1250mm，鞍座高度（H_3）要超过635mm，鞍座长度（L_1）不超过350mm，后轮上方的衣架平坦部分最大宽度（W_2）不超过175mm。

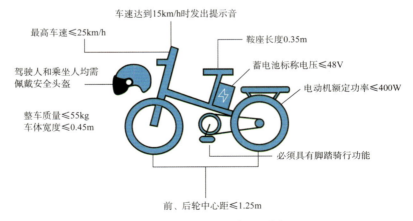

图2-12　中国电动自行车重要指标

随着我国"新国标"的强制实施，电动自行车由工业产品生产许可证管理（Qi-yechanpin Shengchanxuke，QS）转为实施强制性产品认证（China Compulsory Certification，

CCC），未获得3C认证的，不得出厂、销售、进口或在其他经营活动中使用。

2.3.2 北美电动自行车标准

1）美国

电动自行车在美国使用人群较少，但联邦政府及各州政府还是非常重视其质量安全风险。电动自行车在美国属于日用消费品，由美国消费产品安全委员会（Consumer Product Safety Committee，CPSC）进行管理。《联邦电动自行车法》规定两轮或三轮电动自行车，必须装有脚蹬踏板，电机最大输出功率为750 W，最高车速32km/h，整车质量小于50kg，明确电动自行车属于普通自行车，不属于机动车辆。在美国，电动自行车对整车不是强制性认证，但是对电池和充电器有明确的认证要求，必须有美国保险商试验所（Underwriter Laboratories，UL）认证。电动自行车进入美国市场，有比较严格的市场准入门槛，即要求通过UL2849的安全标准。UL2849标准涉及产品的安全、电池管理系统（Battery Management System，BMS）、软件评估及功能安全评估要求，另还对控制器、电机及充电器等部件都有安全标准的要求。除此以外，电动自行车在美国还有非强制性认证——CPSC1512电动自行车安全认证。相较其他国家，美国对电动自行车产品的规范与限制可说是最宽松的，不过美国各州对电动自行车的定义与规范不尽相同。

美国加州电动辅助自行车法规是美国自行车产业协会在全美国推广的范例，其他一些州也立了相同类型的法规，所以具有重要的参考性。

电动辅助自行车（Electric Bicycle）定义为装配有踏板及小于750 W的电动辅助自行车，并将电动辅助自行车分3级。

第1级：一级电动辅助自行车（Class 1 Electric Bicycle）或低速踏板辅助电动自行车（Low Speed Pedal Assisted Electric Bicycle），是装配有电动机的自行车，且仅当骑乘者踩踏时才提供辅助电力，当时速达到32km停止提供辅助电力；

第2级：二级电动辅助自行车（Class 2 Electric Bicycle）或低速油门辅助自行车（Low Speed Throttle Assisted Electric Bicycle），即装有电机的并可完全使用电力进行的自行车，当时速到达到32km时暂停提供电力；

第3级：三级电动辅助自行车（Class 3 Electric Bicycle）或速度踏板辅助电动自行车（Speed Pedal Assisted Electric Bicycle），是装配有电动机的自行车，仅当骑乘者踩踏时才提供辅助电力，当时速达到32km时停止提供辅助电力，并配有速度表。

除了将电动自行车分3级外，2017年1月1日起美国的电动自行车须于显眼位置贴上永久卷标，卷标内容应包含电动辅助自行车的分类号、最高辅助限速及电动机功率，卷标字体为Arial、大小为9磅。

电商平台亚马逊更是对电动自行车产品提出了明确的要求：要求所有电车产品，必须通过UL相关认证，才允许上架。为了满足市场需求，UL于2020年初推出了一项新的自愿性安全认证计划，即电动自行车系统美国及加拿大双国家标准ANSI/CAN/UL2849。该标准分别被美国国家标准学会（American National Standards Institute，ANSI）和加拿大标准委员会（Standards Council of Canada，SCC）指定为美国和加拿大的国家标准，也是对先前针对个人电动出行工具UL2272标准的补充。

在此基础上,美国各州对电动自行车的规范和限制不尽相同。

2)加拿大

自2001年开始,加拿大联邦安全法规定了电动助力自行车(Power Assisted Bikes,PABs)的标准。电动自行车具备两个车轮或三个车轮,其输出功率最高为500W,且具备脚踏行驶功能。电动自行车最高车速不超过32km/h,并且要求制造商必须在车身明显处标示告知这是电动自行车,电动自行车在加拿大被认为是和汽车、摩托车一样的交通工具,也要受同样的交通规则制约。此外,加拿大每个省对电动自行车的规定略显不同,例如:

(1)阿尔伯达省(Alberta):允许电动自行车合法上路骑乘,但最高时速限制为32km,最大电机输出为750W,总重不得超过35kg,且驾驶者须戴安全帽。

(2)安大略省(Ontario):电动自行车应符合电动辅助自行车联邦标准,其最高车速为32km/h,整车质量小于120kg。并且规定电动自行车驾驶者应年满16周岁,应遵守道路行驶相关法规,上路行驶必须佩戴安全帽。除此以外,电动自行车不允许上高速公路、快速道路及其他禁行路段。电动自行车在加拿大的认证要求与美国相同。

(3)新不伦瑞克(New Brunswick):新不伦瑞克有一些独特的规则。电动自行车的轮距必须大于22cm,座椅必须离地68cm。如果驾驶员在夜间操作电动自行车,电动自行车还必须配备前照灯。目前没有设定最低年龄在新不伦瑞克省骑电动自行车。

(4)萨斯喀彻温省(Saskatchewan):萨斯喀彻温省对电动自行车有两种分类,即电动自行车同时使用踏板和马达,或者电源循环仅使用踏板或电机。动力循环必须符合助力自行车的加拿大机动车安全标准(Canadian Motor Vehicle Safety Standards,CMVSS)。电源循环还需要至少一个学习者的驾驶执照,电动助力自行车不需要执照或注册,骑行者必须年满14岁。

2.3.3 欧盟电动自行车标准

有别于中国电动自行车,欧盟的电动自行车是指电动助力自行车,必须具备脚踏行驶能力且带有脚踩助力功能,不能装有油门等加速装置以实现动力连续输出,最大功率不超过250W,最高车速为25km/h。

2017年5月28日,电动助力自行车标准EN 15194:2017通过欧盟标准委员会(European Committee for Standardization,CEN)批准,该标准于2018年2月28日正式生效,原标准EN 15194:2009+A1 2011于2019年2月28日失效。标准名称为Cycles Electrically Power Assisted Cycles-EPAC(电动助力自行车)。此标准适用于欧盟27个国家:奥地利、比利时、保加利亚、塞浦路斯、捷克、克罗地亚、丹麦、爱沙尼亚、芬兰、法国、德国、希腊、匈牙利、爱尔兰、意大利、拉脱维亚、立陶宛、卢森堡、马耳他、荷兰、波兰、葡萄牙、斯洛伐克、斯洛文尼亚、西班牙、瑞典。

该标准主要包括了机械安全、电气安全、电磁兼容性(Electro-Magnetic Compatibility,EMC)三大部分,新版标准EN 15194:2017与老版本相比主要有以下几点变化。

(1)明确规定了产品的功能安全要求(防篡改、防止未经授权使用、电路失效状况下的正常使用);

(2) 产品的机械结构强度要求更加严格，主要体现在车架、前叉、车把等关键部件的强度和耐久性测试方面提高了测试要求；

(3) 对产品的标签、各类电气符号（车灯、开关等）有了更明确和严格的规定。

欧盟通过对标准的修订，提高了电动自行车的准入门槛，加强了对产品的监管力度。电动自行车在欧洲执行CE认证，认证依据的标准为EN 15194。电动助力车在欧盟销售，需要满足机械指令（Machinery Directive，MD）、低电压指令（Low Voltage Directive 2014/35/EU，LVD）和EMC指令。EN 15194标准主要由机械安全、EMC指令、电气安全和功能安全性能等四个部分组成。电动助力自行车的整车和电子零部件将按照新标准EN 15194：2017进行测试。

而最新的EN 17128：2020（《载人和货物及相关设施运输的轻型机动车辆，未经道路使用类型批准-轻型电动车辆（PLEV）》）标准由技术委员会CEN/TC354编制。该文件的秘书处设在法国标准委员会（AFNOR），由法国标准委员会起草。该标准于2020年10月21日发布，并于2021年4月30日实施。本标准适用于有或没有自平衡系统的全部或部分由自给式电源供电的个人轻型电动汽车，除无人值守站租用的电动汽车外。自平衡系统完全或部分由最高100 VDC电池电压的独立电源供电，并配备或无输入电压高达240 VAC的集成电池充电器。该标准规定了与个人轻型电动汽车相关的安全要求、测试方法、标志和信息，以减少在制造商可以合理预见的滥用条件下对第三方和用户造成损害的风险。

轻型电动自行车辆（Personal Light Electric Vehicle，PLEV）是指用于在公共场所或私人场所运输个人、部分或完全移动的轮式车辆。其范围包括自平衡汽车（Self-balancing vehicle）。虽然车辆本质上是不稳定的，但在使用控制系统后，它可以在至少一个方向上保持动态稳定，而无须用户干预，或控制系统可以提供自平衡功能。自平衡PLEV可以轻微摇动以保持平衡，用户可以通过移动重心来控制方向和速度，而无须使用手柄、转向、制动踏板等传统设备。欧盟对各车辆类别及部件的要求详见表2-9和表2-10。

车辆类别要求　　　　　　　　　　　　　　　　　　　　　表2-9

类别	自平衡系统	最大设计速度	座位
1类	无	最高达6km/h	无
2类	无	最高达25km/h	无
3类	有	最高达6km/h	具有或不具有
4类	有	最高达25km/h	具有

部件的测试要求　　　　　　　　　　　　　　　　　　　　表2-10

部件	测试标准
电池	EN 62133-1&EN 62133-2
电池充电器	EN IEC 62485series and EN60204-1 or EN 60335-2-29，EN 61558-1 & EN 61558-2-16（or BS EN IEC 62368-1）
前后灯	ISO 6742-1

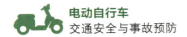

续上表

部件	测试标准
后向反射器	ISO 6742-2
声音/振动信号	ISO 14878 Class Ⅱ

注：1.EN 是 European standards 的缩写，表示欧洲标准；
2.BS EN IEC 是 British and European standards 的缩写，表示英国和欧洲标准；
3.EN IEC 62485series and EN60204-1 or EN 60335-2-29，EN 61558-1 & EN 61558-2-16 or BS EN IEC 62368-1 表示 5 个电子设备和安装的标准；
4.EN IEC 62485series 规定了二次电池和电池安装的安全要求和测试方法；
5.EN 60204-1 规定了一般电子设备和机器的安全要求；
6.EN 60335-2-29 规定了家用电池充电器的安全要求；
7.EN 61558-1 and EN 61558-2-16 规定了电力变压器、电源装置、而类似的设备，特别侧重于开关模式电源单元和变压器的安全要求；
8.BS EN IEC 62368-1 规定了视频、信息和通信技术设备的安全要求。

2.3.4 澳洲电动自行车标准

1）澳大利亚

澳大利亚对电动自行车按照其电机功率大小进行分类管理。电机最大功率小于 200 W 的电动自行车按照非机动车进行管理，车辆无须上牌，骑行人也不用考取驾照，这里仅对功率进行了限制，并不限制电动自行车最高车速及是否具备脚踏行驶功能。对电机最大功率大于 200 W 的电动自行车按照摩托车进行管理，车辆需要注册上牌，骑行人须有摩托车驾照，行驶必须佩戴安全帽。澳大利亚政府的机动车管理标准法案规定，电动自行车必须符合澳大利亚设计规则（Australia Design Rules，ADRs）。

澳大利亚对电动自行车的管理与其他国家相比，对车辆的规定较为宽泛，例如对最高车速、脚踏行驶功能等都没有做强制性要求。澳大利亚对电动自行车产品的认证参考欧盟，即 CE 认证。

2）新西兰

新西兰政府根据《1998 年陆路运输法》第 168A（2）条，定义电动滑板车主要由一个脚踏板，两个或三个车轮和一个长转向手柄组成；电动滑板车的车轮直径不超过 355mm；电动滑板车具有一个或多个电动辅助推进电机；电动辅助推进电机的总最大功率输出不超过 300 W。

将电机输出功率小于 300 W 的车辆被归类为电动自行车，必须遵守与自行车相同的规范。所有不符合机动车辆的定义已被宣布为非机动车辆，可以在没有注册或驾驶执照的情况下使用它们。电动自行车的设计风格与传统的推式自行车不同，带有脚踏板，两个或三个车轮，长转向手柄和电动辅助推进电机。为了满足低功率车辆的要求，车轮不得超过 355mm，电机的最大功率输出不得超过 300W。但是电动机的最大可能功率不一定与电动自行车的最大功率输出相同。最大功率输出的理论上限可以通过将电池电压乘以控制器的最大电流输出和电机的峰值效率来确定。例如，峰值效率为 90% 的 600W 电机和最大电流输出为 21A 的控制器的 12V 电池产生的最大控制器功率输出为252W。此外，考虑到电机效率，最大功率输出仅为227W，即使电机本身具有600W的潜在输出。

电动机及其控制系统的最大功率输出很复杂，通常可能低于任何系统物理组件的最大额定值。确定电动自行车最大功率输出的最佳方法是依靠制造商规定的功率输出。电动自行车可以在人行道或道路上使用，除了作为道路一部分的指定自行车道（专为骑自行车者设计）。

在人行道上，骑行者必须以谨慎的方式操作设备，且以不会使其他人行道用户面临风险的速度操作设备，为行人和移动设备的驾驶员让路。在道路上，电动自行车必须在尽可能靠近道路边缘的地方操作。使用电动自行车时，法律上不要求戴头盔，但建议使用头盔。

2.3.5 日本电动自行车标准

日本对电动自行车的管理也非常严格，与欧盟的规定相类似，日本也规定电动自行车为电动助力自行车。

日本与电动自行车相关的标准是根据道路交通法订立，并直属警察部门管辖。日本的道路交通法明确："自行车"指凡具有两个及两个以上车轮并有踏脚或手把（包括装置助动的电动机，但不包括车轨道上行驶的车辆），并有别于配备有协助人力驱动的原动机（Prime Mover）的残障人使用的轮椅、助步车以及儿童用车辆。

其标准《Guidelines for Electric Power Assisted Cycles（电动助力自行车导则）》（JIS D9115—2013）于2013年11月20日发布并实施，该标准严格规定了电动助力自行车应符合以下规定。

（1）在任何路况情况下，速度小于15km/h时，助力比（Assist Rate）小于1∶1，即电助力不允许大于人力，但可以接近人力；

（2）在任何路况情况下，速度大于15km/h时，速度每增加1km/h，电力下降1/9；速度超过24km/h时，整车电动系统关闭；

（3）人力踩踏开始后1s之内，电力助动系统开始工作，人力踩踏停止后1s之内整车电力助动系统关闭；

（4）为了节约电能，智慧型电动辅助自行车停止运行一定时间（一般为3~5min）后，整车处于休眠状态；

（5）必须保证骑行的连续性，电力不能有断断续续的现象。

日本更突出电动助力自行车中自行车的功能，严格控制电机输出功率，仅将电机动力作为辅助动力，强调了电动助力自行车的非机动车属性：日本工业标准（Japanese Industrial Standards，JIS）以公认的自行车速度15km/h及运动型自行车速度24km/h为依据，设定助力比最高值为1∶1，并认为必须采用人力为主要驱动才能认作自行车。日本严格区分了电动自行车与电动摩托车，在管理上做得更为细致。

电动自行车在日本执行JIS认证，JIS认证是由日本工业标准调查会（Japanese Industrial Standards Committee，JISC）组织制定和审议的，是日本国家级标准中最重要、最权威的认证标准。符合规定的电动自行车由日本国家公安委员会颁发电动助力自行车型式认证证书,加贴JIS认证标志方可合法上路行驶。

2.3.6 全球电动自行车标准汇总

电动自行车因其轻便快捷、经济环保等优点在全球盛行。根据各国发展水平与国情的不同,对电动自行车生产和出行的要求也不尽相同。一些典型国家对电动自行车生产的相关标准及认证情况详见表2-11。

全球电动自行车相关标准及认证情况对比　　　　　　　　　　　　表2-11

国家或组织	相关标准	基本要求	认证
中国	GB 17761—2018	1.电动自行车需具备脚踏骑行能力,整车质量不超过55kg,最高时速不超过25km/h,蓄电池标称电压不超过48V,最大电机输出功率为400W; 2.整车尺寸方面:整车高度(H_1)不超过1100mm,车体宽度(W_1)(除车把、脚蹬部分外)不超过450mm,前后轮中心距(H_2)不超过1250mm,鞍座高度(H_3)要超过635mm,鞍座长度(L_1)不超过350mm,后轮上方的衣架平坦部分最大宽度(W_2)不超过175mm	中国实施强制性产品认证(China Compulsory Certification,CCC)
美国	UL2849	1.两轮或三轮电动自行车,必须装有脚蹬踏板,电机最大输出功率为750W,最高车速32km/h,整车质量小于50kg,明确电动自行车属于普通自行车,不属于机动车辆; 2.将电动自行车定义为装配有踏板及小于750W的电动辅助自行车,并将电动辅助自行车分3级; 3.电动自行车须于显眼位置贴上永久卷标,卷标内容应包含电动辅助自行车的分类号、最高辅助限速及电动机功率,卷标字体为Arial、大小为9磅; 4.美国各州对电动自行车做出了进一步规定	美国保险商试验所认证(Underwriter Lab-oratories,UL)
加拿大	ANSI/CAN/UL2849	1.加拿大联邦安全法规定了电动助力自行车的标准:具备两个车轮或三个车轮,其输出功率最高为500W,且具备脚踏行驶功能,最高车速不超过32km/h,并要求在车身明显处标示告知为电动自行车,属于机动车,同样受交通规则制约; 2.加拿大各省对电动自行车做出了不同规定	加拿大标准委员会(Standards Council of Canada,SCC)
欧盟	EN 15194:2017	1.指电动助力自行车,必须具备脚踏行驶能力且带有脚踩助力功能,不能装有油门等加速装置以实现动力连续输出,最大功率不超过250W,最高车速为25km/h; 2.明确规定了产品的功能安全要求(防篡改、防止未经授权使用、电路失效状况下的正常使用); 3.产品的机械结构强度要求更加严格,主要体现在车架、前叉、车把等关键部件的强度和耐久性测试方面有较高的测试要求;	欧盟标准委员会认证(European Committee for Standardization,CEN)

2 电动自行车发展历程与相关标准

续上表

国家或组织	相关标准	基本要求	认证
欧盟	EN 15194：2017	4.对产品的标签、各类电气符号（车灯、开关等）有明确和严格的规定； 5.电动助力车在欧盟销售，需要满足 MD 指令、LVD 指令和 EMC 指令	欧盟标准委员会认证（European Committee for Standardization，CEN）
澳大利亚	ADRs	按照电机功率大小进行分类管理： 1.最大功率小于200W的电动自行车按照非机动车进行管理，车辆无须上牌，骑行人也无须考取驾照； 2.最大功率大于200W的电动自行车按照摩托车进行管理，车辆须注册上牌，骑行人须有摩托车驾照，行驶必须佩戴安全帽； 3.机动车管理标准法案规定，电动自行车必须符合澳大利亚设计规则	欧盟标准委员会认证（European Committee for Standardization，CEN）
新西兰	Land Transport Act 1998	1.定义电动自行车主要由一个脚踏板，两个或三个车轮和一个长转向手柄组成； 2.电动滑板车的车轮直径不超过355mm； 3.电动滑板车具有一个或多个电动辅助推进电机，电动辅助推进电机的总最大功率输出不超过300W	新西兰标准协会认证（The New Zealand Symphony Orchestra，NZSO）
日本	JIS D9115—2013	1.只允许"智慧型电动辅助自行车"上路； 2.在任何路况情况下，速度小于15km/h时，助力比（AssistRate）小于1∶1，即电助力不允许大于人力，但可以接近人力； 3.在任何路况情况下，速度大于15km/h时，速度每增加1km/h，电力下降1/9；速度超过24km/h时，整车电动系统关闭； 4.人力踩踏开始后1s之内，电动助动系统开始要求进行，人力踩踏停止后1s之内整车电助动系统关闭； 5.为了节约电能，智慧型电动辅助自行车停止运行一定时间（一般为3~5min）后，整车处于休眠状态； 6.必须保证骑行的连续性，电力不能有断断续续的现象	日本工业标准调查会认证（Japanese Industrial Standards Committee，JISC）

2.4 本章小结

近年来，全球电动自行车产业稳步发展，已成为城市居民出行的重要交通工具，本章从电动自行车的发展历程和认证标准规范两个方面入手，系统地介绍了电动自行车的诞生、发展与其管理制度。在发展历程方面，本章节先后介绍了电动自行车从无到有的产业发展历程，特别是中国的电动自行车发展历程，以及各国学者在电动自行车研究领域得到的丰硕成果。在电动自行车的标准规范与认证上，全球各个国家对电动自行车标准法规和认证不尽相同。本章节先后介绍了中国、美国、欧盟、澳大利亚等的相关标准法规和认证情况，为电动自行车政府决策部门、科研机构和出口企业等提供相关参考。在此基础上，本章节还通过文献知识图谱分析法对现有的文献数据进行了科学计量分析，并进一步介绍了目前的研究热点内容，为电动自行车的学术分析提供了方向。

3

电动自行车交通出行特性

本章节通过实地调查和问卷调查,从出行角度对宁波市电动自行车交通出行特性进行统计,包括出行目的、出行时间、出行距离、流量分布等。调查内容依照《城市综合交通调查技术标准》(GB/T 51334—2018)实施。通过宁波市的问卷调查和实地调查发现:

(1) 电动自行车骑行者出行的主要目的是上下班/上下学、工作出行、休闲购物;

(2) 电动自行车出行时段具有明显双峰特征,集中于早高峰和晚高峰;

(3) 91.94%的电动自行车骑行距离不超过7km,且骑行距离在3km内的比例最大;

(4) 电动自行车在交叉口处的骑行方向大比例直行和左转,右转比例较小;

(5) 超过90%比例的是私人拥有的电动自行车;

(6) 电动自行车车速集中于15~30km/h区间内,但超过30%的骑行存在超速行为;

(7) 电动自行车在交叉口点位的平均密度显著高于路段点位,且存在部分交叉口点位密度过大的问题;

(8) 电动自行车违法行为中,超速行驶是最需要关注的问题,其次是未佩戴安全头盔、逆向行驶和未按规定车道行驶,且后三者高发于非核心区。

3.1 实地交通调查

实地调查主要针对电动自行车的交通特征进行调查,包括道路电动自行车流量、速

度和密度等内容。此次共选取均匀分布于宁波市区道路和交叉口点位，调查范围涵盖宁波市主干道、次干道和支路电动自行车出行。

1）调查点位选取原则

实地调查需反映宁波市电动自行车出行的交通特性，选取的点位满足以下要求：

（1）非机动车流量大，其中电动自行车所占比例大；

（2）电动自行车受机动车、行人交通流干扰程度不显著；

（3）避免上下游交叉口信号控制的影响，至少距上下游交叉口100m；

（4）非机动车道上无公交站台、路侧停车位等设施影响；

（5）非机动车道与机动车道间设有隔离设施，如：隔离栏、车道分界线等。

2）调查时段

选取周一至周五早高峰和晚高峰时段进行实地调查。早高峰为上午7:00—9:00，晚高峰为17:00—19:00。

3）调查方法

采用DV录像、无人机跟拍和现场人工调查的方式进行数据采集，记录路段内电动车的运行情况。

根据上述原则和方法，最终选择21个调查点位，其中交叉口点位8个，路段点位13个，调查点位如图3-1和图3-2所示。

图3-1 实地调查中路段点位分布

3 电动自行车交通出行特性

a)建兴路与天童北路（2022.11.21 10:30）

b)兴宁路与彩虹南路（2022.11.21 11:20）

c)兴宁路与天童北路（2022.11.21 12:55）

d)四明中路（2022.11.21 15:20）

图 3-2　实地调查过程

3.2　电动自行车骑行者出行目的

在《城市综合交通调查技术标准》（GB/T 51334—2018）中，出行目的调查的条目建议划分为"上班、上学、公务、购物餐饮、文体娱乐或休闲旅游、探亲访友、看病或探病、接送陪护、回家及其他目的"九大类。根据宁波市交通出行及电动自行车交通特点，对上述九大类出行目的进行精简合并，划分为"上下班/上下学、公交/地铁换乘、工作出行、休闲购物、接送孩子、其他"等六类。问卷调查共回收有效样本2227个，调查的有效样本数及其比例的分布如图3-3所示。

根据调查，上下班/上下学、工作出行、休闲购物是电动自行车最多的出行目的，占全部出行目的比例的67.6%。这与宁波市打造优良的慢行交通出行环境相匹配。此外，也有相当比例（15.4%）的出行目的是接送孩子，意味着电动自行车出行者中有一定比例的老年人和幼儿，这部分出行者受到的交通规则教育程度和遵守

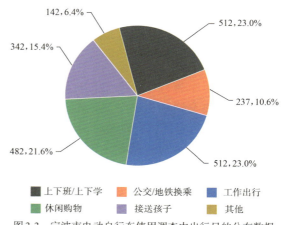

图 3-3　宁波市电动自行车使用调查中出行目的的分布数据

交通规则意识低，遇到突发情况时作出合理反应较困难，电动自行车交通安全形势较为严峻。

3.3 电动自行车骑行者出行时段

城市交通出行者的出行时段普遍具有聚集性和双峰特征，电动自行车骑行者的出行时段也具有类似特点。针对宁波市电动自行车骑行者的调查统计了骑行者的出行时段，共回收有效样本2085个，调查样本数及其比例分布如图3-4所示。

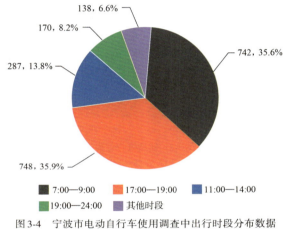

图3-4 宁波市电动自行车使用调查中出行时段分布数据

根据调查，宁波市电动自行车出行者的出行时段与其他出行方式相似，具有明显的双峰特征，在早高峰（7:00—9:00）和晚高峰（17:00—19:00）时段的出行量占总比例的71.5%，而午间（11:00—14:00）时段的出行量占比为13.8%。出行时段的聚集性从侧面印证了电动自行车骑行者出行目的主要与通勤交通相关。

3.4 电动自行车骑行者出行距离

电动自行车骑行体验介于自行车和机动车之间，因此电动自行车骑行者的出行距离也介于自行车交通和机动车交通的适宜出行距离之间。针对宁波市电动自行车骑行者的调查统计了骑行者的出行距离，分布如图3-5所示。

由住建部城市交通基础设施监测与治理实验室、中国城市规划设计研究院、百度地图联合发布的《2022年度中国主要城市通勤监测报告》（以下简称《报告》）指出，2021年宁波市的职住分离度为2.9km，单程平均通勤距离为7.1km。根据调查，宁波市电动自行车骑行者中，出行距离在1~3km的比例最大，其次是3~5km；91.94%的骑行者的出行距离不超过7km。调查的分布数据与《报告》数据相吻合。

3 电动自行车交通出行特性

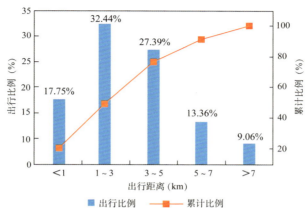

图 3-5 宁波市电动自行车使用调查中出行距离分布数据

3.5 电动自行车流量分布特征

采用人工计数法。通过观看 DV 录像回放,采用每隔 30s 对通过的电动自行车、自行车等其他非机动车进行计数。结合测量的实际非机动车道宽度,计算单位时间内单位宽度的非机动车道通过的电动自行车数,并将其换算为每 1m 宽度下每小时通过的电动自行车数。

3.5.1 交叉口流量统计

选取 8 个交叉口点位进行电动自行车流量调查,出行数据详见表 3-1。

交叉口点位电动自行车流量统计表（辆/h） 表 3-1

交叉口名称	左转				直行				右转			
	私人电动自行车	共享电动自行车	自行车	其他	私人电动自行车	共享电动自行车	自行车	其他	私人电动自行车	共享电动自行车	自行车	其他
环城西路与永丰路	215	14	12	1	350	30	24	4	32	3	0	0
江南路与世纪大道	104	2	8	0	206	14	0	1	138	3	0	0
梁祝大道与通途西路	17	0	1	1	33	0	5	4	140	2	3	2
世纪大道与中山东路	0	0	0	0	513	52	46	4	87	7	9	1
望海北路与镇骆西路	23	0	0	6	329	4	6	30	35	0	0	3

续上表

交叉口名称	左转				直行				右转			
	私人电动自行车	共享电动自行车	自行车	其他	私人电动自行车	共享电动自行车	自行车	其他	私人电动自行车	共享电动自行车	自行车	其他
中山东路与河清南路	64	4	5	0	141	4	9	1	24	2	0	0
中山西路与梁祝大道	107	3	1	1	128	4	2	0	20	0	0	0
中山西路与卖鱼路	227	18	23	11	761	13	50	5	214	10	23	0

根据调查，交叉口点位中电动自行车流量最大为中山西路与卖鱼路交叉口，达到1305辆/h。与机动车交通特性类似，电动自行车在交叉口处的骑行方向大部分是直行和左转，除个别点位外，右转比例普遍小于20.0%。同时看到，在所有非机动车类别中，超过90%比例的是私人电动自行车。因车辆性能、保养程度、电池电量等因素，私人电动自行车的交通特性离散程度大，对电动自行车交通管理影响很大。

3.5.2 路段流量统计

选取部分路段点位进行电动自行车流量调查，出行数据详见表3-2。

路段点位电动自行车流量统计表（辆/h）　　　　表3-2

路段点位	私人电动自行车	共享电动自行车	私人自行车	共享自行车	其他
澄浪桥	442	38	12	13	3
解放桥	469	29	30	59	5
灵桥	541	42	22	27	2
青林湾大桥	191	47	7	2	0
百丈东路	169	13	13	10	8
风华路	228	0	24	36	48
河清北路	309	24	14	32	2
四明中路	257	65	7	26	2
通途路	602	26	12	15	5
中官西路	203	1	7	7	15
中山东路	197	54	4	0	0

宁波市区高峰时段路段点位的电动自行车流量最大的是通途路，达到628辆/h。同时，电动自行车也是非机动车交通中占比最大的出行方式。

3.6 电动自行车行驶速度特征

采用雷达测速法，对调查过程中通过调查区域的全部非机动车的车速进行测量。要求调查过程中，雷达测速仪与被调查的非机动车夹角尽可能地小，保证调查数据的精准。

3.6.1 交叉口区域电动自行车速度分布

针对选取的8个交叉口点位的电动自行车行驶速度进行统计。

图3-6展示交叉口点位的电动自行车行驶速度区间的统计分布数据。占比86.23%的样本车速处于15~30km/h的区间内。按照《电动自行车安全技术规范》（GB 17761—2018）中规定的电动自行车最高设计车速不超过25km/h，37.87%的样本处于超速状态。

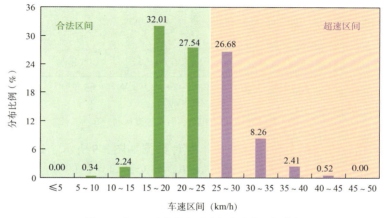

图3-6 交叉口点位的电动自行车速度区间分布

进一步分析交叉口点位的分位车速特征，统计数据如图3-7所示。15%、50%和85%分位的车速分别为17.3km/h、22.4km/h、29.0km/h。85%分位车速已落入超速区间。

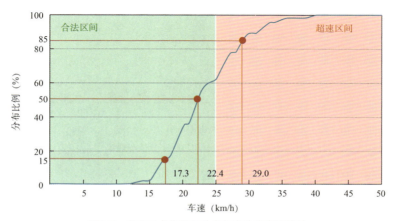

图3-7 交叉口点位的电动自行车分位车速统计

3.6.2 道路路段上电动自行车速度分布

针对选取的 8 个路段点位的电动自行车行驶速度进行统计。

路段点位的电动自行车行驶速度区间的统计分布数据如图 3-8 所示。与交叉口点位不同，路段点位占比最大的车速区间为 20~25km/h。占比 78.50% 的样本车速处于 15~30km/h 的区间内，表明路段点位的电动自行车行驶速度比交叉口点位的离散程度更高。40.86% 的样本处于超速状态，超速比例较交叉口点位也更高。

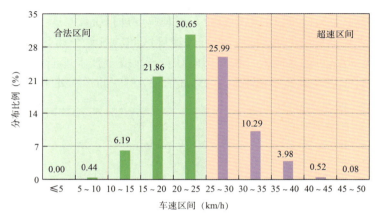

图 3-8 路段点位的电动自行车速度区间分布

进一步分析路段点位的分位车速特征，统计数据如图 3-9 所示。15%、50% 和 85% 分位的车速分别为 17.6km/h、23.2km/h、29.9km/h，与交叉口点位的分位车速相比分别增加了 1.7%、3.6% 和 3.1%。路段点位的 85% 分位车速也已落入超速区间。

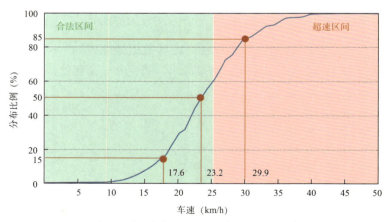

图 3-9 路段点位的电动自行车分位车速统计

3.6.3 桥梁上电动自行车速度分布

针对选取的 5 个桥梁点位的电动自行车行驶速度进行统计。

桥梁点位的电动自行车行驶速度区间的统计分布数据如图 3-10 所示。与路段点位相同，桥梁点位占比最大的车速区间也为20~25km/h。占比66.51%的样本车速处于15~30km/h的区间内，表明桥梁点位的电动自行车行驶速度比路段点位的离散程度更高。32.57%的样本处于超速状态，超速比例低于交叉口点位。

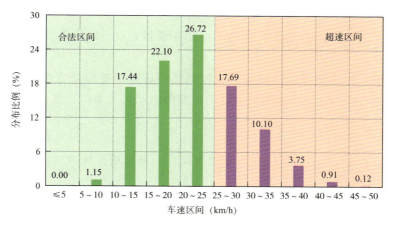

图3-10 电动自行车速度区间分布（桥梁点位）

进一步分析桥梁点位的分位车速特征，统计数据如图3-11所示。15%、50%和85%分位的车速分别为14.0km/h、21.7km/h、30.0km/h。其中，15%、50%分位车速与交叉口点位的相应分位车速相比分别减少了19.1%、3.1%，但85%分位车速却增加了3.4%。分位车速数据显示桥梁点位的电动自行车速度离散程度比交叉口点位和路段点位都更高，这一特性可能与桥梁的大坡度和大跨度相关。桥梁点位的85%分位车速落入超速区间。

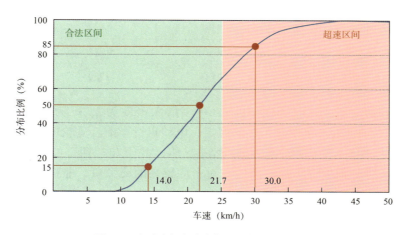

图3-11 电动自行车分位车速统计（桥梁点位）

3.7 电动自行车密度分布特征

调查方法为出入量法，首先划定观测区域AB，某时刻上游A处的交通量为AB内新增的车辆数，B处的交通量为AB内减少的车辆数。通过视频回放对这一时刻内AB区间内的车辆进行计数，求得每单位时间内实际有的车辆数。

$$E_{(t)} = Q_{A(t)} + E_{(t0)} - Q_{B(t)} \tag{3-1}$$

式中：$E_{(t)}$为在时刻区间内的车辆数；$Q_{A(t)}$为从观测开始到时t时刻通过A处的累加交通量；$E_{(t0)}$为在观测开始的t时刻区间内的原始车辆数；$Q_{B(t)}$为从观测开始到t时刻通过B处的累加交通量。

通过对观测区域进行测量，确定其长度以及所属非机动车道宽度，计算其面积。某时刻内的车辆数与观测区域的面积比值即为该路段电动自行车流密度。

3.7.1 交叉口点位

选取8个交叉口点位进行电动自行车密度调查，具体观测区域选择交叉口功能区内划定的非机动车停车等待区。出行数据详见表3-3。

交叉口点位的电动自行车密度统计　　　　表3-3

交叉口	观测区域面积（m²）	平均密度（辆/m²）	最大密度（辆/m²）
环城西路与永丰西路交叉口	12.0	1.178	2.333
江南路与世纪大道交叉口	16.0	0.334	0.625
梁祝大道与通途西路交叉口	20.0	0.116	0.300
世纪大道与中山东路交叉口	36.0	0.352	0.472
望海北路与镇骆西路交叉口	8.0	0.802	1.625
中山东路与河清南路交叉口	8.0	0.892	2.250
中山西路与梁祝大道交叉口	16.0	0.328	0.688
中山西路与卖鱼路交叉口	7.0	0.730	2.000

在观测时段内，交叉口点位的电动自行车最大密度为2.333辆/m²，最大密度超过2.000辆/m²的点位有3处。根据新国标的规定，电动自行车前、后轮中心距不大于1.25m，车体宽度不大于0.45m，密度超过2.000辆/m²显然已处于非常拥挤的状态，极易发生剐碰、碰撞、翻车等交通安全事故。因此，对密度较高的交叉口，非机动车停车等待区应增大划设。

3.7.2 路段点位

选取部分路段点位进行电动自行车密度调查，出行数据详见表3-4。

路段点位的电动自行车密度统计　　　　表3-4

路段	观测区域面积（m²）	平均密度（辆/m²）	最大密度（辆/m²）
河清北路	10.0	0.253	0.600

续上表

路段	观测区域面积（m²）	平均密度（辆/m²）	最大密度（辆/m²）
风华路	37.8	0.380	0.503
灵桥	45.0	0.027	0.044
四明中路	12.0	0.200	0.500
通途路	18.0	0.061	0.167

在观测时段内，路段点位的电动自行车最大密度为0.600辆/m²，平均密度均小于0.400辆/m²，电动自行车骑行者拥有较大的自由空间，骑行方向自由度较大，车速自主性较高，导致路段上电动自行车的速度离散性高于交叉口点位。

3.8 电动自行车违法行为分析

违法行为是指出行者在使用电动自行车出行的过程中，存在违反《中华人民共和国道路交通安全法》和《城市非机动车管理条例》等的相关行为。在日常管理实践中，电动自行车骑行违法行为可以划分为八类：

（1）未佩戴安全头盔。《宁波市非机动车管理条例》规定，电动自行车驾驶人应当佩戴安全头盔。电动自行车搭载十二周岁以下儿童的，应当为儿童佩戴安全头盔。未按照规定佩戴安全头盔的，由公安机关交通管理部门责令改正，可以处警告或者二十元以上五十元以下罚款。

（2）违规载人。《宁波市非机动车管理条例》规定，无陪护人员座位的车型不得载人。根据《浙江省实施〈中华人民共和国道路交通安全法〉办法》第七十三条第七项的规定，非机动车非法载人处以20元罚款。

（3）闯红灯。《宁波市非机动车管理条例》规定，驾驶非机动车上道路行驶时，按照交通信号的指示通行。

（4）未按规定车道行驶。《中华人民共和国道路交通安全法》规定，非机动车应当在非机动车道内行驶；在没有非机动车道的道路上，应当靠车行道的右侧行驶。

（5）逆向行驶。指非机动车按车道规定方向的相反方向行驶的行为。

（6）未悬挂车牌。《宁波市非机动车管理条例》规定，电动自行车上道路行驶，应当在车体的规定部位悬挂号牌，并保持号牌清晰、完整，不得涂改、遮挡、污损。

（7）超速行驶。《宁波市非机动车管理条例》规定，电动自行车在非机动车道内行驶时，最高时速不得超过15km。

（8）其他违法行为。

在宁波市区21个点位的交通调查中，针对上述八类违法行为进行了记录和统计，详见表3-5。

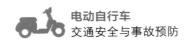

宁波市区电动自行车违法行为统计表　　　　表3-5

点位类型	点位位置	流量（辆/h）	未佩戴安全头盔	违规载人	闯红灯	未按规定车道行驶	逆向行驶	未悬挂车牌	超速行驶	其他
交叉口	中山西路与卖鱼路	1355	4	12	8	37	35	0	463	2
	环城西路和永丰西路	685	4	11	6	29	16	0	240	0
	梁祝大道与通途西路	208	37	11	0	1	55	4	76	8
	中山东路与河清南路	254	4	0	2	0	0	0	101	0
路段	百丈东路	213	15	8	—	6	16	0	91	11
	风华路	336	31	18	—	29	11	7	118	14
	通途路	660	31	4	—	51	25	1	285	14
	兴庄路	435	40	13	—	18	19	0	265	4
	中官西路	233	30	8	—	3	16	8	21	47
桥梁	澄浪桥	508	17	14	—	23	4	0	250	6
	解放桥	592	16	36	—	10	10	8	80	41
	青林湾大桥	247	8	7	—	0	1	0	190	0
	三官堂大桥	308	16	11	—	1	5	11	26	24
	外滩大桥	168	8	5	—	0	0	8	17	14

不难看出，电动自行车违法行为具有较显著的特性：

（1）除超速行驶违法行为外，核心区点位的电动自行车违法行为显著低于非核心区点位。从违法行为频率看，核心区点位的电动自行车违法比例平均为12.6%，而非核心区点位的比例平均为32.9%。与核心区内交警道路执法强度和频率更高相关。

（2）除超速行驶违法行为外，排名前三的违法行为分别是未佩戴安全头盔、逆向行驶和未按规定车道行驶，比例分别为4.2%、3.4%和3.4%。以未佩戴安全头盔行为为例，核心区的比例为2.3%，非核心区的比例为10.1%。

（3）超速行驶违法行为的比例平均为35.8%。其中，核心区的比例为36.7%，非核心区的比例为33.3%，两者比例接近。

3.9　本章小节

本章的主要目的是对电动自行车交通出行特性进行调查和统计分析。通过问卷调查的方式采集有关电动自行车的出行特性的数据，发现宁波市电动自行车骑行者出行的主要目的是上下班/上下学、工作出行、休闲购物；与其他出行方式相似，电动自行车出行时段也具有明显的双峰特征，71.5%的出行发生在早高峰（7:00—9:00）和晚高峰（17:00—19:00）时段；91.94%的电动自行车骑行距离不超过7km，且骑行距离在3km内的比例最大。通过实地调查的方式采集电动自行车的交通特性，发现宁波市电动自行车在交叉口处的骑行方向大部分是直行和左转，右转比例普遍小于20.0%；超过90%比例的是私人拥有的电动自行车。电动自行车车速超过60%的比例均处于15~30km/h的区间内，但以《电动自行车安全技术规范》（GB 17761—2018）规定的25km/h的最高设计速度为标准，超过30%的骑行存在超速行为；电动自行车的分位车速在路段点位均高于交叉口点位，且在桥梁点位的离散程度最高，同时，85%分位车速均超过限速值。电动自行车在交叉口点位的平均密度显著高于路段点位，且存在部分交叉口点位密度过大的问题。在电动自行车违法行为方面，超速行驶是最需要关注的问题，其次是未佩戴安全头盔、逆向行驶和未按规定车道行驶，后三者高发于非核心区。

4

电动自行车交通事故特征

近年来，电动自行车在中国迅速普及，给人们生活带来便利的同时，也使城市道路交通安全状况日益严峻。本章节首先基于2012—2022年期间的全国城市道路电动自行车交通事故数据，从电动自行车整体交通安全形势、事故时空分布特征、事故伤亡人数变化情况和电动自行车骑行者年龄、职业及受伤部位等方面总结电动自行车交通事故总体特征。然后以宁波市鄞州区交警大队采集的道路交通事故数据为研究对象，具体分析宁波市电动自行车交通事故特征，包括时空特征、骑行者特征、碰撞类型、事故致因和交通环境等。最后分别从宣传教育、完善法规、加强管控和规范生产等角度提出电动自行车交通安全与交通秩序改善对策。

4.1　电动自行车交通事故特性

本部分通过对公安部道路交通事故统计年报及国家统计局等机构提供的数据进行分析，从不同类型和比例关系上挖掘电动自行车交通事故的总体特征，以得到更加真实可靠的分析结果。

4.1.1　死亡人数快速上升

近年来，我国电动自行车保有量逐年增加，2021年电动自行车年产量为3590.3万

4 电动自行车交通事故特征

辆[4,68]，社会保有量达3.25亿辆[68]，创2015年以来新高，位居世界第一。在全国整体道路交通事故死亡人数稳步下降的态势下，电动自行车骑行者的伤亡趋势却呈逆向发展，伤亡率不断攀升[69]。目前，电动自行车已经成为仅次于小型汽车、摩托车的排名第三的交通事故肇事方式，并且其事故年平均增长率远超机动车和摩托车，达到17.17%（图4-1）。

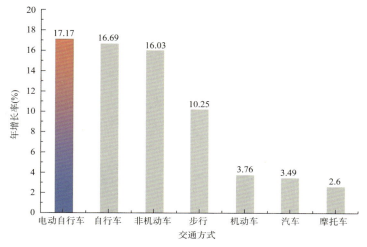

图4-1 不同交通方式事故年平均增长率（2016—2020年）

我国电动自行车交通事故起数从2011年的10347起增长到2020年的29049起[68]，增长率高达181%；电动自行车交通事故死亡人数也逐年增加，如图4-2所示，死亡人数也从1551人增长到4375人①。伴随电动自行车产量和保有量的增加，我国电动自行车交通事故的数量也呈现与日俱增的趋同现象。电动自行车交通事故已成为我国道路交通安全一项亟待解决的重要问题。

图4-2 全国电动自行车道路交通伤害趋势

---

① 数据来源：全国道路交通事故数据统计，智研咨询. 2021年中国电动自行车行业现状分析[EB/OL].(2022-04-26)[2022-09-01]. 网址：https://blog.csdn.net/m0_68724905/article/details/124420353

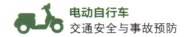

4.1.2 交叉口为电动车交通事故高发区域

我国电动自行车交通死亡事故有77.2%[4]发生于一般城市道路，其中城市交叉口区域发生的电动自行车交通事故占比为38.7%[68]。原因是交叉口的交通运行的复杂度较路段更大，交通冲突更为频繁。而总体交通死亡事故仅有17.1%[69]发生在交叉口，表明电动自行车交通事故在交叉口发生的概率要更高（图4-3）。

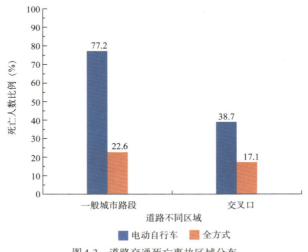

图4-3 道路交通死亡事故区域分布

4.1.3 不遵守交通规则是伤亡事故的主要致因

全国电动车交通事故（2018—2020年）[4, 19, 68-69]中，事故原因占比排名前三的是未按规定让行（16.22%）、违反交通信号（15.72%）和逆行（14.13%），总计超过半数以上的伤亡事故都是由于违反交通规则导致的。而公安交管事故统计平台数据库查到其他交通方式中，因违反交通信号造成的伤亡事故比例仅占2.46%，差距较为明显（图4-4）。

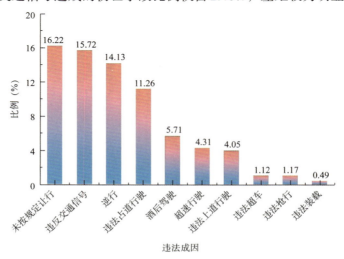

图4-4 电动自行车交通事故原因分布（2018—2020年）

4.1.4 电动车交通事故多发生于早晚高峰时期

根据我国2010—2020年城市电动自行车交通事故时段[19, 68-69]分布图（图4-5）可知，电动自行车交通事故主要集中在早晚高峰时段，各小时事故占比中，早上7:00—8:00占比最高，达到8.4%；晚上17:00—18:00和18:00—19:00占比均超过7.2%。从小时分布特点可以看出，电动自行车交通事故早高峰持续时间较短，但高峰小时事故占比较高；晚高峰持续时间较长，但高峰小时事故相对早高峰要低。这表明电动自行车交通事故多发生于通勤上下班或上下学时段，并且早高峰时段更加集中。

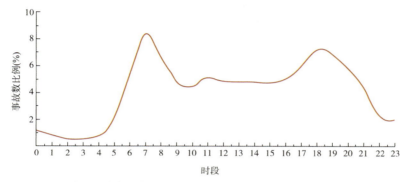

图4-5 城市电动自行车交通事故时段分布（2010—2020年）

4.2 电动自行车交通事故骑行者特征

4.2.1 骑行者年龄特征

电动自行车交通事故[19, 68-69]的伤亡群体主要集中于中老年人，其中排名前三的年龄段分别是51~60岁、大于等于61岁和41~50岁，分别占比24.53%、20.56%和20.30%（图4-6）。总体来看，死亡人群中，40岁以上的人群占比超过60%，中老年人占据了很大的比重，其原因主要是电动车自行车的使用者主要是学生、外卖员、中老年人等，其中中老年人的安全意识、身体素质、反应速度等都不如其他几类人群，故其在面对风险时不能较好地应对，采取应急处置措施的反应不够迅速，往往更容易发生交通事故。

4.2.2 骑行者职业特征

电动自行车交通事故职业[19, 68-69]分布中，排名前三的职业分别是农民、工人和外来务工人员，比例分别为53.57%、14.83%和9.83%，此外职员、自主经营者和外卖快递人员也有一定的比例（图4-7）。其中农民和工人是电动自行车交通事故的最大受害人群，比例超过总死亡人数的一半，其主要原因可能是农民和工人受教育程度不高，法规意识不强，容易发生违反交通规则的行为，而外卖[60]和快递人员往往由于业绩和配送时限等原因，也会发生超速行驶等违规行为。

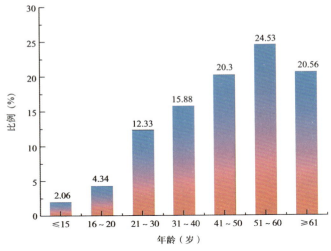

图 4-6　全国电动自行车交通事故中伤亡人员年龄分布（2020 年）

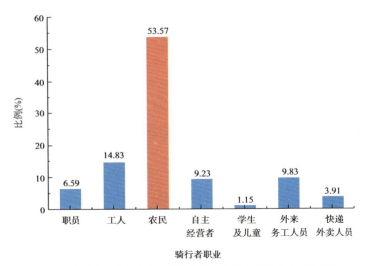

图 4-7　全国电动自行车交通事故中伤亡人员身份分布（2020 年）

4.2.3　骑行者受伤部位特征

电动自行车交通事故[19, 68-69]中，骑行者大多是多部位受伤，比例达到 28.67%。其次是头部和下肢受伤，比例分别是 23.93% 和 20.99%（图 4-8）。而大多数交通事故中，电动自行车骑行者倒地时大多是头部先触地，所以头部受伤是死亡事故的最主要原因。研究表明[19, 60, 68]，安全头盔能够减少 63% 的头部受伤和 88% 的颅脑损伤。但是在实际中，骑行者对头盔的使用还是不够重视，绝大多数骑行者都未曾佩戴头盔，造成了很多本可以避免的电动自行车伤亡事故。因此，2020 年公安部开始在全国推行"一盔一带"安全守护行动，通知要求，提醒群众骑乘摩托车、电动自行车上路时自觉佩戴安全头盔，汽车驾乘人员行驶中规范使用安全带，减少交通事故发生及人员伤亡，取得了良好效果。

4 电动自行车交通事故特征

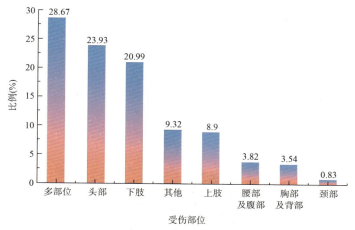

图4-8 全国电动自行车交通事故中伤亡人员受伤部位分布（2020年）

4.3 宁波市电动自行车事故特征

4.3.1 研究区域和数据来源

本节研究区域为浙江省宁波市鄞州区，鄞州区是浙江省宁波市市辖区，是其核心城区之一，位于长三角南侧，浙江省东部，全区路域面积799.09km²，交通便利，经济发展水平较高，在宁波市各区县中名列前茅。

本节研究数据来自宁波市鄞州区交警大队交通事故数据库，时间跨度为2020年4月1日至2021年9月1日。交通事故数据记录包括事故程度（如物损、受伤、死亡等）、事故编号、所属机构、经纬度、具体位置、是否报警、事故地点、事故位置（如交叉口、小区、路段等）、事故类型（如非机动车事故、机动车事故等）、事故原因（如超速、酒驾、未让行等）、事故天气（如晴天、阴天、雨天等）、事故环境（如正常环境、夜间照明良好、施工路段等）、发生时间、事故现场图片等14个字段，能够从多个角度对事故进行描述。采集的总体事故数据中，与电动自行车相关的交通事故占比21.7%，仅次于小型客车和摩托车（图4-9）。

首先筛选出不合理的电动车交通事故记录（比如没有坐标的记录或坐标有明显偏移的记录），保留有效的数据记录。由于这些事故数据通过手机App录入系统时采用的是百度地图的坐标系，而百度坐标系采用的是球面坐标系。为了研究各点位之间的位置关系，需要先将百度坐标系转换为WGS1984平面坐标系。目前国内常用的地图产品（如腾讯地图、谷歌地图等）使用的坐标系都是根据WGS坐标系经过加密后得到的火星坐标系即GCJ02坐标系，而百度坐标系则是在

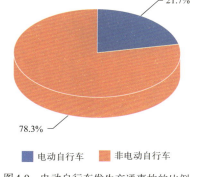

图4-9 电动自行车发生交通事故的比例

GCJ02坐标系的基础上进行二次加密得到的,所以需要将百度坐标系经过两次解码过程后才能得到WGS1984坐标系,将转换得到的WGS1984坐标系导入在实际应用较为成熟的地理信息系统平台(ARC Geographic Information System,ArcGIS)中,使用坐标投影功能,将坐标系转换为WGS_1984_Web_Mercator_Auxiliary_Sphere坐标系,将属于地理坐标系的事故数据转换为投影坐标系统,处理后的事故点如图4-10a)和4-10b)所示。

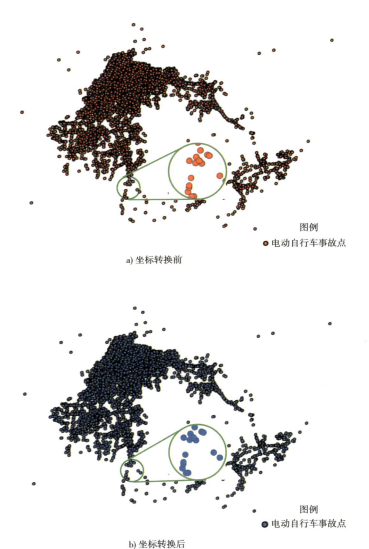

图 4-10 事故点位的坐标转换

4.3.2 时间特性分析

1)季变化特征

数据集共包含从2020年第二季度至2021年第三季度共6个季度的事故数据,各季度电动自行车事故占比如图4-11所示。其中，电动自行车事故数量最少的是2020年第二季度，比例为11.4%；电动自行车事故数量最多的是2020年第四季度，比例为28.7%。从整体上看，一年中电动自行车交通事故随着季度数的增加而增加，说明越接近年底，电动自行车交通事故发生越频繁。季度同比中，2021年第二、三季度电动自行车交通事故与2020年第二、三季度同比有所增加，其中第二季度电动自行车交通事故同比增加19.7%，第三季度电动自行车交通事故同比增加1.7%。

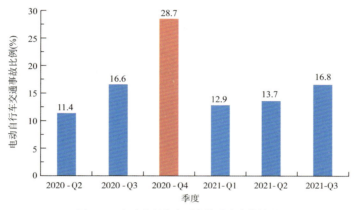

图4-11　电动自行车交通事故季度变化情况

注：以2020-Q2为例，表示2020年第2季度。

2）月变化特征

从2020年4月至2021年4月，电动自行车交通事故月度变化情况如图4-12所示。从月度变化上看，十二月电动自行车交通事故数量最多，比例为11.66%；二月事故数量最少，比例为3.68%。从图4-12中还可以发现，秋冬两季所在月份电动自行车事故数量明显高于春夏两季，其原因可能是天气变冷，骑行者穿着较为笨重，加之各种保暖防护设施等的影响，对骑行者造成了较大的干扰。

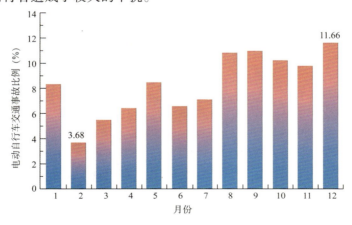

图4-12　电动自行车交通事故月度变化情况

3）星期变化特征

电动自行车交通事故星期变化情况如图4-13所示。从星期变化上看，星期三的电动

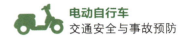

自行车交通事故数量相对较多。这也许与其位于工作日的中间有关，对大多数人来说这是一周中相对较忙的一天，相应的出行也会增加。最小值出现在星期六，即人们周末休息的第一天，大家都相对比较放松，出行次数较少并且时间紧迫感相对较低。其余几天的电动车交通事故数量大致相同，没有较大变化。

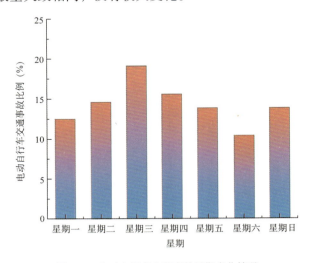

图 4-13　电动自行车交通事故星期变化情况

4）小时变化特征

电动自行车交通事故小时变化情况如图 4-14 所示，事故数量最多的是 17:00，最少的是 2:00。从图 4-14 中可以看出，在早高峰（7:00—9:00）和晚高峰（17:00—19:00）时段电动自行车交通事故数量明显高于其他平峰时段，分别占全天电动自行车交通事故的 24.1% 和 22.2%，夜间（22:00—次日 6:00）由于出行较少，所以事故数量较低。电动自行车交通事故高发时段与城市通勤高峰时段相重叠，体现出电动自行车主要承载市民日常通勤服务需求。

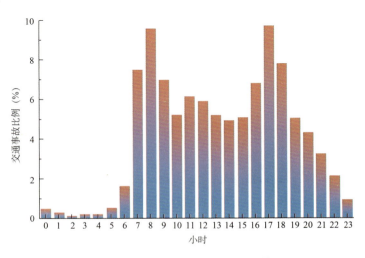

图 4-14　电动自行车交通事故小时变化情况

4.3.3 骑行者年龄特征

电动自行车交通事故当事人年龄分布情况如图4-15所示。从图4-15中可以看出，电动自行车交通事故占比最大的当事人为年轻人群体，比例为83.1%，其原因主要是年轻人出行需求较高、基数较大，所以相应的事故数量也最多；其次，年轻人对出行效率要求较高，车速相对较快，更加容易发生交通事故。除了年轻人群体，占比最大的是老年人群体，比例为15.1%，老年人群体占比较大的原因主要包括两个方面：一方面，中老年人骑行电动自行车较多，因为电动自行车出行方便，骑行门槛低，价格低廉，能够满足中老年人短距离出行需求；另一方面，由于老年人反应速度慢、视力范围受限、操作能力不强等原因，使其对安全风险感知不敏锐、对采取应急处置措施不迅速。此外，还有一部分学生和外卖员群体发生电动自行车交通事故，但由于调查得到的出行基数较少，所以比例较小。

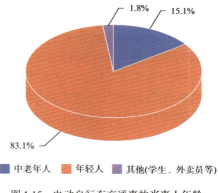

图4-15 电动自行车交通事故当事人年龄分布情况

与全国总体电动车事故特征相比，宁波市的电动自行车交通事故占比最大的当事人是年轻人而不是中老年人，这可能与宁波目前具有完备的公共交通出行体系，中老年人可以方便地乘坐公共交通出行而不使用电动车出行有关。

4.3.4 空间特性分析

不同位置电动自行车交通事故数量分布详见表4-1。从表4-1中可以看出，电动自行车交通事故在城市中各个位置均有发生，其中排名前三的事故位置为路段、交叉口、小区/学校/医院等，分别占总事故数的67.61%、24.69%和5.37%；此外，停车场、桥梁、高架和匝道等地也有少量电动自行车交通事故发生。这与电动自行车的行驶特点有关，电动自行车由于相关规定限制，一般不能上桥和高架，所以在这些位置事故较少；而电动自行车骑行者在路段或交叉口往往不能很好地遵守交通规则，经常有违规变道或者不按信号灯行驶等行为，所以有超过60%的电动自行车交通事故发生在交叉口或路段；此外，在医院、学校等地方由于人流量大并且交通混乱等问题，也发生了一定数量的电动自行车交通事故。

不同位置电动自行车交通事故数量　　　　表4-1

事故位置	电动自行车交通事故比例（%）	事故位置	电动自行车交通事故比例（%）
路段	67.61	桥梁	0.19
交叉口	24.69	高架	0.08
小区/学校/医院/厂矿企业	5.37	匝道	0.04
停车场	2.02	总计	100.00

4.3.5 严重程度分析

不同严重程度的电动自行车交通事故数量分布详见表4-2。从表4-2中可以看出，电动自行车交通事故中骑行者大多为受伤或者物损，比例分别为60.13%和39.09%；死亡事故一共只发生了22起，比例为0.78%。这与电动自行车的车辆特性和行驶特性有关，电动自行车普遍没有设置防护罩板，在电动自行车与其他车辆发生碰撞时，电动自行车因自身稳定性不足容易发生侧翻，加之由于骑行者缺少防护装置的缓冲，容易发生受伤或者物损事件；由于电动自行车车速一般不快，正常行驶情况下并不会造成特别严重的后果，所以很少发生死亡事故；此外，死亡事故多发生于夜间，一般发生于电动自行车与机动车交通事故。

表4-2 电动自行车交通事故严重程度占比

事故程度	电动自行车交通事故比例（%）	事故程度	电动自行车交通事故比例（%）
受伤	60.13	死亡	0.78
物损	39.09	总计	100.00

4.3.6 事故致因分析

电动自行车骑行者的风险骑行行为统计如图4-16所示。从图4-16中可以看出，排名前五的事故致因分别是右转未让行、未确保安全、逆行、超车或抢道、左转未让行，其比例分别为20.36%、17.20%、14.84%、14.35%和12.49%，此外，闯红灯、行人干扰或者倒车等行为也造成了一定数量的电动自行车交通事故。这表明电动自行车事故大多数都是由于机动车或者非机动车未按照交规进行合理转向、变道或者逆行等行为造成的，所以应当加强对公民的交通法则普及教育，并且出台相应的政策来解决由于这些情况造成的电动自行车交通事故。

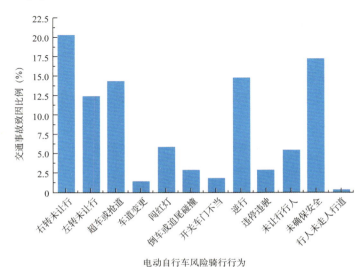

电动自行车风险骑行行为

图4-16 电动自行车交通事故致因分布情况

4.3.7 碰撞类型分析

电动自行车交通事故碰撞类型分布情况如图4-17所示。从图4-17中可以看出，电动自行车交通事故中占比最大的是电动自行车与机动车事故，比例为73.6%；其次是电动自行车与非机动车和电动自行车与行人事故，比例分别为21.5%和4.9%。电动自行车与机动车事故占比最高表明，目前的城市道路中存在大量电动自行车或者机动车不按规定车道行驶的行为，由此造成了大量的机非事故。因此，在今后的管理中，应当加强对不按规定车道行驶问题的整治，合理分配电动车路权，规范行驶行为，可以有效减少电动自行车事故的发生。

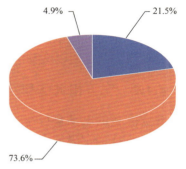

图4-17 电动自行车交通事故碰撞类型情况

4.3.8 交通环境分析

电动自行车交通事故发生环境情况详见表4-3。从表4-3中可以看出，大多数电动自行车交通事故发生在正常环境下，这是由于正常环境下的电动自行车出行频次较高、基数较大，造成其事故比例较大。除此之外，夜间是最容易发生电动自行车交通事故的环境，夜间由于视线不好，电动自行车骑行者容易因视野问题操作不当，造成交通事故。并且一些机动车驾驶者在夜间往往存在不合理使用灯光，长时间使用远光灯照明等问题，也会对电动自行车骑行者造成较大的干扰。此外，由于夜间车辆行驶速度较快，骑行者警惕性不高，使得电动自行车交通事故的致死率要远高于一般环境之下。除了上述两点，施工路段和绿化遮挡等环境下也发生了少量的电动自行车交通事故，需要注意。

电动自行车事故环境　　　　　　　　　　　　　　　表4-3

事故环境	电动自行车交通事故占比（%）	事故环境	电动自行车交通事故占比（%）
一般环境	91.50	绿化遮挡	0.07
夜间	8.01	其他	0.18
施工路段	0.24	总计	100.00

4.4 电动自行车安全改善对策

基于前文对电动自行车交通事故特征的分析，可以从宣传教育、完善法规、加强管控和规范生产等方面有针对性地提出以下安全改善政策，以阻止电动自行车交通安全形势持续恶化的现状，进一步优化道路交通安全环境。

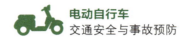

4.4.1　加强宣传教育，强化骑行安全意识

通过互联网、电台等传播途径加强电动自行车交通安全宣传教育，把知法懂法的观念深植于骑行者心中，提高骑行者守法的自觉性和主动性。同时建议相关部门结合电动自行车交通事故案例开展相关交通安全培训工作，特别是针对中老年群体和工人、农民等容易发生电动车交通事故的人群，要加大宣传教育力度，还要利用法律法规等方式淘汰不符合安全标准的电动自行车，减少和控制60岁以上人群骑行电动自行车的比例，并引导其使用公共交通以缓解电动自行车给城市交通带来的压力。

4.4.2　完善相关法律法规，加大执法力度和精度

建立完备的电动自行车道路交通法律法规体系，可以考虑将情节较为严重的违法违规行为纳入征信记录或者社会保障管理系统内，以提高电动自行车交通违法成本，促使骑行者更加规范安全骑行。交管部门应出台相关规定，强制骑行者完善相关骑行防护措施，特别是对颈部头部的保护措施，强制骑行者必须佩戴头盔上路，因未戴头盔造成的伤亡事故，可以考虑加大骑行者的责任占比。除此之外，还应加强政企合作，充分利用企业提供的先进交通安全设备，如通过射频识别技术RFID在交叉口或路段自动识别采集电动自行车交通违法行为，完善非机动车非现场执法体系的建设，特别是对早晚高峰时期的实施监控。

4.4.3　强化重点区域、重点时段的电动自行车管控措施力度

电动自行车伤亡事故表明，机非混行较为严重的路段和交叉口区域是电动自行车伤亡事故高发、频发的区域，早晚高峰是电动自行车伤亡事故集中出现的时段。公安部交管部门应从电动自行车交通事故的时空特征出发，一方面，通过标志标线及硬隔离等方式尽可能让电动自行车在非机动车道上行驶，明确电动自行车过街等待区，加大违法占道的处罚力度等以减少机非冲突；另一方面，要加强早晚高峰两个时段对电动自行车的管控力度，因时、因地制宜地采取不同管控措施，应在流量较大的地方增派辅警和引导员等以减少高峰时期电动自行车伤亡事故的发生。

4.4.4　全面规范生产销售环节，加强车辆源头管理

目前市面上存在大量超标、违规生产及销售的电动自行车，这也是电动自行车安全形势日益严峻的重要原因。新修订的《电动自行车安全技术规范》（GB/T 17761—2018）中对电动自行车上牌标准做出了明确的修订，不达标的车辆不允许上牌和上路，工商、质检等部门也应全面按照新标准实施监管。此外还应从源头出发，严厉打击违规生产销售电动自行车的企业，交通事故调查时也应对电动自行车企业进行追责，对确有违规行为的企业应采取处罚和吊销相关执照等措施，尽可能从源头上把控电动自行车质量，保障车辆安全性能。

4.5 本章小结

电动自行车价格便宜，灵活方便，并且机动性较高，给老百姓带来巨大出行便利的同时也造成了很大的道路交通安全压力，因此，分析电动自行车交通事故特征、找到其痛点并提出解决措施对保障人民生命财产以及预防和减少交通事故发生具有重大的现实意义。本章从全国电动自行车交通事故出发，首先汇总分析了电动自行车发展现状及事故原因，剖析了电动自行车交通事故特征和骑行者伤亡特征；然后结合宁波市鄞州区2020年4月至2021年9月的电动自行车交通事故数据，具体分析了宁波市鄞州区电动自行车交通事故的时空分布特征、事故严重程度、年龄分布、事故碰撞类型、事故致因及事故环境等；最后针对目前电动自行车发展中存在的问题提出了相应的对策建议。根据数据分析结果可以看出，城市道路交通事故与人、车、路以及环境存在密切关联，未来有待对道路、环境等因素开展更系统的分析，提出更加切实可行的电动自行车事故治理方案。

5

电动自行车安全影响因素

近年来,随着人们出行需求的不断提高,电动自行车和机动车保有量迅猛增长,城市交通拥堵日趋严重,与其相关的交通事故也呈现出多发态势。电动自行车交通冲突与交通事故频发给电动自行车安全出行带来了极大的影响。为减少电动自行车与机动车事故造成的损失,定性定量剖析不同因素对事故严重程度的差异性影响至关重要。根据国家统计数据,2015—2021年中国电动自行车和机动车保有量如图5-1所示。

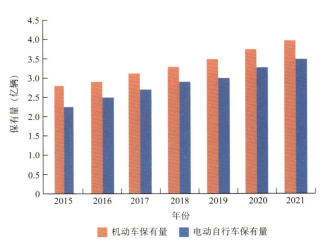

图5-1 电动自行车和机动车保有量(2015—2021年)

5 电动自行车安全影响因素

截至2021年，我国电动自行车保有量已达到3.5亿辆，紧逼机动车保有量，电动自行车在不同城市道路交通系统中均占据着举足轻重的地位。由于电动自行车在非机动车出行方式中属于相对速度较高、方向灵活多变、分布零散、不便于管控及干扰性强等特征的出行方式，而且电动自行车骑行者往往由于缺少安全防护措施、缺乏安全意识、违规行为常发以及违规处罚力度较低等问题引发的电动自行车交通事故较为频繁，电动自行车交通安全形势日益严峻[4, 70]。此外，由于电动自行车常与机动车混行，"共享"机动车道，导致道路交通混乱，道路通行效率降低，增大了电动自行车与机动车擦碰的概率与空间，也对电动自行车骑行者的生命安全带来危害，此类事故造成的生命与财产损失不断攀升[71]。为缓解城市电动自行车交通事故带来的严峻危害，亟须定量定性分析城市电动自行车出行行为中各种影响因素对交通安全严重性的差异性影响[19, 70]。

2020年，城市交通事故致死人数占我国交通事故总死亡人数的1/3以上[68]，通过加大城市道路交通管理降低城市交通事故死亡率，一方面加强机动车管理力度，另一方面规范电动自行车出行行为，整体提升城市交通安全水平，避免城市交通管理的重点和难点从机动车管理上向电动自行车管理上转移，要整体降低城市交通事故数，全面提升人们出行安全服务水平。为此，基于公安交管部门的交通事故统计数据，本章节针对电动自行车交通事故数据进行深入分析，分别从电动自行车骑行者因素、车辆性能因素、骑行道路交通因素、管理政策因素四个方面对影响电动自行车安全出行的严重性进行剖析，并提出相应的改善对策[4, 19, 27, 71]。

5.1 骑行者因素

根据全国交通事故统计数据，2015—2020年，驾驶电动自行车死亡人数与全交通方式死亡人数变化趋势如图5-2所示。从图中可知，驾驶电动自行车死亡人数与全交通方式死亡人数逐年增加，2019年和2020年虽增幅放缓，但2015—2020年6年期间，驾驶电动自行车死亡人数总体上增加了2271人，增长了135.2%；2020年与2015年相比，全交通方式事故死亡人数整体增加了6261人，增长了110.7%，驾驶电动自行车的死亡人数的年均增长率是全交通方式死亡人数增长率的3倍多。

5.1.1 从电动自行车骑行者角度分析

2020年，电动自行车骑行者事故死亡人数为8724人，全交通方式事故死亡人数为64559人（图5-3），在不同交通方式事故死亡人数中，电动自行车骑行者事故死亡人数位居第三，步行和驾驶摩托车的伤亡人数分别位于第一、第二。电动自行车骑行者事故死亡人数占2020年全交通方式事故死亡人数的13.51%，电动自行车骑行者事故受伤人数约占全交通方式事故受伤人数的17.43%（为45557人）。从伤亡人员的交通方式上看，电动自行车骑行者事故伤亡排名第三（图5-3）。

图 5-2　驾驶电动自行车与全交通方式死亡人数增长趋势对比（2015—2020年）

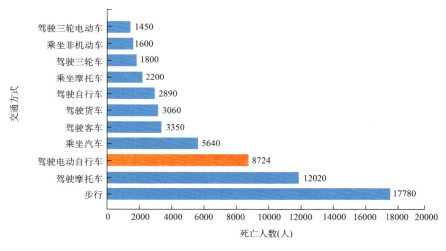

图 5-3　全国不同交通方式出行交通事故死亡数（2020年）

对2020年电动自行车交通事故导致的伤亡数据进行细分，其中，电动自行车自身引发交通事故而致死人数为3056人（占死亡人数的35.0%），受伤人数为26617人（占受伤人数的58.4%）；而非电动自行车自身引发的交通事故死亡人数为5668人（占死亡人数的65.0%），受伤人数为18940人（占受伤人数的41.6%）（图5-4）。

5.1.2　从电动自行车乘坐者角度分析

电动自行车交通事故的发生不仅仅是骑行者的伤亡，同时也会对其乘坐者造成伤亡，统计2015—2020年乘坐电动自行车人员死亡数据（图5-5），整体呈猛增态势。2018—2020年乘坐者事故死亡人数分别为960人、982人、933人，可以看出，这三年电动自行车乘坐者事故死亡人数平稳，均接近千人；这三年内电动自行车乘坐者死亡人数达到了电动自行车总体死亡人数的 11.25%，而这一数据直接反映出电动自行车载人出行的不安全性。我国目前仅有部分地区允许电动自行车可以搭载 12 岁以下儿童，如此高占比的乘坐电动自行车死亡事故，应引起交通管理部门的高度重视。

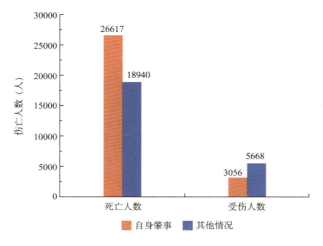

图 5-4　驾驶电动自行车肇事导致的伤亡人数（2020 年）

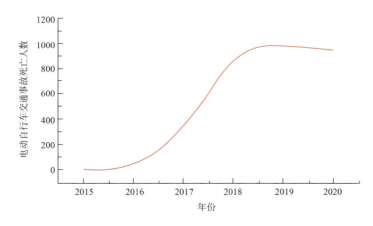

图 5-5　乘坐电动自行车导致死亡的人数（2015—2020 年）

5.1.3　从驾驶电动自行车死亡人员损伤部位分析

对 2020 年驾驶电动自行车死亡人员的损伤部位进行统计分析（图 5-6）：驾驶中头部受伤人数为 5731 人，约占死亡总人数的 65.7%；身体多处受损致死人数为 1893 人，约占死亡人数的 21.7%；脖颈、胸背及腰腹部受损（除头部以外，上半身受到损伤）致死人数为 638 人，约占死亡人数的 7.3%；因驾驶电动自行车四肢受损而导致死亡的人数为 149 人，占总死亡人数的 1.7%（图 5-6）。从 2020 年电动自行车事故致死原因看，颅脑损伤致死人数最高，为 6728 人，约占电动自行车总死亡数的 78%，颅脑损伤是电动自行车事故死亡最主要的致死原因。其次，因胸腹损伤死亡和因创伤失血性休克死亡的人数分别为电动自行车事故总死亡数的 8.3% 和 6.2%，窒息、烧死等其他致死人数为 711 人，占比

8.2%（图 5-7）。由此可知，驾驶电动自行车首先要做好头部及其他身体部位的保护措施，以免因发生严重交通事故而导致电动自行车骑行者死亡事件。

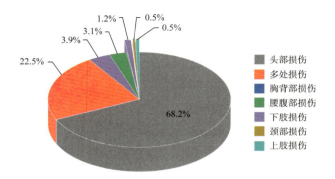

图 5-6　驾驶电动自行车交通事故中死亡人员的受损部位分布

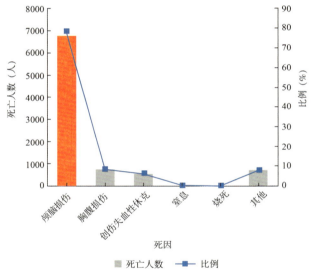

图 5-7　电动自行车事故死亡原因分析（2020年）

5.1.4　电动自行车死亡人员年龄分析

从电动自行车骑行者的角度来看，目前道路上电动自行车使用者主要集中在中学及以上学生群体，年轻上班族，中老年低收入者，快递、外卖等从业者。在2020年电动自行车事故死亡人员中（图5-8），40岁以上的电动自行车骑行者事故死亡数累计约占电动自行车骑行者事故死亡总数的80%；电动自行车骑行者事故死亡数随着年龄的增长不断增加，65岁以上电动自行车骑行者事故死亡数最高，由于身体素质低下、反应能力迟缓、安全意识相对薄弱等原因，年老者事故发生率较高，并且一旦发生交通事故，死亡概率较高。从电动自行车乘坐人的角度来看，电动自行车乘坐人死亡人数随着年龄的分布呈现明显的两极上升形态，即10岁以下小孩和50岁以上老人的事故死亡率较高，分别约占总乘坐人死亡数量的24%和43%；近70%的事故死亡乘坐人为儿童和老年人，这表明电动自行车载客对象多为儿童和老人，电动自行车"肉包铁"的特点决定了电动自行车安全性较差，缺少对乘坐人相应的安全保护措施，也由于儿童本身缺少自我交通事故应急保护意识和能力，老人本身反应迟钝，导致其事故死亡率远高于20岁以上至50岁以下的中青年乘坐人的事故死亡率。由此可见，电动自行车违规载人行为社会危害性极高，应当引起交管部门和广大人民群众的重视。

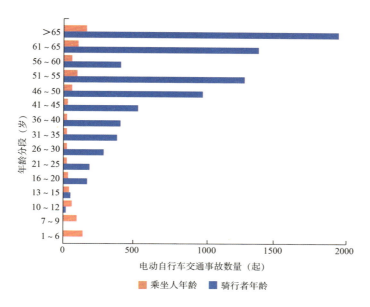

图5-8　驾驶和乘坐电动自行车的事故死亡人员年龄分布（2020年）

除了电动自行车骑行者的年龄以外，电动自行车骑行者的性别对其安全出行也存在较为显著影响，男性冷静和擅长技术性工作的特征使得其发生冲突后未受伤和轻伤的概率高于女性，而女性一旦发生交通事故后，轻伤和重伤的概率较高。

5.1.5　电动自行车骑行者违法行为分析

对由于电动自行车违法行为引发交通事故致死原因分析，前十位的违法行为依次为：违反交通信号、未按规定让行、其他影响安全的行为（左右摇摆、突然加减速、单手骑车、边骑边看手机等）、违法占道行驶、酒后驾驶、逆行、超速行驶、操作不当、违法超车及其他不规范行为（图5-9）。在电动自行车事故致死违法行为中，违反交通信号占19%，未按规定让行占17%，影响安全行为、违法占道行驶和酒后驾驶均占到10%及以上。由此可见，违反交通信号和不按规定让行引发的交通事故一般比较严重，致死率最高，规范电动自行车出行行为和提高电动自行车骑行者交通安全意识是相关管理部门工作的重点。

电动自行车 交通安全与事故预防

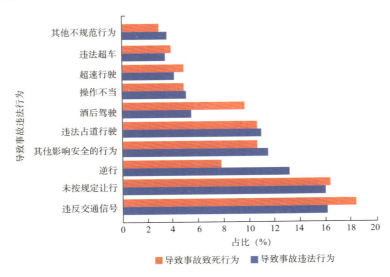

图5-9 电动自行车交通事故违法行为统计分析（2020年）

5.2 车辆性能因素

电动自行车作为当下人们生活最主要的交通出行工具之一，顺应了社会经济发展与消费者出行需求，但电动自行车的自身性能是否能满足人们安全出行的要求？这个问题不容忽视。根据绍兴市某区2018年8044起交通冲突事故数据，其中有26%电动车发生交通冲突以后没有人员受伤，74%的电动自行车发生交通事故以后会伴随着人员伤亡（图5-10），即电动自行车一旦发生交通事故，其人员受伤的概率非常高。目前道路上常见的电动自行车无论从体积、速度、重量等各方面都趋近于轻便摩托车，但其骑行者却没有像摩托车驾驶人那样通过驾驶技能培训考试，获得驾驶执照以后方可上路；行驶中的电动自行车在遇到危险紧急制动时，由于轮胎与地面摩擦系数较小，制动距离较长，电动自行车稳定性较差，制动效果不佳，在不遵守交通规则高速行驶的情况下，非常容易引发交通事故，且后果较为严重。目前，市场上常见的电动自行车售价一般为2000~3000元，这类电动自行车大多在生产销售过程中并没有严格的执行电动自行车行驶速度的限制措施，从生产电动自行车的企业角度，并没有严格按照行业标准去规范生产，也没有严格限定电动自行车的最高行驶速度，这些问题都是目前需要各部门各行业管理层面重点考虑的核心问题。

国家在1999年通过了第一部关于电动自行车的技术标准《电动自行车通用技术条件》（GB 17761—1999），这使得电动车行业、制造企业，以及电动自行车使用者都有了一个可以依托的标准规范，并且一直使用到2018年。在这20年中，电动自行车从其生产厂商、使用者等方面暴露出了诸多电动自行车限速、制动、操作的弊端和交通违法问题。我国电动自行车技术规范发展历程如图5-11所示。

5 电动自行车安全影响因素

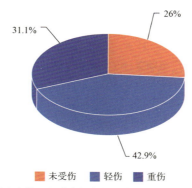

图 5-10 绍兴市某区电动自行车交通冲突发生结果统计（2018年）

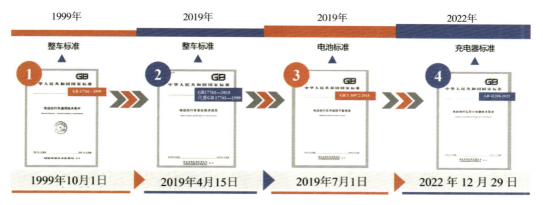

图 5-11 我国电动自行车技术规范发展历程

5.2.1 电动自行车车速性能指标

从 2018 年 1 月开始，国家市场监督管理总局、国家标准化管理委员会对电动自行车技术规范和要求进行了为期四个月的修订意见征集，国家工业和信息化部于 2018 年 5 月 15 日发布电动自行车"新国标"，于 2019 年 4 月 15 日起正式实施，2018 年 5 月 15 日至 2019 年 4 月 14 日为过渡期，过渡期内，国家鼓励生产企业、销售企业和产品购买使用者生产、销售、使用符合"新国标"要求的电动自行车；2019 年 4 月 15 日"新国标"正式实施后，不符合"新国标"要求的电动自行车不被允许生产、销售和使用。对比"旧国标"（表 5-1），电动自行车"新国标"的性质由原来的建议参考性标准转变为强制性标准；针对电动自行车限速，"新国标"中明确提出"电动自行车最高车速应不大于25km/h"（"新国标"中6.1.1车速限值）。

电动自行车新旧国标对比　　　　　　　　　　　　　　　　表5-1

指标	旧国标	新国标
最高车速（km/h）	20	25
最大整车质量（含电池）（kg）	40	55
最大电机功率（W）	240	400
续航里程（km）	25	—
蓄电池最高电压标称电压（V）	48	48
是否保留脚蹬功能	保留	保留

电动自行车具有灵活多变、随意性强、稳定性差、安全防护措施缺乏等特点，高速的行驶速度直接增大了电动自行车交通事故发生的概率；过高速行驶的状态下，一旦遇到突发情况需要紧急制动，电动自行车骑行者很难瞬时做出有效的避险措施，相较低速行驶，其制动距离也相应变长，从而引发碰撞、摔倒、侧翻等交通事故。依据电动车自行车最高时速统计数据，电动自行车的最高时速处于25~35km，电动自行车限速从"旧国标"的20km/h提升至25km/h符合实际；社会发展水平和人们出行效率的提升都对电动自行车的速度提出了新需求，参照国际上其他国家对电动自行车的限速标准（25~30km/h），将电动自行车限速从"旧国标"的20km/h提升至25km/h，也符合人们出行需求和国际通用标准。

5.2.2　电动自行车制动性能指标

电动自行车的制动性能直接关系到骑行者的安全，是电动自行车最关键的安全技术指标之一。"新国标"中对电动自行车的制动性能提出了更加详细具体的指标规定（表5-2）。按照此规定，要求在相应的制动距离内平稳安全地停住。制动性能分为行车制动和紧急制动，标准中讲的制动性能是指在极限状况下电动自行车的紧急制动。"新国标"分别从干态和湿态两种场景下对电动自行车制动性能进行了安全试验说明，并对制动性能试验中受试验的自行车，试验跑道，仪器设备，自行车、骑行者和仪器的质量，施于车闸的力，具体干态骑行和湿态骑行的试验方法（次数），速度/距离校正系数，试验骑行的有效性，干态和湿态两种状态下制动试验结果进行了详细的数据说明。

电动自行车制动性能　　　　　　　　　　　　　　　　表5-2

试验条件	试验速度（km/h）	使用的车闸	制动距离（m）
干态	25	同时使用前后车闸	≤7
		单用后闸	≤15
湿态	16	同时使用前后车闸	≤9
		单用后闸	≤19

5.2.3 电动自行车材料强度性能指标

车体材料强度较高的电动自行车，可以有效避免在其发生交通事故车体受到碰撞冲击时，由于车体严重变形而给电动自行车骑行者造成二次伤害，或者加重其伤势。"新国标"中对电动自行车的最大整车质量（含电池）规定由原来的40kg变为55kg；"新国标"（7.3机械安全试验）中分别从车架/前叉组合件，把立管和鞍管，反射器、照明和鸣号装置三个方面进行了电动自行车机械安全试验，其中车架/前叉组合件进行了车架/前叉组合件振动强度和冲击强度试验说明。车架/前叉组合件振动强度试验测试是在专用振动试验机上，按照《自行车　车架》（QB/T 1880—2008）规定的方法进行试验；车架/前叉组合件冲击强度试验是按照《自行车安全要求》（GB 3565—2005）中规定的方法，分别进行冲击试验（重物落下）和冲击试验（车架/前叉组合件落下）两种试验（图5-12和图5-13）。《自行车安全要求》（GB 3565—2005）规定，在电动自行车重物落下冲击试验中，"按27.1规定方法试验时，组合件应无肉眼能见之裂纹，在其前后轴中心距（轮距）上测得的永久变形不大于40mm"；在电动自行车车架/前叉组合件落下冲击试验中，"按27.2规定方法试验时，组合件应无肉眼能见之裂纹"。

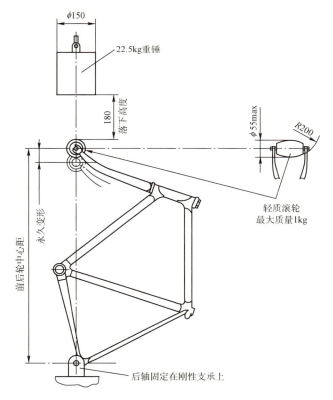

图5-12　冲击试验（重物落下）（尺寸单位：mm）

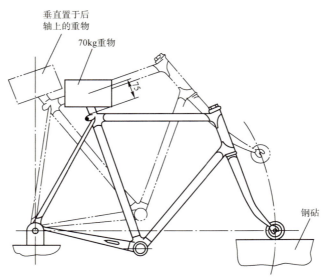

图 5-13　冲击试验（车架/前叉组合件落下）（尺寸单位：mm）

5.3　骑行道路因素

5.3.1　机动车道上事故多发

截至2020年底，电动自行车骑行者事故死亡总数8724人，其中5166人是在机动车道上发生的事故，约占电动自行车总体死亡人数的59%；发生在机非混合车道上的事故共造成2142人死亡，约占25%；而发生在非机动车道上的事故造成819人死亡，约占9%（图5-14）。因此，电动自行车不按规定行驶、抢占机动车道是造成死亡事故多发的重要原因之一。

图 5-14　电动自行车骑行者事故死亡人数分布（2020年）

5.3.2　没有机非隔离设施的路段事故多发

截至2020年底，共发生23283起电动自行车交通事故，其中，发生在无任何隔离设施路段的电动自行车肇事事故为13737起，约占事故总量的59%；发生在仅有中间隔离设施路段的事故为4369起，约占19%；发生在仅有机非隔离设施路段的事故数为2492起，约占11%；发生在设有中间隔离和机非隔离设施路段的事故数为2510起，约占11%（图5-15）。综上，约有78%的电动自行车伤亡事故发生在没有设置机非隔离的路段上，这表明机非混行给电动自行车带来的安全隐患较为突出。

5 电动自行车安全影响因素

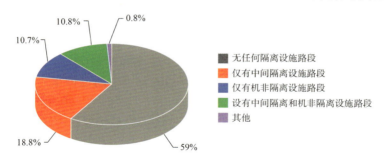

图 5-15 电动自行车事故起数分布（2020年）

5.3.3 照明条件不佳的路段事故致死率较高

2020年，因电动自行车肇事导致的事故致死率平均值约为13%。通过分析事故交通环境因素发现，照明条件对事故的发生和严重程度起极其关键的作用。在夜间无路灯照明的道路情况下，电动自行车事故的致死率达到21%，比平均值高了8个百分点；在黎明时分，天色比较昏暗的情况下，电动自行车事故致死率达到19%，比平均值高了6个百分点；而夜间道路上有路灯照明的情况下，电动自行车事故致死率为14%，比平均值略高；白天和黄昏时分，道路光线正常的情况下，电动自行车骑行者事故致死率与平均值基本持平或略低（图5-16）。这表明电动自行车因缺乏有效的照明和防护设备，在光线较弱的道路交通环境下，电动自行车一旦发生交通事故，其致死概率较高。

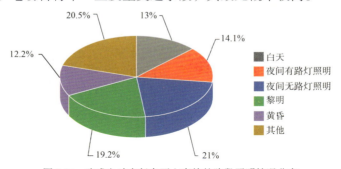

图 5-16 造成电动自行车死亡事故的路段照明情况分布

5.4 管理政策因素

截至2021年底，我国机动车保有量已接近4亿辆，城市交通拥堵日趋严重，停车问题突出。社会经济不断发展，人们生活水平和出行需求日益增长，灵活便利的电动自行车很好地满足了居民中短距离快速、高效的出行需求。从考虑电动自行车出行者安全角度出发，我国在1999年通过了第一部关于电动自行车的技术标准《电动自行车通用技术条件》（GB 17761—1999），并一直使用到2018年。中国电动车保有量在2018年达到了2.9亿辆，与此同时，电动自行车骑行事故也在不断地增多，电动自行车骑行者事故死亡数不断刷新，引起了人们前所未有的重视。针对电动自行车交通安全问题，国家在

2018年颁布了新的标准，即《电动自行车安全技术规范》（GB 17761—2018），并从电动自行车的速度、重量、材质、安全稳定性等多方面进行了指标更新。此外，关于电动自行车的地方标准还有《电动自行车停放充电场所消防安全技术标准》(DB5116/T 16—2024)、《电动自行车安全骑行智慧管理规范》(DB3305/T 299—2024)、《电动自行车停放充电场所消防安全规范》(DB4453/T 05—2023)等。

目前，我国电动自行车保有量已经达到3.5亿辆，且仍保持上升趋势，电动自行车交通事故呈现高肇事率、高致死率的特征。结合上文从电动自行车骑行者基本特性、电动自行车车辆性能、电动自行车道路交通事故诱因分析、电动自行车事故致死因素等多方面分析其事故特征和违法行为，交通管理部门应从以下几方面有针对性地采取相关措施，扭转电动自行车安全局势，提升城市交通安全水平，进一步改善城市整体交通安全环境。

（1）全面规范电动自行车生产销售环节，结合上牌注册登记制度，科学消化超标车辆存量。

尽管"新国标"已经正式在全国施行，源头治理已从制度设计上取得重大突破，但现有的过亿台超标电动自行车仍是不得不继续面对的难题。因此，各地应结合实际管理现状，参考部分地市先进经验，与生产销售企业联合，采取自然报废、以旧换新、平价回购、发放报废补贴等手段，逐步快速消化存量。同时，结合上牌注册登记制度，设置和明确超标电动自行车过渡期，通过2~3年时间淘汰现有的全部超标车辆。

（2）加强非机动车道和机非隔离设施建设。

机非混行不仅会降低通行效率，更会带来电动自行车的事故安全隐患，设置非机动车道和机非隔离设施能够较好地降低事故数量以及死亡人数。建议各地城市建设和交通管理部门大力加强非机动车道和机非隔离设施的建设工作，目前采取硬隔离的机非车道分离方式安全效果最好。

（3）强化交通违法行为查处，特别是电动自行车漠视交通规则及机动车的不礼让行为。

从电动自行车交通事故的违法致因来看，电动自行车违反交通信号、逆行和占用机动车道等违法行为，以及机动车未按规定礼让、超速等违法行为是主要原因。

在电动自行车管理方面，公安交管部门在加大现场处罚力度的同时，要结合电动自行车上牌登记措施，加强对电动自行车骑行者的安全意识培训。同时，针对外卖配送等电动自行车违法频率高的特殊行业，明确企业主体责任，实行"文明记分卡""RFID电子车牌"等措施，弥补电动自行车行业的监管漏洞。在机动车管理方面，应继续在全国推行文明礼让措施，保障非机动交通的安全合理出行。

（4）高度重视电动自行车载人安全隐患问题。

电动自行车自身重量较轻，一旦搭乘乘客，可能会对车辆性能造成一定影响。《中华人民共和国道路交通安全法实施条例》第七十一条明确指出：自行车载人的规定，由省、自治区、直辖市人民政府根据当地实际情况制定。因此，各地应积极探索研究电动自行车载人安全风险问题。

（5）持续推进电动自行车安全头盔佩戴行动。

近年来公安部在全国推行"一盔一带"行动，其中的"一盔"就是重点针对电动自行车骑乘人员不佩戴安全头盔开展监管。由实测数据表明，出台电动自行车头盔佩戴管理办法且落实效果好的地区涉电动自行车的事故致死率显著降低（图5-17）。

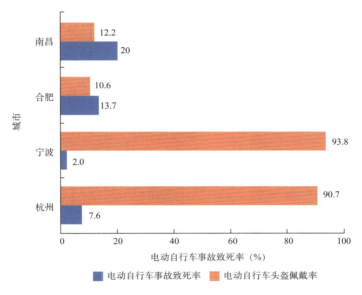

图5-17 电动自行车头盔佩戴率对事故致死率下降的影响

注：合肥市未出台电动自行车头盔佩戴的相关管理办法，南昌市、杭州市、宁波市已出台相关管理办法。

图5-17所示的4个城市中，合肥市暂未出台电动自行车头盔佩戴的相关管理办法，南昌市虽然实施了《南昌市电动自行车管理条例》，但仅对佩戴头盔做了倡导性规定。根据文献[19]，上述两城市的电动自行车头盔佩戴率分别约为10.6%和12.2%。宁波市和杭州市不仅实施了电动自行车相关管理条例，还对佩戴安全头盔做了强制性规定，其头盔佩戴率分别达到93.8%和90.7%。同期的事故统计显示，2020年1月1日至8月20日，宁波市因电动自行车肇事导致的事故为193起，造成4人死亡，事故致死率为2.0%；杭州市的事故数量为237起，造成18人死亡，事故致死率为7.6%；合肥市的事故数量为204起，造成28人死亡，事故致死率为13.7%；南昌市的事故数量为51起，造成11人死亡，事故致死率达20.0%。

从上述数据可知，佩戴安全头盔将减少30%~40%的电动自行车交通事故死亡人数。按照2020年全国数据推算，如果全国推广强制电动自行车骑行者佩戴安全头盔，可挽救2617~3490人的生命，全国道路交通死亡人数将减少4.1%~5.5%，对推进道路交通事故"减量控大"工作将发挥重要作用。

（6）建立完备的电动自行车事故全生命周期的应对政策。

根据电动自行车交通事故的特性，建立多部门协调机制，共享相关事故数据，建立横向和纵向并行的道路交通安全管理协调机制。建议将《道路安全行动十年全球计划（2021—2030）》[5]的五大支柱（管理、安全的使用者、安全的车辆、安全的道路和有效的事故后应对）相互联系起来，在立法、执法、教育、技术、监管等关键行动领域开展全方位的电动自行车交通安全保障行动，对电动自行车事故发生前、事故发生时及事故发生后等各个阶段提供全生命周期的应对政策（图5-18）。

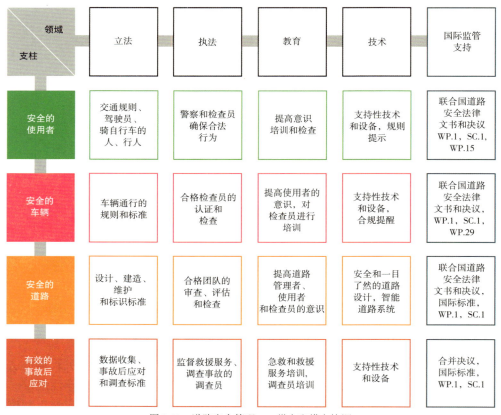

图5-18 道路安全管理——纵向和横向协调

5.5 本章小结

本章基于中国电动自行车道路交通事故（2015—2021年）的基础数据，从电动自行车骑行者基本特性、电动自行车事故伤亡人员特征、电动自行车事故及伤亡数据统计分析、电动自行车骑行者违法行为、道路交通因素、电动自行车基本性能等多方面对电动自行车交通事故的特点和规律进行了全面分析；基于电动自行车事故特征和伤亡数据分析的结果规律，从城市交通政策管理角度对电动自行车提出了相应的改善建议。

6

电动自行车风险骑行行为

本章节主要关注电动自行车路段风险骑行行为，分析评估其对机非混行路段的安全影响。基于交通冲突自动检测技术分析电动自行车的危险骑行行为，研究监测到的交通冲突与电动自行车骑行行为之间的关系，通过估算电动自行车的运动偏航率来研究其转向行为。结果表明，在混行路段上，有相当一部分高度严重的冲突是由电动自行车引起的；在混行路段行驶时容易出现电动自行车危险骑行行为；超过一半的危险骑行行为事件导致了电动自行车冲突。另一方面，偏航率分析表明，并不是每个电动自行车骑行者在冲突情况下都会采取转向机动。本章节的研究结果确定了与电动自行车相关的危险骑行行为，这些行为可能会对道路交通安全造成负面影响，使电动自行车骑行者更易受到伤害。

6.1 风险骑行行为研究

6.1.1 风险骑行行为概述

电动自行车通常配备36~48V蓄电池和180~500W电机，没有换挡装置，因此，电动自行车可以平稳加速到更高的速度。国家设计标准规定电动自行车的最高速度不超过20km/h，但电动自行车可以以30km/h甚至更高的速度行驶，因此，尽管电动自行车被普遍使用，但人们对其安全性存在相当大的担忧。电动自行车涉及的车祸和死亡率相对较高[72]。机非混行道路上电动自行车骑行者经常采取超速行驶、逆向行驶、非法变道、骑错车道、不遵守超车规则以及急转弯等危险的操作，这些操作此处统称为风险骑行行为。风险骑行行为会导致路段上频繁出现险情，增加电动自行车骑行事故发生的可能性和严重程度。电动自行车的体积小，在交通事故中承受更大的压力，因此，与汽车相比，电动自行车骑行者被认为是较为脆弱的道路使用者。电动自行车的存在会对道路安全性能和事故率产生重大影响[73]。

已有研究证实，电动自行车的风险骑行行为是引起交通事故的主要因素之一[6]，电动自行车骑行者通常不严格遵守交通规则，经常采取危险的驾驶操作，这增加了道路事故发生的可能性。Wong和Lee[74]研究了混合交通流下电动二轮车驾驶行为的异质性，发现速度、超车和变道动作的次数及间隙接受度是与电动二轮车激进行为相关的因素；Guo等人[1]研究发现电动自行车的红灯违章率明显高于自行车；Wang等人[75]证实了这一结果，发现电动自行车骑行者比自行车骑行者有更多的违规行为，研究还发现，违规行为与交叉口、共享交通设施等交通环境密切相关；Bai等人[76]的研究发现，10.31%的电动自行车在过交叉口时至少有一种风险骑行行为。

电动自行车风险骑行行为往往伴随着交通冲突，Guo等人[1]研究发现在信号灯路口，37.2%的电动自行车闯红灯时卷入了交通冲突，在红灯刚开始和快结束时进入交叉口，电动自行车发生交通事故的风险往往比红灯中间时段进入时小得多。然而，发生在红灯初始阶段和红灯末期的交通冲突，其碰撞时间明显小于那些发生在红灯中间阶段的冲突。Bai等人[76]研究表明两轮车交通冲突发生的主要原因之一是机动车与电动自行车/自行车的路权矛盾。Wang等人[75]发现发生在十字交叉口的脚踏车骑行者交通冲突中，有违规行为的脚踏车参与其中的，往往发生频率更大，冲突后果也更为严重。

6.1.2 数据采集与处理

传统上，道路安全诊断是利用事故数据进行的，但事故数据的获取耗费巨大，数据获取困难且需要翔实的记录和较长的周期（通常为3~5年），因此，基于事故数据开展电动自行车风险骑行行为分析存在较大的困难。而交通安全的风险周期较长，于是数量多、周期短、可以观测的交通安全间接评价技术便应运而生。对安全分析而言，交通冲突是一种可行的分析方法，可替代事故数据用于事故成因分析及导致事故发生的失效机制的研究。

计算机视觉（Computer Vision，CV）被认为是交通数据收集、交通监控和交通管理领域的新兴领先技术，该技术实用、经济、可扩展。由于使用CV可以自动检测和跟踪道路使用者，因此可以捕捉他们的行为并分析他们的活动。一般，通过CV能够很大程度上识别危险交通状况（例如交通冲突），并以客观的方式估计这些事件的严重程度，同时规避与观测到的人为事件相关的常见误判因素的干扰，如记录偏差和可靠性问题[77]，因此，利用CV来获取交通冲突数据则是常用和有效的手段之一。Tageldin等人[78]利用基于录像视频的交通冲突自动技术，对中国摩托车安全进行了安全诊断，数据采集自中国上海一个高度拥堵的混行交叉口，结果表明，在高混合和无组织的交通环境中，基于规避动作的指标（如颠簸率和偏航率）比时间接近指标具有更高的识别两轮车冲突的潜力；研究还发现[79]，因为没有物理障碍来分隔不同的运输方式，在混行道路上机动车和电动自行车之间经常发生冲突，道路宽度、车道位置、速度、体积以及超车和转弯的机会是影响两轮车安全性的因素。

我们利用自动视频分析评估电动自行车对混行路段的安全影响，通过交通冲突判别电动自行车的危险骑行行为，研究检测到的交通冲突与危险骑行行为之间的潜在关系，并估计电动自行车的偏航率（转向行为）。

1) 视频采集过程

视频采集地点选在昆明市观景大街的中间街区，这是一条东西向主要道路，设有中央隔离栏，每个方向有三个车道，但同侧的机、非车道处于同一板块，无物理分离，最外侧的非机动车车道用于电动自行车和自行车通行，路段设置有人行横道过街。本次视频拍摄的摄像头安装在街道中间的悬臂杆上，该摄像头平时用于交通管理部门自动执行超速等交通违规行为的监测。研究路段的设施布局和摄像范围如图6-1所示。

a) 摄像机拍摄图像　　　　　　　　　b) Google地球影像

图6-1　研究路段的设施布局和摄像范围

实地观察发现，由于不遵守交通规则，许多道路使用者频繁发生违法变道行为；为了追求更快的速度，电动自行车经常从非机动车专用车道切换到机动车道；与此同时，一些摩托车和机动车也会从机动车道切换到非机动车车道。因此，该路段由于道路使用者的高度混合产生了大量的交通冲突。

2) 视频处理方法

研究中使用的自动计算机视频分析系统由英属哥伦比亚大学开发[77,80]，计算机视频分析系统自动检测、分类、跟踪道路使用者，并解释他们的动作。道路安全应用计算机视频分析系统依赖于如图6-2a) 所示的两个模块，图6-2b) 说明了自动计算机视频分析系统的程序。视频分析的第一步是摄像机校准，目的是创建从图像平面坐标到世界坐标的映射，因此，位置和速度等移动信息以公制值记录，而不是基于像素的坐标；Ismail，Sayed 和 Saunier[81] 详细介绍了采用的混合特征摄像机校准方法；Guo 等人[82] 把该系统用于安全分析，测试结果显示该系统能够满足精度要求。

基于 Kanade-Lucase-Tomasi（KLT）特征跟踪程序[77]的跟踪算法，识别潜在道路用户上的移动特征，同时忽略属于环境的特征如道路、建筑物和景观，KLT特征跟踪算法可以在不同时间和光照条件下对目标进行一致的跟踪，一旦收集到所有候选特征，聚类过程将一组特征与道路用户基于空间接近度和共同运动等线索相关联，以可比速度移动并满足定义的空间和运动约束的特征被分组以创建连贯的对象，这些对象的轨迹被记录下来，Saunier和Sayed[77]给出了跟踪过程的细节以及跟踪精度的验证，验证结果显示在不同序列集上的精度在90%~94.4%。

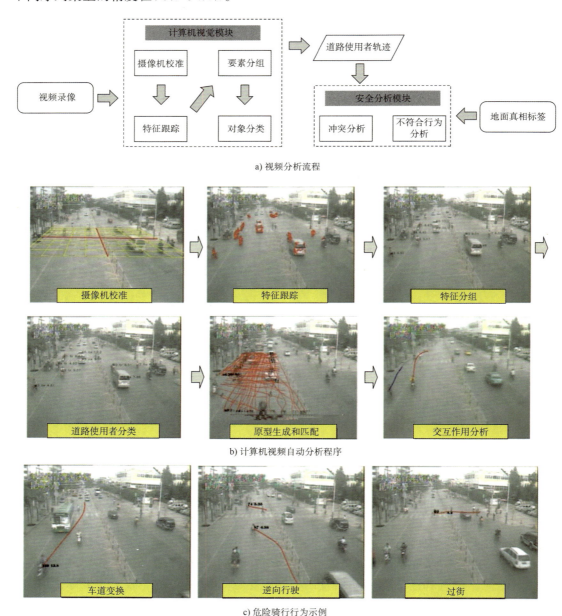

图6-2 计算机视频自动分析的框架

为了分析电动自行车的安全性，需要对电动自行车和其他道路使用者进行识别，而识别过程则是通过对道路使用者的分类来实现的。分类依赖于从道路使用者的轨迹中提取基本特征，这些特征携带了关于道路使用者运动机制的信息，例如，一个骑自行车的人将生成一个运动剖面，其中包含描述蹬车过程的变化，在这种情况下，节奏（踏板频率）可以很好地表明所观察到的轨迹属于自行车骑行者而不是电动自行车骑行者；其他特征描述道路使用者的几何形状，例如道路使用者所占区域的估计长度和宽度。一旦收集了特征集，并为每个道路用户确定了它们的值，分类算法为每个道路用户分配了一个类别标签。研究中把道路使用者划分为车辆、电动自行车、自行车和行人四类，Zaki 和 Sayed[83-84]给出了关于分类过程及其性能评估的全面描述，并研究了道路使用者分类的识别精度，准确率超过90%。

3）交通冲突检测

冲突检测是交通安全分析中的一个重要环节。冲突检测过程的第一步是定义轨迹的预期运动。通过生成一组指向一组运动模式的运动原型来实现的。原型学习是在视频的一个子集上进行的自动化过程。对视频段进行特征跟踪，记录大量特征的轨迹，这一庞大的轨迹集被简化为一组几百个原型，定义了物体的预期运动[85]。随后，使用最长公共子序列（LCSS）算法将道路使用者的轨迹与完整原型中的原始原型匹配[80]。原型提供了一组预测的未来位置和相关的发生概率。然后，通过评估这些未来位置是否与其他道路使用者在空间和时间上重合来识别道路使用者之间的冲突。

该过程中的下一个步骤是度量已确定冲突的严重程度。碰撞时间 TTC 是冲突严重程度的常用指标研究。碰撞时间 TTC 被定义为"如果碰撞路线和速度差保持不变，距离两辆车发生碰撞所剩下的时间"，因此，在发生冲突的道路使用者之间不断计算 TTC，根据冲突车辆的瞬时速度，每次冲突返回一组值，如图6-3所示。然后从这个集合中提取最小 TTC 来表示每个交互的最大严重程度[86]。为了减少噪声对 TTC 计算的影响，首先，利用低通滤波平滑轨迹，消除跟踪噪声；其次，最小 TTC 的选择是几帧的平均，而不是仅仅选择一个全局最小值。通常使用最小 TTC 值来表示流量事件的总体严重程度。本研究仅对 TTC 小于 4s 的交通事件进行评估[82]。

6.1.3 风险骑行行为分析

1）冲突分析

冲突分析包括识别冲突频率、严重程度和位置（冲突点）。本项研究使用电动自行车（2313辆）、机动车（1308辆）和自行车（124辆）的平均小时流量作为分析对象，录制了1.5h视频数据，提取了475个有效的交通冲突样本。电动自行车冲突，按道路使用者和移动分为不同类型。表6-1给出了不同 TTC 下道路使用者的小时冲突频率分布情况。分析结果表明，在混行车道的冲突中，TTC 值小于3s（即 TTC 值处于0~1s、1~2s、2~3s 这三个区间）占较大比例[67.6%（321/475）]，其中电动自行车之间的冲突、机动车与电动车之间的冲突、电动自行车与自行车之间的冲突的平均小时冲突比例分别为43.2%（205/475）、43.8%（208/475）、13%（62/475）。统计结果表明，混行道路上电动车之间的冲突和机动车与电动车之间的冲突是主要的冲突类型。

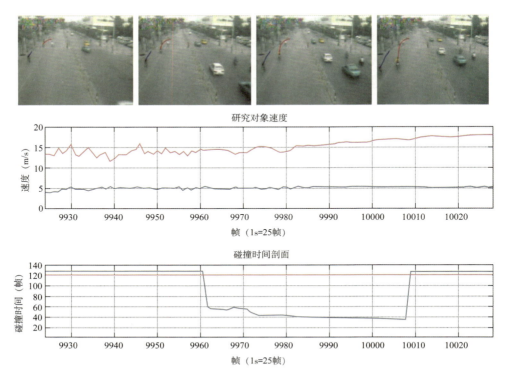

图 6-3 动力两轮车碰撞时间（TTC）与物体速度冲突问题

道路使用者之间的冲突频率（次/h）　　　　　　　　　　表 6-1

TTC 序列（s）	电动自行车之间冲突数量	电动自行车-机动车冲突数量	电动自行车-自行车冲突数量
0~1	50	43	9
1~2	50	42	16
2~3	40	53	18
3~4	65	70	19
总计	205	208	62

注：TTC 为到达冲突点的时间。

表 6-2 显示了混行路段上不同 TTC 范围下的每小时冲突频率的运动分布。结果表明，追尾冲突和侧面冲突在总的冲突中所占比例较大［分别 54.5%（259/475）和 33.5%（159/475）］；交叉冲突和正面冲突所占比例较小，交叉冲突为 6.7%（32/475），正面冲突为 5.3%（25/475）。为了进一步评估冲突的严重程度，可以使用式（6-1）将每个事件的最小 TTC 映射到严重指数[80, 86]。

$$SI = \exp\left(-\frac{TTC^2}{2PRT^2}\right) \tag{6-1}$$

上式中，SI 为严重性指标；PRT 为感知和制动反应时间，假设为 2.5 s。SI 是一个无单

6 电动自行车风险骑行行为

位的严重程度测量，范围从0到1，0表示不间断通过。

按照运动类型划分的冲突频率（次/h） 表6-2

TTC 序列（s）	追尾冲突数量	侧面冲突数量	交叉冲突数量	正面冲突数量
0~1	59	31	4	8
1~2	67	26	10	5
2~3	57	42	4	8
3~4	76	60	14	4
总计	259	159	32	25

注：TTC为到达冲突点的时间。

表6-3显示了不同SI范围下的小时冲突频率分布。冲突严重程度分布显示，冲突严重程度指数（0.8~1）较高的冲突比例［37.7%（179/475）］。这一结果证实了混行路段上电动自行车的安全性问题，图6-4显示了道路使用者之间的冲突和按照运动类型划分的冲突这两种类型冲突的严重程度指数的分布，并在一个严重性数值范围内绘制标准化的冲突频率。总体而言，电动自行车-机动车冲突的严重程度指数高于电动自行车之间的冲突和电动自行车-自行车冲突。在按运动类型划分的冲突中，正面冲突和交叉冲突的严重程度指数最高，其次是追尾冲突，侧面冲突的平均严重程度指数最低。更具体地说，在SI范围内，电动自行车之间的冲突、电动自行车-机动车冲突和电动自行车-自行车冲突的平均归一化冲突频率分别为0.018、0.024和0.022；在SI范围内，追尾冲突、侧面冲突、交叉冲突和正面冲突的平均归一化冲突频率分别为0.024、0.014、0.022和0.024。

冲突严重程度分布（次/h） 表6-3

SI 范围	冲突分类（按照交通方式）			冲突分类（按照运动类型）				总体
	电动自行车之间	电动自行车-机动车	电动自行车-自行车	追尾	侧面	交叉	正面	
0~0.2	45	42	13	48	39	10	3	100
0.2~0.4	42	49	16	57	39	6	5	107
0.4~0.8	34	42	13	53	29	3	4	89
0.8~1	84	75	20	101	52	13	13	179
总计	205	208	62	259	159	32	25	475

注：SI为严重性指标；TTC为到达冲突点的时间。

冲突的热点图空间分布如图6-5所示。热点图描述了单位面积内冲突点的密度。热点图显示冲突发生在路段沿线，覆盖了整个混行路段。这些数据证实了追尾冲突和侧面冲突的高密度，以及电动自行车之间的冲突、电动自行车-机动车冲突。需要注意的是，本研究的重点是路段的西向东方向，在相反方向发生的冲突是由于电动自行车非法U型掉头转向导致。

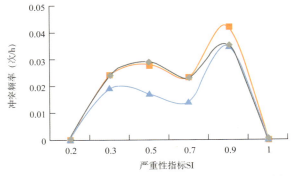

a) 不同道路使用者之间的冲突

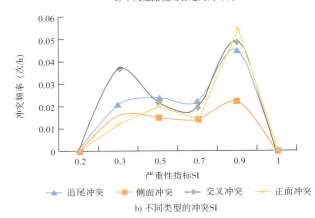

b) 不同类型的冲突SI

图6-4 不同类型冲突的严重程度分布

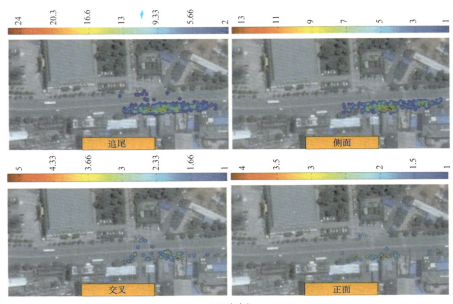

a) 运动冲突

图 6-5

6 电动自行车风险骑行行为

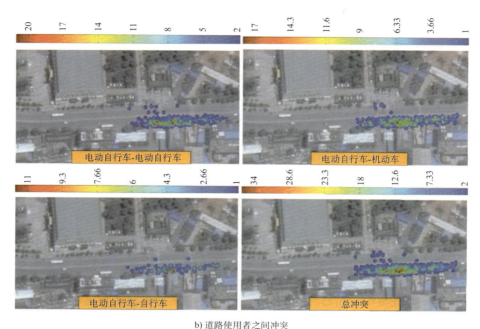

b) 道路使用者之间冲突

图6-5 不同类型冲突的空间分布热点图

2) 电动自行车的风险骑行行为

电动自行车风险骑行行为对混行路段的安全运行具有显著影响,其中换道行为、逆向行驶、过街行为,被认为对混行路段的安全性具有重要影响[75]。因此,本章基于电动自行车运行轨迹检测,重点对这三种危险骑行行为进行分析。

表6-4总结了每小时观察到的电动自行车骑行者的危险骑行行为类型。危险骑行行为百分比定义为涉及危险骑行行为的电动自行车数量除以电动自行车总数。总体而言,2313个电动自行车中有444个存在危险骑行行为,占总数的19.2%。高比例的危险骑行行为表明很大一部分电动自行车存在危险骑行行为,从而导致了混行路段上的安全问题,因此,应制定安全对策,控制其违规行为。具体到危险骑行行为的行为类型,统计结果显示危险换道行为占13.5%,这一结果符合电动自行车为追求高速或占用更多道路资源而频繁变道的现实;逆向行驶占比3.9%,危险的过街行为占比1.7%,虽然这两种行为所占的比例相对较低,但其风险较高,并可能引起许多严重的冲突。

电动自行车危险骑行行为　　　　　　　　　　　表6-4

危险骑行行为	车辆数 (辆/h)	涉及危险骑行行为的车辆数 (比例)	与危险骑行行为相关的冲突数量(比例)
换道行为	2313	313 (13.5%) [a]	160 (51.1%) [b]
逆向行驶	2313	91 (3.9%)	52 (57.1%)
过街行为	2313	40 (1.7%)	23 (57.5%)
总计	2313	444 (19.2%)	235 (52.9%)

注:[a]表示占比(%)=涉及危险骑行行为的车辆数/总的车辆数;
　　[b]表示占比(%)=与危险骑行行为相关的冲突数量/涉及危险骑行行为的车辆数。

电动自行车冲突的高发生率可能与高频率的危险骑行行为有关。危险骑行行为冲突百分比定义为与危险骑行行为相关的冲突数量除以涉及危险骑行行为的电动自行车数量。由表6-4可知，52.9%（235/444）涉及危险骑行行为的电动自行车存在交通冲突，说明混行路段上的交通冲突与电动自行车的危险骑行行为密切相关。具体来看，约51.1%的换道行为、57.1%的逆向行驶和57.5%的不安全过街行为与冲突有关，说明上述危险骑行行为会对混行路段的安全产生显著的负面影响。

3）偏航率分析

先前的研究表明，偏航率指标具有在高混合、组织较差的交通环境中识别电动自行车冲突的能力[78]。电动自行车的偏航率是指绕z轴旋转的角速度或航向角度的变化率。在这项研究中，偏航率比率用于分析横摆角速度剖面的变化，比值的高值表示高度的转向机动。

图6-6给出了电动自行车冲突随着偏航率比值变化的频率分布，其中偏航率比（0~0.04 rad/s²）值小的冲突占有很大比例，结果表明，并不是所有的电动自行车与其他道路使用者发生冲突时都采取转向机动，特别是与自行车和机动车发生冲突时。这可能与观察到的电动自行车在封闭车道中的驾驶行为有关，电动自行车骑行者倾向于通过改变速度来规避冲突，而不需要进行有力的转向动作（这可能导致高偏航率）。然而，在同一车道上相互竞争行驶的电动自行车骑行者之间，则存在频繁的变道和意外超车等大量不规则的驾驶行为，而此类驾驶行为会导致电动自行车采取转向回避动作以避免潜在的事故。

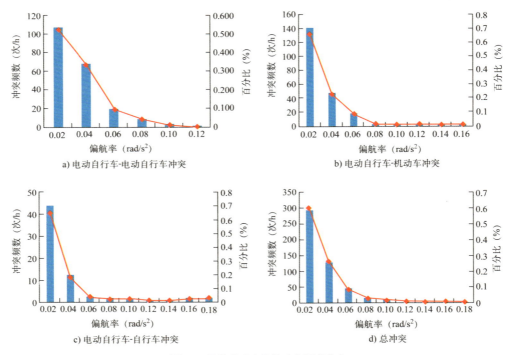

图6-6 随偏航率变化的冲突频率分布

6.2 红灯违章行为机理研究

本章通过对比分析，探讨电动自行车、电动滑板车和自行车骑行者在通过信号交叉口时行为特征的差异。研究的重点是闯红灯行为，这在之前的研究中被报道为一个主要的安全问题[87]。研究结果有望帮助交通专业人士和政策制定者制定有效的指导方针和政策，以降低中国电动自行车和电动滑板车在信号灯交叉口的闯红灯率。

6.2.1 数据采集与处理

利用南京市、昆明市14个信号交叉口的19个进口道采集现场数据，所选地点的特征详见表6-5。这些地点均经过精心挑选，其几何设计和交通控制特征代表了我国主要城市最常见的情况。所有选定的地点都安装了行人信号，其中7个地点设有行人闪烁信号，即采用闪烁的绿灯来提示绿灯相位即将结束；其他12个地点安装有倒计时信号灯，显示红色和绿色相位的剩余时间。交叉口的双向车道数量介于3车道到8车道。所选地点的交叉口横截面如图6-7所示，分为类型1、类型2和类型3。

用于现场数据采集的选定信号交叉口汇总表　　　　表6-5

序号	交叉口名称	方向	类型	信号相位数	信号周期(s)	车道数	拍摄时长(h)
1	进香河路-学府路	NB	4路交叉	2	85	5	3
2	中山路-珠江路	NB	4路交叉	4	140	6	3
3	中山路-珠江路	EB	4路交叉	4	140	6	3
4	中山路-大石桥路	NB	4路交叉	4	140	6	3
5	中山路-大石桥路	EB	4路交叉	4	140	3	3
6	长江路-中山路	EB	4路交叉	4	140	6	3
7	进香河路-北京东路	WB	3路交叉	3	150	5	3
8	进香河路-北京东路	NB	3路交叉	3	150	4	3
9	洪武路-长江路	NB	4路交叉	4	137	7	3
10	洪武路-长江路	EB	4路交叉	4	137	6	3
11	北京东路-丹凤路	NB	4路交叉	4	150	6	3
12	进香河路-珠江路	NB	4路交叉	4	139	6	3
13	进香河路-珠江路	WB	4路交叉	4	139	6	3
14	白塔路-白龙路	WB	4路交叉	2	80	4	3
15	北津路-古藤花园路	EB	4路交叉	2	95	8	3

续上表

序号	交叉口名称	方向	类型	信号相位数	信号周期(s)	车道数	拍摄时长(h)
16	东四路-高迪路	WB	4路交叉	2	100	4	3
17	环城路-吴泾路	NB	4路交叉	2	105	6	3
18	瑞昆路-红山路	SB	4路交叉	3	150	6	3
19	环城路-新翁路	EB	4路交叉	3	140	6	3

注：1. NB=北行；EB=东行；WB=西行；SB=南行；
2. 车道数：双向交叉道路的车道数。

a) 类型1

b) 类型2

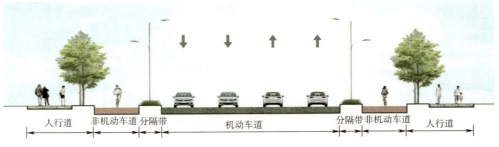

c) 类型3

图6-7 选定地点的截面

根据自行车式电动车、踏板式电动车和自行车骑行者的行为特征，开始记录之前，将两台摄像机进行同步拍摄，以便从不同视频中提取的数据能够匹配，如图6-8所示。研究团队在每个选定的地点记录了3h的数据，共记录57h的数据。在实验室对录制的视频进行审查，以进行数据还原。对每个在红灯时段到达交叉口的个体骑行者，研究团队记录了其性别、估计年龄、车辆类型以及骑行者在交叉路口两侧越过停车线的时间（图6-8）。对于每个骑行者，其通过速度的估计为交叉口的宽度除以通过时间。记录与每个骑行者相关的群体规模，以确定个体和群体的跨界行为的差异。群体规模定义为在两轮车辆长度大约两倍的距离内并排骑行的骑行者数量[88]。每隔5min统计与自行车流量冲突的交通流量。冲突交通流包括交叉口的双向交通，相反的左转弯交通，以及来自同一进口道的右转交通。

b) 角度二

c) 角度三

a) 角度一

图6-8 交叉口人行横道（进香河路与珠江路）

根据Parker和Zegeer[89]提出的程序，通过回顾视频收集两轮车辆闯红灯引起的交通冲突。一名训练有素的研究生被指派审查所有的视频，以确保同样的标准适用于冲突识别。通过观察冲突车辆之间的回避行为，识别出交通冲突。为了帮助识别交通冲突，根据Bai等人[88]描述的程序测量TTC。在选定地点共观察到488起由两轮车辆闯红灯引起的冲突。各冲突TTC为0.3~2.5 s，平均1.0 s。只有TTC小于2s的冲突才被考虑进行额外的数据分析，因为之前的研究结果表明TTC大于2s的冲突被认为是低风险[87]。

6.2.2 红灯违章行为影响因素分析

1）红灯违章率

在选定的地点观察了5646个样本的过街行为，其中包括1568辆自行车式电动车、2612辆踏板式电动车和1466辆自行车。在观察到的样本中，23.3%的人闯红灯，总体违规率低于Wu等人[90]和Zhang and Wu[91]的报道，但与Wang等人[75]的报道相当。自行车式电动车、踏板式电动车和自行车的平均闯红灯率分别为24.9%、25.0%和18.3%。比例检验结果表明，自行车式电动车和踏板式电动车的闯红灯率显著高于自行车，与之前的研究较为一致[75, 90-91]。然而，自行车式电动车和踏板式电动车的闯红灯率差异不具有统计学意义。

在不同骑行人群和交通条件下，比较了各种两轮车辆的闯红灯率，详见表6-6。在大多数情况下，自行车式电动车和踏板式电动车的闯红灯率是具有可比性的，但年轻骑行者例外。统计结果表明，与自行车式电动车相比，踏板式电动车的年轻骑行者更不可能闯红灯。

自行车式电动车、踏板式电动车和自行车的红灯违章率对比表　　　表6-6

分类		类型			总占比	P值[a]	P值[b]	P值[c]
		自行车式电动车	踏板式电动车	自行车				
性别	男	26.3% (262/996)	26.6% (560/2108)	19.9% (188/944)	25.0% (1010/4048)	0.430	0.002	<0.001
	女	22.4% (128/572)	18.7% (94/504)	15.5% (81/522)	19.0% (303/1598)	0.130	0.006	0.158
年龄组	青年	54.0% (68/126)	39.7% (58/146)	25.3% (48/190)	37.7% (174/462)	0.025	<0.001	0.008
	中年	22.9% (302/1318)	24.6% (576/2346)	17.6% (184/1047)	22.5% (1062/4711)	0.124	0.003	<0.001
	老年	16.1% (20/124)	16.7% (20/120)	16.2% (37/229)	16.3% (77/473)	0.450	0.490	0.396
行人信号灯类型	闪光式	14.6% (60/412)	12.6% (80/636)	10.2% (34/334)	12.6% (174/1382)	0.259	0.079	0.217
	计时式	28.5% (330/1156)	29.0% (574/1976)	20.8% (253/1132)	26.7% (1139/4264)	0.383	<0.001	<0.001
冲突空间	低	30.5% (142/466)	30.5% (236/774)	20.8% (81/389)	28.2% (459/1629)	0.399	0.002	0.001
	中	23.5% (170/724)	24.0% (314/1306)	18.8% (113/601)	22.7% (597/2631)	0.400	0.046	0.016
	高	20.6% (78/378)	19.5% (104/532)	15.8% (75/476)	18.5% (257/1386)	0.367	0.077	0.123

续上表

分类		类型			总占比	P值[a]	P值[b]	P值[c]
		自行车式电动车	踏板式电动车	自行车				
城市	昆明	23.8%（120/505）	24.6%（211/858）	20.9%（141/675）	23.3%（472/2038）	0.370	0.145	0.036
	南京	25.4%（270/1063）	25.3%（443/1754）	16.2%（128/791）	23.1%（841/3608）	0.398	<0.001	<0.001
总占比		24.9%（390/1568）	25.0%（654/2612）	18.3%（269/1466）	23.3%（1313/5646）	0.471	<0.001	<0.001

注：P值[a]：电动自行车和电动自行车之间的比例测试值；
　　P值[b]：电动自行车和自行车的比例测试值；
　　P值[c]：电动滑板车与自行车的比例测试值。

2）二元 Logit 模型

在信号交叉口，当行人信号变红时，骑行者必须做出停车或闯红灯的选择。从理论上讲，有几个因素可能会影响骑行者的决定，这些因素包括但不限于交叉口的几何特征与交通控制特征、行人设施、与两轮车辆冲突的交通量、两轮车辆类型以及骑车人的社会经济特征，见表6-7。二进制 Logit 模型已被广泛用于预测二进制因变量作为解释变量的函数[92-95]，该方法也被之前的研究人员用于分析行人和自行车骑行者在信号灯交叉口闯红灯的影响因素[90-91, 93-94, 96-98]，因此，本章建立了一个二元 Logit 模型来评估各变量对信号交叉口两轮车闯红灯率的影响。

红灯违章率模型候选解释变量的描述性统计表　　表6-7

变量	最小值	最大值	平均值	SD	类别频率
性别	NA	NA	NA	NA	男性（4048），女性（1598）
年龄	NA	NA	NA	NA	青年（462），中年（4711），老年（473）
车辆类型	NA	NA	NA	NA	电动自行车（1568），电动踏板车（2612），自行车（1466）
车辆组大小	NA	NA	NA	NA	车辆数量<5（1812），车辆数量5~10（3657），车辆数量>10（177）
横截面	NA	NA	NA	NA	类型1（1674），类型2（718），类型3（3254）
高峰期	NA	NA	NA	NA	早上（2480），下午（3166）
行人信号类型	NA	NA	NA	NA	闪光型（1382），计时型（4264）
城市	NA	NA	NA	NA	昆明（2038），南京（3608）

续上表

变量	最小值	最大值	平均值	SD	类别频率
道路宽度（m）	25	42	32.3	4.49	NA
绿信比	0.2	0.5	0.34	0.10	NA
5min内两轮车交通量	14	127	55.4	31.4	NA
5min内交通量冲突	20	312	126.50	67.0	NA

注：SD为标准偏差；NA表示无法统计。

通过估计比值比（OR值）来定量评估各种解释变量对骑行者闯红灯概率的影响，见表6-8。解释变量的比值比表示，如果变量值增加一个单位，结果的概率就会增加[99]。自行车式电动车和踏板式电动车二元变量的OR值分别为1.589和1.619，表明电动自行车和电动滑板车骑行者闯红灯的可能性分别是自行车骑行者的1.589和1.619倍，我们的研究结果与之前的研究基本一致[75, 90-91]。现场观察显示在较高的运行速度下，自行车式电动车和踏板式电动车的骑行者自信可以快速穿过交叉口，从而增加了闯红灯的倾向。此外，自行车式电动车和踏板式电动车二元变量的OR值相似，这证实了两者的闯红灯率差异不具有统计学意义。

红灯违章率模型规范结果表　　表6-8

变量		系数	标准误差	P值	比值比（OR）	OR的95%置信区间
截距		−4.467	0.612	<0.001	0.011	NA
性别：男性与女性		0.351	0.081	<0.001	1.421	1.244~1.622
年龄	年轻人与老年人	0.808	0.159	<0.001	2.243	1.727~2.915
	中年人与老年人	0.212	0.128	0.098	1.236	1.001~1.526
车辆类型	电动自行车与自行车	0.463	0.103	<0.001	1.589	1.342~1.881
	电动滑板车与自行车	0.482	0.098	<0.001	1.619	1.379~1.901
车辆组大小	车辆组1和车辆组3	2.243	0.351	<0.001	9.423	7.716~12.693
	车辆组2和车辆组3	1.378	0.350	<0.001	3.968	2.232~7.055
横截面	类型1和类型3	0.682	0.202	0.001	1.978	0.858~3.098
	类型2和类型3	1.614	0.292	<0.001	5.025	3.446~6.603
道路宽度		−0.048	0.019	0.010	0.953	0.924~0.983
高峰期：上午与下午		0.480	0.082	<0.001	1.617	1.413~1.850
行人信号类型	闪光式和计时式	1.283	0.145	<0.001	3.610	3.543~3.677
	绿信比	−0.282	0.071	<0.001	0.754	0.312~1.296

续上表

变量	系数	标准误差	P值	比值比（OR）	OR的95%置信区间
5min内两轮车交通量	0.002	0.001	0.055	1.002	1.000~1.004
5min内交通量冲突	-0.005	0.002	0.046	0.995	0.991~0.999

注：麦克法登R^2=0.125；修正后的麦克法登R^2=0.324。$L(c)$和$L(\beta)$=输送时的对数似然性，除常数外的所有参数均为零。

3）影响因素分析

骑行者性别和年龄对闯红灯率有显著影响。男性骑行者闯红灯的可能性是女性骑行者的1.421倍。青年和中年骑行者闯红灯的可能性是老年骑行者的2.243倍和1.236倍。群体规模的两个二元变量的OR值分别为9.423和3.968，表明在交叉口等待的人越少，骑车人越有可能闯红灯。这一发现与以往的研究一致，对这一现象的解释可能与社会控制理论有关[11,28]。二元高峰时段变量的OR为1.617，表明乘客在早高峰闯红灯的可能性是下午高峰的1.617倍。这一发现很直观，因为在早高峰期间，乘客通常在压力下出行，以免上班迟到。

几何特征、交通控制特征和交通状况也显著影响两轮车辆在选定的信号交叉口的闯红灯率。闯红灯率随交叉口宽度、冲突交通量和绿灯率的增加而降低，但随两轮车辆体积的增加而略有增加。绿灯率定义为行人绿灯持续时间与周期之比。OR分析结果表明，在类型2交叉口的骑行者比在其他断面交叉口的骑行者更容易闯红灯。如图6-7所示，2型截面在交叉街道的中间设计了凸起的中央隔离。凸起的中央隔离为行人骑行者车的人在穿过交叉口时提供了避难地点。从理论上讲，它提高了行人和自行车骑行者的安全。然而，研究结果表明，抬高的中央隔离的存在也会鼓励电动车骑行者闯红灯。

OR分析的结果还显示，在设有倒计时行人信号的地点，乘客闯红灯的可能性比在设有闪烁行人信号的地点高2.61倍。如前文所述，倒计时计时器会显示行人信号灯红绿两阶段的剩余时间。现场观察发现，在准确的时间信息下，骑车人更倾向于闯红灯，特别是当行人红灯刚刚开启时（在这种情况下，骑车人可能会不耐烦，认为他们需要等待整个周期）或在红灯阶段结束时（在这种情况下，骑车人可能会选择在绿灯开始前进入交叉口）。

4）分析结论

对比分析自行车式电动车、踏板式电动车和自行车骑行者在过信号交叉口时的闯红灯行为，自行车式电动车和踏板式电动车的闯红灯率明显高于自行车，而两者之间的闯红灯率差异没有统计学意义。二元Logit模型表明，两轮车辆的闯红灯率随着交叉口宽度、冲突交通量和行人段绿灯率的增加而降低，但随着两轮车辆体积的增加而略有增加。男性骑行者比女性骑行者更容易闯红灯。年轻骑行者最容易闯红灯，其次是中年骑行者和老年骑行者。在十字路口等车的人越少，骑车人越有可能闯红灯。行人设施显著影响两轮车辆的闯红灯率，骑两轮车的人更有可能在有行人倒计时信号的交叉口闯红灯，并在交叉口提高中位数。

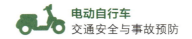

6.2.3 红灯违章行为影响机理分析

1）交通冲突

在1313辆闯红灯的两轮车辆中，37.2%发生了交通冲突。当自行车的骑行者在红色行人路段穿越交叉口时，自行车比自行车式电动车和踏板式电动车更容易卷入交通冲突。其原因是较低的自行车速度会增加它们在穿过交叉口时与其他车辆发生冲突的风险。

对在行人红灯时段的不同阶段进入交叉口的骑行者来说，交通冲突的风险差异很大。大约60%的闯红灯行为发生在行人红灯时段的前3s和后3s［图6-9 a）］。然而，在行人红灯时段的初期和后期进入交叉路口的乘客发生交通冲突的风险要比在行人红灯时段的中期进入交叉路口的乘客小得多，这一发现是直观上可以理解的，因为行人红灯时段的初期对应的是冲突方向上绿灯的开始阶段［图6-9 b）］。考虑到启动的时间损失，冲突车辆通常需要2~3s才能到达冲突点。两轮车辆的乘车人可以利用这段时间间隔通过交叉口，不会发生交通冲突。在行人红灯时段的最后3s，冲突方向的信号灯变为黄灯［图6-9 b）］。许多骑行者遇到交通冲突可能会减速，以避免闯红灯。两轮车辆的乘车人可以利用这个机会在不给冲突交通带来重大干扰的情况下通过交叉口。另一项发现是，在行人红灯时段的中期，自行车式电动车比踏板式电动车和自行车更不容易卷入交通冲突。实地观察表明，自行车式电动车的速度与踏板式电动车相当，但通常更灵活，因此，具有避免交通冲突的机动性。TTC是流量冲突严重程度的指标。在行人红灯时段的不同阶段，比较了不同类型两轮车辆引起的交通冲突的TTC。发生在行人红灯初期和后期的冲突TTC明显小于发生在行人红灯中期的冲突［图6-9 c）］。这一发现表明，尽管交通冲突的风险相对较小，但在行人红灯时段的初始和后期闯红灯可能会导致严重的交通冲突。因此，当考虑两轮车辆在信号灯交叉路口的安全影响时，不应忽视行人在红灯时段的初始和后期闯红灯行为。

2）过街速度

过街速度可以被认为是与碰撞风险和严重程度相关的安全措施。图6-10显示并总结了各种两轮车辆通过速度的频率直方图和累积分布曲线。自行车式电动车、踏板式电动车和自行车的平均穿越速度分别为15.86km/h、17.08km/h和12.31km/h。自行车的累积曲线总是在其他两条曲线的左边，踏板式电动车的累积曲线总是在右边［图6-10 a）］，说明踏板式电动车的穿越速度最快，其次是自行车式电动车，然后是自行车。t检验结果表明，所有两轮车辆之间的交叉速度差异显著，置信水平为95%。

速度数据被分为两组，以确定闯红灯和不闯红灯的乘客在穿越速度上的差异。自行车式电动车、踏板式电动车、自行车的平均闯红灯速度分别为14.13km/h、15.12km/h、11.76km/h。t检验结果表明，两轮车辆闯红灯时的过交叉口速度显著低于绿灯时的过交叉口速度。闯红灯的自行车式电动车和踏板式电动车的累计分布曲线是混合的，这意味着它们的穿越速度具有可比性。t检验结果表明，闯红灯的自行车式电动车和踏板式电动车的过马路速度差异不具有统计学意义。

6 电动自行车风险骑行行为

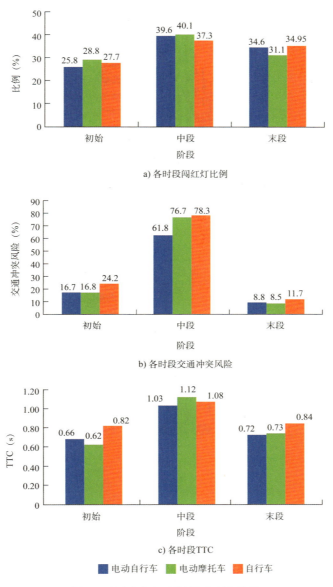

图6-9 行人红灯各时段闯红灯行为特征

3）分析结论

以交通冲突作为替代测度，比较了不同类型两轮车辆闯红灯行为的安全影响。在行人红灯时段，自行车在过交叉口时发生交通冲突的可能性略高于自行车式电动车和踏板式电动车。在行人红灯中间时段，自行车式电动车比踏板式电动车和自行车更不容易卷入交通冲突。通过所选交叉口的速度对比结果表明，自行车式电动车、踏板式电动车都比自行车的速度更快。虽然踏板式电动车在绿灯阶段过路口的速度明显高于自行车式电动车，但两者闯红灯时通过路口的速度差异不具有统计学意义。

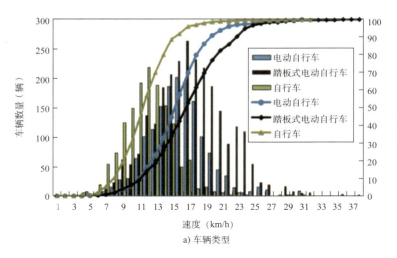

a) 车辆类型

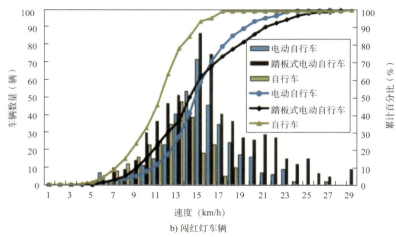

b) 闯红灯车辆

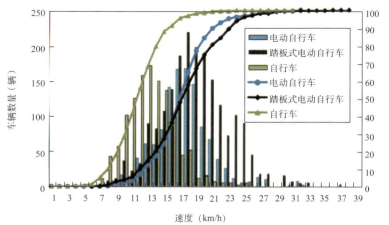

c) 两轮车速度直方图与累计频率曲线图

图 6-10

车辆类型	过街行为	样本量	最小值	最大值	平均值	标准差
电动自行车	闯红灯	390	4.09	25.20	14.13	3.89
	未闯红灯	1178	6.43	30.60	16.37	4.33
踏板式电动自行车	闯红灯	654	5.29	28.80	15.12	4.82
	未闯红灯	1958	6.40	37.80	17.66	4.82
自行车	闯红灯	269	4.34	28.80	11.76	2.84
	未闯红灯	1197	4.06	31.50	12.46	3.27

d)过车速度

图 6-10 描述性统计

研究结果提供了洞察与各种类型的两轮车辆的闯红灯行为相关的因素。在中国，自行车式电动车和踏板式电动车在法律上都被归类为自行车，它们必须在自行车道上运行，骑行者不需要持有执照或戴头盔。研究结果表明，在较高的运行速度下，电动车骑行者比骑自行车的人更有可能闯红灯。

需要进一步的研究来测试该研究结果在其他具有不同交通控制特征和行人行为的地点所具有的可移植性。由于现场数据采集困难，红灯违章率模型未考虑骑行者的社会经济特征（如收入、教育背景和职业）。骑行者按年龄大致分为年轻人、中年人和老年人，这是根据骑行者的面部外观来估计的。在今后的研究中，该模型可以通过加入骑行者的详细社会经济特征来改进。

6.3 红灯违章行为异质性分析

人行横道闯红灯是自行车相关事故的主要原因，且许多道路和交通因素会影响闯红灯行为。然而，个体之间存在未观察到的异质性，这可能会影响闯红灯的可能性。例如，传统模型可以将性别视为预测闯红灯行为的一个因素。并且，即使在同一性别群体中，由于身高、体重或其他生理和心理因素的影响，骑行者闯红灯的可能性也存在差异。如果忽略这种未观察到的异质性，模型将不准确，并可能导致参数估计有偏差及错误的推断和预测。Pai 和 Jou[100]使用标准混合 Logit 模型研究了闯红灯中的个体异质性，其缺点是需要对混合分布的函数形式做出假设，需要最先进的统计方法来改进此类研究模型的性能和预测。

本研究的主要目的是探讨影响骑行者在信号交叉口闯红灯行为的因素，研究的结果可以为风险因素与自行车闯红灯行为之间的潜在关系提供有价值的见解，同时考虑有关特定自行车类型和过街设施的详细数据，可以帮助相关部门实施更有效的对策来减少此类危险行为，诸如行人过街信号的设置类型选择、绿信比的确定以及中央隔离带的设计，在设计自行车设施时应充分考虑这些因素。此外，本研究中校准的模型还可用于预测个人在人行横道上闯红灯行为的可能性。同时，研究的结论可以帮助更有效地实施现场执法。

本章节采用全贝叶斯随机参数逻辑回归被估计来解释人口中未观察到的异质效应，考虑了三种类型的自行车：踏板式电动自行车、传统电动自行车和传统自行车，如图6-11所示。

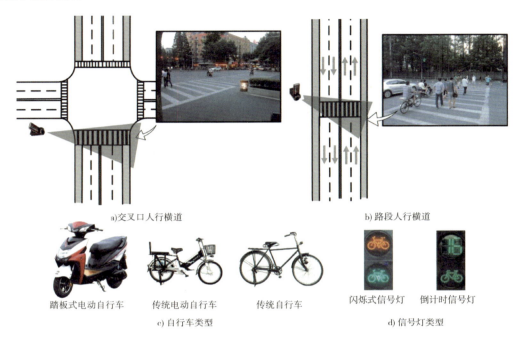

图6-11 自行车过路设施、自行车类型和信号类型

6.3.1 数据采集与统计分析

实地调查在南京市进行，共选择了16处人行横道（8个在信号交叉口，8个在路段），这些调查点代表了最常见的信号自行车过街设施。所有调查的人行横道都安装了行人信号灯，其中7个站点设置了闪烁绿灯，其他9个站点安装了倒数计时器，倒数计时器能够显示红色和绿色灯的剩余时间［图6-11 d）］。所选地点的特征详见表6-9。

数据收集交叉口的特点　　　　　　　　　　　表6-9

人行横道位置	序号	位置	类型	周期	车道[a]	行人信号
信号交叉口	1	进香河路和学府路	十字型	85	5	闪烁
	2	中山路和珠江路	十字型	140	6	倒数
	3	中山路与大石桥路	十字型	140	6	闪烁
	4	长江路和中山路	十字型	140	6	倒数
	5	进香河路和北京东路	十字型	150	4	倒数
	6	洪武路长江路	十字型	137	6	倒数
	7	北京东路和丹凤路	十字型	150	6	倒数
	8	进香河路和珠江路	十字型	139	6	闪烁

续上表

人行横道位置	序号	位置	类型	周期	车道[a]	行人信号
路段	9	进香河路	主干路	42	4	闪烁
	10	珠江路	主干路	44	6	倒数
	11	中山路	主干路	40	6	闪烁
	12	洪武路	主干路	36	6	倒数
	13	长江路	主干路	42	6	闪烁
	14	北京东路	主干路	34	6	闪烁
	15	太平北路	主干路	32	6	倒数
	16	北安门街	主干路	38	6	倒数

注：[a] 双向交叉街道的车道数。

在交叉口设置摄像头收集骑车人的过街行为和交通数据，拍摄时段选定为早高峰时段（上午7:00至上午10:00）。考虑到现场执法可能会减少闯红灯行为，因此，数据采集时要求交叉口无现场执法。通过减少此类干扰因素的影响，确保所观察到的过街行为的差异主要源于踏板式电动车、自行车式电动车、普通自行车这三类骑行者的行为特征。

现场设置两台摄像机用于数据收集：一台设置于人行横道旁，拍摄骑行者过街过程，另一台设置于路边建筑物的顶部，用于观察交叉口的交通量。两台摄像机均处于骑行者不易察觉到的位置，拍摄之前先进行同步操作，以便不同视频中所提取数据的时间匹配。研究小组每天在各个选定地点拍摄3h，并最终收集了累计48h的视频数据。通过实验室的数据筛查，最终提取了四种必要数据，表6-10显示了数据的描述性统计。

解释变量的描述性统计　　　　表6-10

变量		定义	信号交叉口人行横道				路段人行横道			
			最小值	最大值	平均值	频次	最小值	最大值	平均值	频次
个体特征	性别	1:男性	—	—	—	1423	—	—	—	1225
		0:女性	—	—	—	1298	—	—	—	1029
	年龄	1:小于25岁				704				698
		2:25~60岁				1482				1131
		3:60岁以上				535				425
自行车类型		1:踏板式电动车	—	—	—	—	—	—	—	—
		2:自行车式电动车	—	—	—	—	—	—	—	—
		3:普通自行车	—	—	—	—	—	—	—	—

续上表

变量		定义	信号交叉口人行横道				路段人行横道			
			最小值	最大值	平均值	频次	最小值	最大值	平均值	频次
道路几何设计	过街宽度	宽度（m）	15.60	39.50	32.50	—	12.50	31.50	18.38	—
	路口坡度	1:存在上下坡	—	—	—	281				
		0:水平	—	—	—	2440				
中央隔离	有无隔离	1:有	—	—	—	1017				982
		0:无	—	—	—	1704				1272
	隔离宽度		0.20	1.50	0.93	—	0.15	1.20	0.88	—
环境情况	人行横道附近公交站	1:有公交站	—	—	—	1055				1002
		0:无公交站	—	—	—	1666				1252
	交叉口执法摄像	1:有执法摄像	—	—	—	2721				1369
		0:无执法摄像	—	—	—	0				885
信号灯类型		1:闪灯信号	—	—	—	—	—	—	—	—
		0:倒计时信号	—	—	—	—	—	—	—	—
绿信比		绿灯时间/周期长度	—	—	0.35	—			0.42	
交通状况	人行横道自行车	流量（pcu/5min）	25	123	57.6	—	14	115	40.4	—
		平均速度（km/h）	7.82	21.50	15.33	—	8.24	23.52	16.56	—
	交叉口机动车	流量（pcu/5min）	27	352	125.3	—	35	338	203.64	—
		平均速度（km/h）	20.55	37.83	34.22	—	22.40	52.45	47.60	—

注："—"表示未观察到此变量。

表格6-10中变量的解释：

（1）个体特征。对每个到达人行横道的骑行者，研究小组记录了其过马路的合法性（即是否闯红灯）、性别、目测年龄和自行车类型，将骑行者的年龄分为青年、中年和老年三组。

(2) 交通状况。每5min计算一次人行横道上的自行车流量和通过交叉口的车辆流量。运用人行横道的长度、从视频中提取的过马路的时间来估算自行车的速度，用类似的方法计算车辆速度。

(3) 环境情况。从视频中提取行人过街信号周期和有效绿灯时间，收集每个站点的公交车站和交通执法摄像头的存在情况。

(4) 道路几何设计。记录道路的几何设计参数，包括道路宽度、坡度、中央隔离带存在情况以及宽度等。

在交叉口人行横道处共观察到2721次穿越，其中闯红灯659次，非闯红灯2062次；在路段人行横道上，共识别出2254次穿越行为，其中闯红灯行为322次，非闯红灯行为1932次。两类过路设施闯红灯的比例分别为24.2%和14.3%。

6.3.2 随机参数逻辑回归模型

1) 回归模型构建

在以往的研究中，逻辑回归被广泛用于分析行人和骑自行车者的闯红灯违规行为。然而，标准逻辑回归假设解释变量的参数在观察中是固定的。因此，该模型无法捕捉对闯红灯行为的不同影响[101]。为了解释未观察到的个体特异性、异质性，本研究提出了贝叶斯随机参数逻辑回归来研究影响自行车在人行横道闯红灯率的因素。与标准逻辑回归不同，贝叶斯随机参数逻辑回归允许部分或所有参数随观察而变化。这样，模型可以提取数据中更多的特征，也可以提高建模精度。基本模型形式可以写成：

$$y_i \sim Bernoulli(p_i) \tag{6-2}$$

$$Logit(p_i) = \beta_{i,0} + X\beta = \beta_{i,0} + \beta_{i,1}x_{i1} + \beta_{i,2}x_{i2} + \cdots + \beta_{i,K}x_{iK} \tag{6-3}$$

式中，y_i 为第 i 次观察的闯红灯指示器（如果骑车人闯红灯则为1，否则为0）；$i = 1,2,\cdots,n$；n 为观察次数；p_i 为第 i 次观察的闯红灯行为的概率；$X = [x_{i1}, x_{i2}, \cdots, x_{iK}]$ 为影响因素（解释变量）的 $1 \times K$ 向量；$\beta_{i,0}$ 为模型常数，可能因观察而异；$\beta = [\beta_{i,1}, \beta_{i,2}, \cdots, \beta_{i,k}]^T$ 是向量 X 的参数向量，它可以随观察而变化。

假定随机参数呈正态分布为 $\beta_{i,0} \sim N(u_0, \Sigma_0), \beta \sim N(u, \Sigma)$，其中 $u = [u_1, u_2, \cdots, u_K]^T$、$\Sigma = \mathrm{diag}[\Sigma_1, \Sigma_2, \cdots, \Sigma_K]$。贝叶斯随机参数逻辑回归的似然为：

$$\begin{aligned} f(Y|\Theta) &= \prod_{i=1}^{n} f(y_i | \beta_{i,0}, \beta) = \prod_{i=1}^{n} \left[(P(Y_i = 1))^{y_i} (1 - P(Y_i = 1))^{1-y_i} \right] \\ &= \prod_{i=1}^{n} \left[\left(\frac{\exp(\beta_0 + \beta_1 x_{1i} + \beta_2 x_{2i} + \cdots + \beta_k x_{ki})}{1 + \exp(\beta_0 + \beta_1 x_{1i} + \beta_2 x_{2i} + \cdots + \beta_k x_{ki})} \right)^{y_i} \times \right. \\ &\quad \left. \left(1 - \frac{\exp(\beta_0 + \beta_1 x_{1i} + \beta_2 x_{2i} + \cdots + \beta_k x_{ki})}{1 + \exp(\beta_0 + \beta_1 x_{1i} + \beta_2 x_{2i} + \cdots + \beta_k x_{ki})} \right)^{(1-y_i)} \right] \end{aligned} \tag{6-4}$$

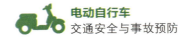

式中，所有参数向量 Θ 包括随机参数向量 β，随机常数 $\beta_{i,0}$，随机参数均值向量 u，随机参数方差向量 Σ，随机常数均值 u_0，随机常数方差 Σ_0。

$$\Theta = [\beta_{i,0}, u_0, \Sigma_0, \beta, u, \Sigma] \quad (6\text{-}5)$$

本章节研究中的标准逻辑回归和随机参数逻辑回归都是通过全贝叶斯方法而不是最大似然估计估计的。与经典的最大似然估计方法相比，全贝叶斯方法通过后验分布提供了参数的全部不确定性。因此，全贝叶斯方法可以避免过度拟合问题并提高预测精度[101]。采用基于马尔科夫链蒙特卡洛（MCMC）方法的贝叶斯推理方法来模拟 Θ 的后验分布。基于贝叶斯定理，可以使用以下函数估计参数 Θ 的后验联合分布：

$$f(\Theta|Y) = \frac{f(Y,\Theta)}{f(Y)} = \frac{f(Y|\Theta)\pi(\Theta)}{\int f(Y,\Theta)d\Theta} \propto f(Y|\Theta)\pi(\Theta) \quad (6\text{-}6)$$

式中，$f(\Theta|Y)$ 表示参数 Θ 在数据集 Y 上的后验联合分布；$f(Y,\Theta)$ 表示数据集 Y 和模型参数的联合概率分布 Θ；$f(Y|\Theta)$ 是参数 Θ 的似然条件函数并由方程式（6-4）指定；函数 $\pi(\Theta)$ 是参数 Θ 的先验分布。Θ 的非信息先验分布指定为：

$$\beta_{i,0} \sim N(u_0, \Sigma_0), \beta \sim N(u, \Sigma) \quad (6\text{-}7)$$

$$u_0 \sim N(\overline{a}_0, \overline{b}_0), \Sigma_0 \sim Inversegamma(\overline{c}_0, \overline{d}_0) \quad (6\text{-}8)$$

$$u_K \sim N(\overline{a}_k, \overline{b}_k), \Sigma_K \sim Inversegamma(\overline{c}_k, \overline{d}_k) \quad (6\text{-}9)$$

其中，随机参数和随机常数的均值的所有先验值服从正态分布，随机参数和随机常数的方差服从逆伽马分布。方程（6-7）~方程（6-9）中带横线的参数表示超参数被设置为以下形式：

$$\overline{a}_0 = \overline{a}_k = 0, \overline{b}_0 = \overline{b}_k = 10^6 \quad (6\text{-}10)$$

$$\overline{c}_0 = \overline{c}_k = 0.001, \overline{d}_0 = \overline{d}_k = 0.001 \quad (6\text{-}11)$$

根据参数 Θ 的先验分布的规范，后验联合分布 $f(\Theta|Y)$ 可以导出为：

$$f(\Theta|Y) \propto f(Y|\Theta)\pi(\Theta) = \prod_{i=1}^{n} f(y_i|\beta_{i,0}, \beta) \times \prod_{i=1}^{n} N(\beta_{i,0}|u_0, \Sigma_0) \times$$
$$\prod_{i=1}^{n}\prod_{K=1}^{K} N(\beta_{i,k}|u_k, \Sigma_k) \times N(u_0|\overline{a}_0, \overline{b}_0) \times IG(\Sigma_0|\overline{c}_0, \overline{d}_0) \times \quad (6\text{-}12)$$
$$\prod_{K=1}^{K} N(u_k|\overline{a}_k, \overline{b}_k) \times \prod_{K=1}^{K} IG(\Sigma_k|\overline{c}_k, \overline{d}_k)$$

2）模型比较与弹性分析

使用偏差信息标准（DIC）比较完全贝叶斯估计模型，该标准是模型复杂性的度量，表示为：

$$DIC = \overline{D} + p_D; \; p_D = \overline{D} - \widehat{D} \quad (6\text{-}13)$$

式中，D 是假设模型的非标准化偏差；$\overline{D}$ 是 D 的后验均值；$\widehat{D}$ 是通过将模型参数的后验均值代入 D 得到的点估计；p_D 是模型复杂度的度量，用来估计有效数量的参数。通常，具有较小 DIC 的模型优于具有较大 DIC 的模型。根据 Spiegelhalter 等人[102]的研究，DIC 值差异小于 2 的模型被认为同样好，而 DIC 值差异在 2~7 范围内的模型显示对较低 DIC 模型的支持要少得多。

进行弹性分析以评估变量对骑车人闯红灯的可能性的影响。弹性表示因自变量发生 1% 变化而导致的结果概率 $P(i)$ 的百分比变化[103]。连续自变量 x_{ik} 的弹性为：

$$E_{x_{ik}}^{P(i)} = \frac{\partial P(i)}{\partial x_{ik}} \times \frac{x_{ik}}{P(i)} = [1 - P(i)]\beta_{ik}x_{ik} \qquad (6-14)$$

式中，$E_{x_{ik}}^{P(i)}$ 是第 k 个自变量的弹性；x_{ik} 是第 k 个自变量的第 i 个观测值；β_{ik} 是 x_{ik} 的系数；$P(i)$ 是第 i 次观察的闯红灯行为的概率。

尽管每个观察值的弹性取决于其 x_{ik} 值和计算的闯红灯行为概率 $P(i)$，但通常报告整个样本的平均弹性。请注意方程式（6-13）不能用于计算指标变量的弹性。指标变量 x_{ik} 的弹性通过计算伪弹性来估计的，伪弹性定义为以下列式[103]：

$$E_{x_{ik}}^{P(i)} = \frac{e^{\beta_{ik}} - 1}{e^{\beta_{ik}}} \qquad (6-15)$$

3）模型构建结果

（1）红灯违章行为统计特征

本章比较了三种自行车类型的红灯违章率，其皮尔逊卡方检验结果详见表 6-11。

三种自行车类型的红灯违章率比较　　　　表 6-11

人行横道类型	自行车类型			三组卡方检验	多组卡方检验		
	自行车式	踏板式	普通		自行车式 vs 踏板式	自行车式 vs 普通	踏板式 vs 普通
交叉口	25.56%	26.18%	20.76%	8.807 (0.012)	0.089 (0.766)	5.362 (0.021)	7.89 (0.005)
路段	13.69%	16.67%	10.48%	11.441 (0.003)	2.759 (0.097)	2.886 (0.089)	11.003 (0.001)
全部[a]	20.00%	21.48%	16.88%	11.525 (0.003)	1.125 (0.289)	4.688 (0.031)	11.474 (0.001)

注：阴影区域表示具有统计显著性；a 表示自行车闯红灯比例。

数据分析显示，自行车式电动车、踏板式电动车、普通自行车在交叉口的红灯违章率分别为 25.56%、26.18%、20.76%，三者红灯违章率差异在 95% 置信水平下具有统计学显著性，然而，自行车式电动车和踏板式电动车之间的红灯违章率差异不显著。这一发现表明，与普通自行车相比，自行车式电动车和踏板式电动车骑行者更倾向于闯红灯，可能的原因在于电动自行车具有更高的加速度和更快的速度[104]，因此，电动自行车更容易通过机动车之间的时间间隙去闯红灯。

检验结果显示，自行车在信号交叉口处人行横道和路段人行横道的红灯违章率差异在 95% 置信水平下具有统计显著性，且者是后者的 1.69 倍。这表明相比路段人行横道，自行车骑行者在交叉口的红灯违章可能性更大，其可能的原因，一是因路段上机动车流较为连续，前后车辆之间的时间间隙比交叉口区域小得多；二是车辆在接近信号交叉口时通常会减速。

（2）红灯违章行为模型对比

利用 WinBUGS 软件作为模型估计平台，基于相同的数据，分别构建标准逻辑回归模型和完全贝叶斯随机参数逻辑回归模型，并使用偏差信息标准（DIC）比较两个模型的拟合优度[105]。运用 MCMC 方法实现参数的概率分布估计（即后验均值和标准差），每个参数的两个独立马尔科夫链均迭代 20000 次，其中前 10000 次交互用于检测收敛性，之后作为老化样本予以剔除，另外 10000 次相互作用用于参数估计。为了检查收敛性，需要跟踪两个具有不同初始值的平行链，以确保完全覆盖样本空间。此外，通过目视检查模型参数的 MCMC 迹线图来检查收敛性。

为了减少解释变量之间的多重共线性引起的模型估计偏差，在模型估计之前估计了每对变量之间的 Pearson 相关系数和 Kendall's tau-b 相关系数。如果在相关分析中发现两个变量显著相关，则将它们一一输入到模型中，同时监测整体模型拟合度和变量的显著性。模型仅保留具有 95% 置信度下的显著变量，最终选定具有最佳统计拟合的模型。

表 6-12 显示了标准逻辑回归和贝叶斯随机参数逻辑回归的结果。标准逻辑回归的 DIC 为 1957，而贝叶斯随机参数逻辑回归的 DIC 为 1934，两者 DIC 差异为 23。El-Basyouny 和 Sayed 指出[106]，大于 10 的 DIC 差异可能会排除拥有更高 DIC 的模型。实证数据模拟与模型比较结果表明，完全贝叶斯随机参数逻辑回归模型具有更好的拟合优度。此外，贝叶斯随机参数逻辑回归中的标准差小于标准逻辑回归中的标准差，表明考虑个体特异性异质性可以改善模型拟合[107-108]。

标准逻辑回归和贝叶斯随机参数逻辑回归估计　　表 6-12

变量	标准逻辑回归				贝叶斯随机参数逻辑回归			
	平均值	S.D.	2.5%	97.5%	平均值	S.D.	2.5%	97.5%
截距	−1.832	0.874	−3.611	−0.106	−1.711	−0.711	−0.368	−3.116
性别：男性 vs 女性	0.496	0.133	0.246	0.742	0.457	0.117	0.244	0.665
参数标准差	—				0.344	0.076	0.194	0.487
年龄：年轻 vs 年老	0.856	0.097	0.648	1.102	0.932	0.085	0.772	1.055
中年 vs 老年	0.485	0.092	0.297	0.672	0.466	0.076	0.339	0.608
车辆类型：踏板式 vs 普通	0.255	0.062	0.129	0.382	0.239	0.043	0.152	0.318
参数标准差					0.235	0.038	0.162	0.311
自行车式 vs 普通	0.232	0.058	0.115	0.341	0.225	0.037	0.153	0.286
道路宽度	−0.109	0.041	−0.189	−0.032	−0.089	0.033	−0.155	−0.027
中央隔离带：是 vs 否	0.227	0.021	0.183	0.272	0.232	0.016	0.202	0.277
分隔宽度	0.875	0.077	0.714	1.106	0.922	0.064	0.811	1.073

6 电动自行车风险骑行行为

续上表

变量	标准逻辑回归				贝叶斯随机参数逻辑回归			
	平均值	S.D.	2.5%	97.5%	平均值	S.D.	2.5%	97.5%
参数标准差	—	—	—	—	0.573	0.032	0.502	0.637
行人信号类型：闪烁灯 vs 倒计时	−0.792	0.076	−0.953	−0.655	−0.788	0.065	−0.922	−0.667
参数标准差	—	—	—	—	0.618	0.068	0.488	0.746
绿信比	−0.196	0.062	−0.322	−0.076	−0.189	0.044	−0.278	−0.107
自行车流量	0.733	0.128	0.478	1.022	0.659	0.107	0.452	0.859
参数标准差					0.283	0.052	0.189	0.381
机动车流量	−0.188	0.062	−0.315	−0.064	−0.179	0.056	−0.274	−0.066
平均车辆速度	−0.092	0.021	−0.137	−0.051	−0.088	0.107	−0.123	−0.059
R^2	0.553	—	—	—	0.627	—	—	—
DIC	1957				1934			

6.3.3 异质性影响因素解析

为评估解释变量对自行车骑行者闯红灯行为的影响，针对信号交叉口人行横道、路段人行横道分别构建贝叶斯随机参数逻辑回归模型（模型 1：信号交叉口人行横道；模型 2：路段人行横道），模型中仅保留具有 95% 置信水平的显著变量，两个模型的估计结果见表 6-13。通过两个模型对比，对骑行者在两种不同人行横道设施处红灯违章行为的影响因素进行解析。

不同过街设施处的贝叶斯随机参数逻辑回归估计 表 6-13

变量	模型 1（信号交叉口人行横道）					模型 2（路段人行横道）				
	平均值	S.D.	2.50%	97.50%	弹性	平均值	S.D.	2.50%	97.50%	弹性
截距	−1.673	0.653	−3.0516	−0.361	—	−1.736	0.57	−2.847	−0.615	—
性别：男性 vs 女性	0.422	0.155	0.106	0.735	34.43	0.554	0.132	0.284	0.797	42.54
参数标准差	0.312	0.097	0.116	0.523	—	0.379	0.086	0.225	0.549	—
年龄：年轻 vs 年老	0.723	0.107	0.528	0.945	51.47	1.182	0.116	0.943	1.422	69.33
中年 vs 老年	0.411	0.103	0.211	0.625	33.70	0.477	0.102	0.275	0.693	37.94
车辆类型：踏板式 vs 普通	0.242	0.064	0.117	0.411	21.49	0.227	0.055	0.112	0.348	20.31
参数标准差	0.247	0.066	0.128	0.354	—	0.201	0.043	0.117	0.293	—
自行车式 vs 普通	0.217	0.069	0.083	0.357	19.51	0.195	0.052	0.108	0.302	17.72

续上表

变量	模型1（信号交叉口人行横道）					模型2（路段人行横道）				
	平均值	S.D.	2.50%	97.50%	弹性	平均值	S.D.	2.50%	97.50%	弹性
道路宽度	−0.066	0.02	−0.177	−0.027	−1.23	−0.117	0.057	−0.216	−0.013	−2.13
中央隔离带：是 vs 否	0.217	0.022	0.152	0.257	19.51	0.232	0.061	0.111	0.351	20.71
分隔宽度	—	—	—	—	—	0.873	0.076	0.732	1.109	5.41
参数标准差	—	—	—	—	—	0.525	0.047	0.433	0.627	—
行人信号类型：闪烁灯 vs 倒计时	−0.813	0.087	−0.985	−0.667	−55.65	−0.755	0.085	−0.826	−0.577	−53.00
参数标准差	0.721	0.077	0.586	0.861	—	0.575	0.083	0.437	0.727	—
绿信比	−0.185	0.063	−0.297	−0.058	−2.32	−2.202	−0.085	−0.377	−0.042	−3.12
自行车流量	0.787	0.217	0.375	1.244	4.12	—	—	—	—	—
参数标准差	0.557	0.078	0.422	0.713	—	—	—	—	—	—
车辆流量	−0.164	0.078	−0.345	−0.036	−3.74	−0.184	0.067	−0.325	−0.054	−4.32
平均车辆速度	—	—	—	—	—	−0.074	0.023	−0.142	−0.011	−1.65
R^2	0.667					0.656				

在模型1中，估计显示11个变量与闯红灯概率显著相关。性别、自行车类型、行人信号类型和自行车数量的参数导致随机参数服从正态分布（参数分布如图6-12所示）。对模型2，获得了12个显著的解释变量，其中性别、自行车类型、行人信号类型和间隔宽度的参数被发现是随机参数（参数分布如图6-13所示）。几个影响变量的影响对两个模型来说是完全不同的。在解释建模结果时，有必要同时考虑模型估计和弹性。

1）个体特征变量

研究发现性别和年龄与闯红灯行为显著相关。根据表6-13中的平均伪弹性，发现在信号交叉口人行横道和路段人行横道处，男性闯红灯的概率分别增加了34.43%和42.54%，表明男性比女性更容易发生风险。与传统模型不同，贝叶斯回归模型估计的参数由正态分布表示（图6-12）。从图6-12 a）和图6-13 a）的参数分布可以看出，对大多数骑行者而言（91.19%在信号交叉口人行横道，92.81%在路段人行横道），男性骑行者比女性骑行者更喜欢闯红灯；而小部分男骑手闯红灯的概率低于女骑手，分析结果证实了个体之间未观察到的异质性影响。

在信号交叉口人行横道处，青壮年骑行者与老年骑行者相比闯红灯的概率分别增加51.47%和33.7%；在路段人行横道处，发现中青年骑行者闯红灯的可能性比年长骑行者增加了69.33%和37.94%，可能原因在于年长骑行者对发生车祸的担忧和对法律的遵守，因此其行为则更为谨慎。

研究发现自行车类型也是影响骑手闯红灯行为的重要因素。平均伪弹性表明，与信号交叉口人行横道和路段人行横道处的普通自行车相比，电动自行车车闯红灯的概率分别增加了21.49%和20.31%。该变量在观察中对红灯违章率产生随机影响，在模型1和模型2中分别服从（0.242，0.247）和（0.227，0.201）的正态分布。

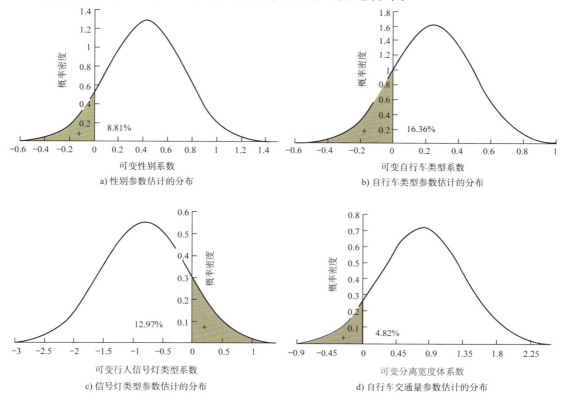

图6-12 模型1中变量的参数估计分布

根据参数分布[图6-12b）和图6-13b）]，在信号交叉口人行横道处，83.64%的踏板式电动车闯红灯概率增加，16.36%的闯红灯概率下降；同样，在路段人行横道处，87.06%的踏板式电动车闯红灯概率增加，仅12.94%的闯红灯概率下降。上述研究表明所提出的贝叶斯随机参数逻辑回归模型能够反映个体之间的异质性。

研究进一步发现，与普通自行车相比，电动自行车在信号交叉口人行横道和路段人行横道，闯红灯的概率分别增加了19.51%和17.22%，主要原因在于电动自行车比普通自行车速度大得多，因而电动自行车骑行者更有可能采取更具激进性的行为。此外，现场观察还发现，高行驶速度的电动车骑行者，对快速通过交叉口更有信心，因此会导致闯红灯倾向的增加。

2）道路几何设计变量

道路宽度（指的是街道宽度而不是车道宽度）与两个交叉路口设施的闯红灯行为呈负相关。当道路宽度增加1%时，弹性指标显示信号交叉口人行横道和路段人行横道的闯红灯概率分别平均下降1.23%和2.13%。该分析结果与道路越宽、穿越时间越长的现实相符，表明骑手对成功闯红灯的信心较低。

中央隔离带与骑行者在两种人行横道上的闯红灯行为呈正相关。弹性分析显示在信号交叉口人行横道和路段人行横道闯红灯概率分别增加19.51%和20.71%，考虑到中央隔离带可以防止迎面而来的车辆干扰，因此该结论与实际相符。

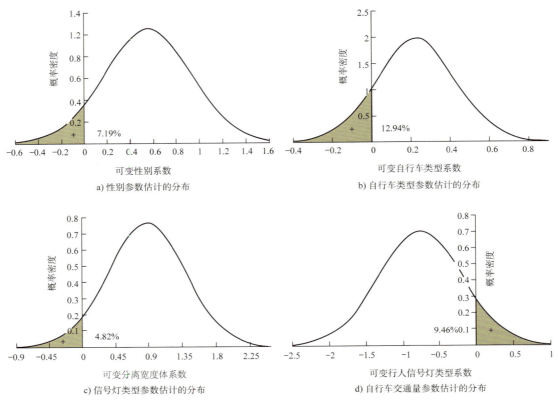

图6-13 模型2中变量的参数估计分布

研究发现间隔宽度与骑行者在路段人行横道闯红灯呈正相关，但与信号交叉口人行横道无关。弹性分析显示，隔离带宽度每增加1%，闯红灯的可能性平均增加5.41%。虽然更宽的隔离带提供了更大的空间来减少相向交通之间的相互干扰，但会导致更多的自行车骑行者在路段上的闯红灯行为。该变量的参数服从正态分布（0.873，0.525），说明95.18%的自行车闯红灯的概率，随着隔离带宽度的增加而增加，4.82%的自行车闯红灯的概率，随着隔离带宽度的增加而减小［图6-13c］。这一结果进一步证实了未观察到的异质性效应，即个体对外部环境条件（例如道路的几何设计）有不同的反应。

3）交通控制变量

研究发现过街闪烁灯的存在与闯红灯行为呈负相关。弹性分析表明，设置闪烁的行人过街信号的情况下，信号交叉口人行横道和路段人行横道处闯红灯的可能性分别降低55.65%和53%。根据Lipovac等人[109]的研究，骑行者可以通过倒计时信号获知准确的时间，从而影响了他们闯红灯的决定，而闪烁的行人信号灯没有确切的时间，因此，他们不会贸然闯红灯。该变量的参数在模型1和模型2中分别服从正态分布（-0.813，0.721）和（-0.755，0.575）。随机参数表明，设置闪烁的行人过街信号，信号交叉口人行横道上87.03%的骑行者、路段人行横道上90.54%的骑行者的闯红灯概率会降低，与之对应的是 12.97% 和 9.46% 的骑行者，闯红灯的概率会增加［图 6-12 c）和图 6-13 d）］。

绿信比定义为行人绿灯阶段的持续时间与周期长度的比率。研究发现绿信比与两种类型的人行横道的闯红灯行为呈负相关。弹性分析表明，绿灯率每增加 1%，信号交叉口人行横道和路段人行横道的闯红灯概率分别平均下降 2.32% 和 3.12%。

4）交通运行环境变量

研究发现自行车流量与交叉口人行横道闯红灯行为呈正相关，而交叉口的机动车流量与两种人行横道的闯红灯行为呈负相关。车流量每增加 1%，信号交叉口人行横道和路段人行横道的闯红灯概率分别平均下降 3.74% 和 4.32%；自行车流量每增加 1%，信号交叉口人行横道的概率平均增加 4.12%。自行车流量参数服从正态分布（0.787，0.557），说明 92.12% 的自行车闯红灯的概率随着流量的增加而增加，而对剩下的 7.88% 的自行车，闯红灯的概率则会随着流量的增加而降低［图 6-12d）］。

弹性分析表明，平均车速每提高 1%，路段人行横道闯红灯的可能性就会降低 1.65%，而信号交叉口人行横道则不显著。这一发现与现实相符，即交叉口的平均车速远低于路段人行横道的平均车速；因此，自行车骑行者在穿越后者时会更加注意车速。

6.3.4 异质性影响分析结论

调查了自行车在信号交叉口和路段两种类型人行横道上的闯红灯行为，分析了三种类型的双轮车，即自行车式电动车、踏板式电动车和普通自行车，构建了完整的贝叶斯随机参数逻辑回归模型，以探索对自行车闯红灯行为有显著影响的因素，并清晰解析了与观察结果相关的未观察到的异质性。

不同人行横道设施之间的比较分析表明，与路段人行横道相比，骑自行车的人更有可能在信号交叉口人行横道闯红灯。模型估计表明，在信号交叉口人行横道处，性别、年龄、车辆类型、道路宽度、是否存在升高的中间线、行人信号类型、绿化率、自行车流量和机动车流量这 9 个因素对闯红灯行为有显著影响，其中性别、自行车类型、行人信号类型和自行车流量这 4 个因素具有异质性影响，因此，出现在统计模型中随机参数的估计中。在路段人行横道上，性别、年龄、自行车类型、道路宽度、是否有中央隔离带、隔离带宽度、行人信号类型、绿信比、交叉口车辆流量和平均车速这 10 个影响因素对闯红灯行为有显著影响，其中，性别、自行车类型、行人信号类型和隔离带宽度这 4 个变量具有异质性影响。

6.4 快递外卖骑手风险骑行行为研究

6.4.1 骑行交通环境概述

近几年，随着互联网移动支付的快速普及，中国的餐饮外卖行业发展迅速。餐饮外卖是互联网创新创业背景下的新兴产业，而新兴行业催生新的职业，外卖骑手就是其中之一。外卖骑手是指注册于外卖配送管理平台并受其统一管理的、以驾驶电动自行车作为主要交通方式来提供配送服务而获得薪酬的职业群体[110]。

目前,"美团外卖""饿了么外卖""百度外卖"等是中国主要的外卖平台企业,2020年,在中国有超过1000万名注册骑手从事接单和送单业务。美团研究院的数据显示,2019年,通过美团获得收入的骑手总数达到398.7万人,同比2018年增长了23.3%,交易数量多达87亿笔/年。疫情暴发后,从2020年1月20日至2020年3月18日,美团平台新注册的有单骑手的数量达到33.6万人。与此同时,随着外卖骑手数量的剧增,与外卖骑手相关的道路交通安全问题尤为突出[21]。

一方面,由于外卖配送管理平台对外卖骑手实行"按件计酬""超时罚款"和"多送多奖励"的工作机制,外卖骑手为获得更多的订单报酬不得不在配送过程中赶时间、拼业绩,从而在骑行过程中出现一系列违反交通规则的违法行为,如:闯红灯、超速行驶、逆行、边骑行边接打电话(骑行中接打电话)、不戴安全头盔等[11],造成道路交通事故频发。以上海市为例,2019年上半年,上海市共发生涉及快递、外卖行业各类道路交通事故325起,共造成5人死亡,324人受伤。在发生交通事故较多的企业中,"饿了么"公司发生111起,比例为34.2%,其中,2名送餐员死亡;"美团"公司发生109起,比例为33.5%;"盒马"公司29起,比例为8.9%;"顺丰"快递公司11起,比例为3.4%。同样,在南京,根据南京市交通管理局提供的统计数据,2018年6月至2019年6月,共发生1481起涉及骑电动自行车执行外卖和快递的交通事故,造成1人死亡,982人受伤。从这些数据中可以发现,近期中国快递电动自行车骑手的交通事故相当严重,快递电动自行车骑手的这种危险状况日益严重,并引起了政府部门和社会的密切关注。

另一方面,外卖配送对配送时间要求严格,为保证送餐的速度,外卖配送工具的选择非常重要。外卖配送是集中在用餐时间前后的一个小时左右完成,配送地点相对比较分散且单点订餐量不会很大。基于这些特点,考虑到交通拥堵、停车困难等因素,目前市面上现存的外卖配送工具基本都是自行车、电动自行车和摩托车。在这些方式中,电动自行车和摩托车是最常用的交通工具[111],占外卖车辆的80%以上。两者都是两轮车辆,比汽车更快、更灵活。他们完全符合目前外卖订单以快餐为主的现状。然而,一些中国城市禁止或限制摩托车,如北京、天津、重庆、成都、石家庄、郑州、太原、杭州、宁波、合肥、贵阳、南宁、长沙、海口和三亚[112]。因此,摩托车被排除在交付的运输方式之外。最终,电动自行车被选为外卖行业的主要运输方式,主要是由于其机动性、灵活性和保持一定效率水平的能力。

大量文献发现,调查电动自行车配送骑手的道路交通安全涉及三个方面[113-116],即(1)政府对配送电动自行车骑手违法违规行为的处罚和管理;(2)企业对配送电动自行车骑手交通安全的监督和监测;(3)新闻媒体对涉及配送电动自行车骑手的交通事故的宣传和报道。这些研究大多考察并强调了惩罚效应、管理效应、人为监督效应、智能监控效应,及新闻媒体的宣传效应。例如,2018年,上海交巡警推出了浦东快递骑手交通管理App平台,用于注册电动自行车骑手的个人信息,包括实名制。交警通过该App对电动自行车配送骑手的违法行为实行计分制度,更好地约束电动自行车骑手的交通违法行为。

此外，为了进一步提高摩托车、电动自行车骑乘人员和汽车驾乘人员的安全防护水平，有效减少交通事故死亡人数，2020年4月21日，公安部启动了"一盔一带"安全守护行动，并于2020年6月1日实施，旨在通过强制正确佩戴头盔[117]和规范使用安全带来保护大家的出行安全。

6.4.2 数据采集与处理

1）调查对象与方式

调查对象：采用抽样的调查方法，于2019年7月对宁波市部分城区的外卖骑手进行问卷调查。研究对象纳入标准为：（1）在美团、饿了么外卖配送管理平台注册的外卖骑手；（2）私营企业的外卖骑手。

调查对象样本量估算：样本量需要从在快递行业工作的快递员中选择，如果是非交货附加条款，将不会被调查。为了估计调查对象的样本量，参考国内相关研究中的方法[22]。电动自行车/助动车的道路交通事故发生率$p=15.99\%$，设容许误差$\delta=0.25p\approx0.04$，置信度取0.95，运用PASS 11.0计算，所得调查样本量约为346人，考虑拒绝率为10%左右，则最终所需样本量为$N=346/0.9\approx385$人。

调查方法：调查方式以线下调查为主，辅以电子问卷平台（如问卷之星）。调查主要分为两步：

（1）第一步是预调查，主要检验问卷设计的合理性和完整性。调查人员在商业区和学校发放了40份问卷，本研究根据调查期间遇到的问题对问卷进行了调整。

（2）第二步是正式调查，分为线上调查和线下调查。调查主要结合大学生的社会活动进行，问卷的回答对象保持匿名。本研究将配送型电动自行车骑行者分为美团、饿了么，以及其他外卖公司车手。调查地点分布见表6-14，主要是居民区、商业区、学校、医院和其他人群较多的地区。网上调查主要是为了获得兼职学生外卖骑行者的配合。问卷明星链接在微信外卖群和QQ外卖群中分发。问卷平台的访问地址为"https：//www.wjx.cn/jq/42928365.aspx"。线下调查，即现场调查，由30名调查人员进行问卷调查。通过路边询问法对符合通行要求的配送电动自行车骑行者进行调查。每天下午14:00左右，调查人员在美团、饿了么等的集中站点等待，然后，调查人员发放问卷，并要求骑手完全完成问卷，每完成一份有效问卷的受试者可获得2元报酬。

调查地点地理位置信息表　　　　表6-14

序号	外卖骑手所属公司	调查地点	位置信息（纬度，经度）	图示
1	饿了么	鄞州区江东南路与新河路交叉口	（29.862756，121.559418）	

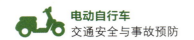

续上表

序号	外卖骑手所属公司	调查地点	位置信息（纬度，经度）	图示
2	饿了么	鄞州区新河路127号附近	（29.862433，121.560513）	
3	饿了么	海曙区开明街30号附近	（29.864805，121.550032）	
4	饿了么	海曙区柳汀街247号附近	（29.867231，121.538754）	
5	饿了么	海曙区灵桥路1号附近	（29.859377，121.546267）	
6	美团	江北区君山路与北环东路交叉口	（29.93155，121.562546）	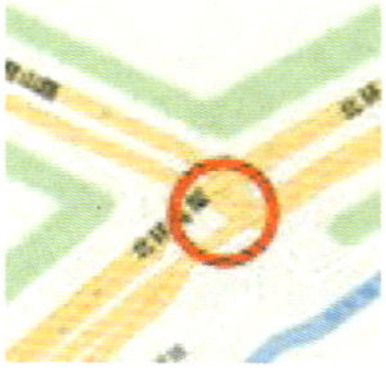
7	美团	镇海区雄镇路与绕城高速交叉口	（29.943581，121.660438）	
8	美团	海曙区解放南路与柳汀街交叉口	（29.867875，121.548799）	

续上表

序号	外卖骑手所属公司	调查地点	位置信息（纬度，经度）	图示
9	美团	海曙区大卿桥地铁站附近	（29.876449，121.532232）	
10	美团	海曙区苍松路81号附近	（29.873027，121.531596）	
11	其他	海曙区柳汀街与蓝天路交叉口	（29.867367，121.524767）	
12	其他	海曙区环城西路与苍松路交叉口	（29.864019，121.52251）	
13	其他	海曙区丽园南路与夏禹路交叉口	（29.863446，121.516663）	
…	……	……	……	……
60	其他	海曙区通途西路与秋实北路交叉口	（29.910284，121.465372）	

数据来源：腾讯地图。

在查阅文献资料及访谈调查对象的基础上，自制调查问卷，问卷经多次预调查和调整，最终预调查结果显示具有良好的信度，设置交叉检查问题，来过滤调查问卷中的偏见。调查内容主要包括以下四个部分：(1) 个人特征信息，包括5项，主要为性别、年龄、受教育程度、职业和月收入；（2）工作信息，主要为从事外卖行业的时间、每日工作时间、每日接单数量、是否受到投诉、如何规划路线；（3）安全意识，主要为购买交通保险情况、交通事故次数、熟悉法规情况等；（4）风险隐患，主要是驾驶时速、各类违法交通行为、产生危险行为的原因。

调查质量控制上，主要注意几点：（1）统一培训调查员，培训合格后才能实施调查；（2）电子问卷发放前设定以下限制，以防填答者出现多次参与或漏填的情况：①作答设备限同一台手机或电脑只能作答一次；②微信中作答只允许一次；③所有题目均设定为必答题；④根据问卷题目设计中交叉关联，重新审核所得数据。有以下问题的调查问卷被排除在外：①未使用非机动车的外卖派送员；②关键信息不完整（例如，违规行为和交通事故次数）；③矛盾的案件（例如每日工作一小时月入万元的被调查者）；④作答时间少于120s；⑤题目不相同的情况下，连续使用同一选项达到10个以上。

2）数据统计分析

首先，在实验室仔细检查调查结果，进行数据选择。最初共获得438份问卷。其次，交叉核对问题在这个过程中发挥了重要作用。经数据约简后，共获得382例样本，其中线下问卷调查360例，线上问卷调查22例。汇总统计结果详见表6-15~表6-18。

个人信息（5项） 表6-15

变量	描述	符号	样本量	比例（%）
性别	男	1	374	97.91
	女	0	8	2.09
年龄	少年（12~18岁）	4	2	0.52
	青年（19~30岁）	3	213	55.76
	中年（31~40岁）	2	146	38.22
	中年（41~50岁）	1	21	5.5
	老年（51~70岁）	0	0	0
教育程度	初中以下	2	36	9.42
	初高中	1	285	74.61
	本科及以上	0	61	15.97
职业	兼职	1	83	21.73
	全职	0	299	78.27
月收入	<1000元	4	2	0.53
	1000~4000元	3	64	16.75
	4000~7000元	2	243	63.61
	7000~10000元	1	63	16.49
	>10000元	0	10	2.62

6 电动自行车风险骑行行为

在表6-15的有效样本中，男性配送电动自行车骑行者占97.91%，女性占2.09%。平均年龄为29.87岁，其中少年（12~18岁）、青年（19~30岁）、中年人（31~40岁）、中年人（41~50岁）和老年人（51~70岁）分别占总数的0.52%、55.76%、38.22%、5.50%和0.00%。送餐员学历以高中、初中为主，占74.61%；本科及以上学历占15.97%；初中以下学历的占总数的9.42%。此外，78.27%的配送电动自行车骑手为全职，21.73%的配送电动自行车骑手为兼职。月平均收入为5586.39元（802.76美元），其中收入低于1000元（143.70美元）、1000~4000元（143.70~574.80美元）、4000~7000元（574.80~1005.90美元）、7000~10000元（1005.90~1437.00美元）、高于10000元（1437.00美元）的比例分别为0.53%、16.75%、63.61%、16.49%、2.62%。有效样本的个体特征与以往调查相同[115, 118-119]，表明参与者是配送电动自行车骑手人口的代表。

工作条件信息（6项） 表6-16

变量	描述	符号	样本量	占比（%）
工作经验	0~6月	4	142	37.17
	6~12月	3	72	18.85
	1~2年	2	92	24.08
	2~4年	1	56	14.66
	>4年	0	20	5.24
每日工作时间	<4小时	2	18	4.71
	4~12小时	1	310	81.15
	>12小时	0	54	14.14
每日订单数	<15个	4	5	1.31
	16~25个	3	55	14.39
	26~35个	2	134	35.08
	36~45个	1	128	33.51
	>45个	0	60	15.71
是否遭投诉	从不	4	111	29.06
	几乎不	3	99	25.92
	偶尔	2	165	43.19
	经常	1	6	1.57
	总是	0	1	0.26
如何规划路线	依靠导航	2	30	7.85
	凭借自身经验	1	196	51.31
	二者都有	0	156	40.84

安全意识信息（8项）　　　　　　　　　　　　　　　　表6-17

变量	描述	符号	样本量	占比（%）
是否购买交通险	公司购买	2	318	83.25
	个人购买	1	33	8.63
	未购买	0	31	8.12
发生事故数量	0	2	256	67.02
	1~3起	1	108	28.27
	>3起	0	18	4.71
是否熟悉路况	是	2	223	58.38
	一般	1	157	41.10
	否	0	2	0.52
是否受过处罚	是	2	159	41.62
	否	0	223	58.38
受罚原因	未戴头盔	1	55	14.40
	其他	0	327	85.60
接受安全教育	从不	5	126	32.98
	每天一次	4	136	35.60
	每周一次	3	52	13.61
	每月一次	2	32	8.38
	每半年一次	1	22	5.76
	每年一次	0	14	3.67
骑行前是否检查车况	从不	4	15	3.93
	几乎不	3	45	11.78
	偶尔	2	130	34.03
	经常	1	138	36.12
	总是	0	54	14.14
是否有车牌	是	1	371	97.12
	否	0	11	2.88

潜在风险信息（18项）　　　　　　　　　　　　　　　　表6-18

变量	描述	符号	样本量	占比（%）
最大行驶速度	<20km/h	4	6	1.57
	20~35km/h	3	80	20.94
	35~50km/h	2	247	64.66
	50~65km/h	1	45	11.78
	>65km/h	0	4	1.05

续上表

变量	描述	符号	样本量	占比（%）
是否单手骑车	从不	4	119	31.15
	几乎不	3	103	26.96
	偶尔	2	139	36.39
	经常	1	20	5.24
	总是	0	1	0.26
是否占用机动车道	从不	4	116	30.37
	几乎不	3	103	26.96
	偶尔	2	154	40.31
	经常	1	4	1.05
	总是	0	5	1.31
是否担心迟到被顾客投诉，被公司扣钱	从不	4	51	13.35
	几乎不	3	88	23.04
	偶尔	2	117	30.63
	经常	1	58	15.18
	总是	0	68	17.80
是否闯红灯	是	1	233	60.99
	否	0	149	39.01
是否逆向行驶	是	1	209	54.71
	否	0	173	45.29
是否戴头盔	是	1	78	20.42
	否	0	304	79.58
是否频繁用手机	是	1	177	46.34
	否	0	205	53.66
是否随意停车	是	1	161	42.15
	否	0	221	57.85
是否违章穿越马路	是	1	103	26.96
	否	0	279	73.04
是否太靠近机动车	是	1	138	36.13
	否	0	244	63.87
是否疲劳驾驶	是	1	37	9.69
	否	0	345	90.31
是否因完成订单数量指标	是	1	117	30.63
	否	0	265	69.37

续上表

变量	描述	符号	样本量	占比（%）
是否因顾客要求	是	1	237	62.04
	否	0	145	37.96
是否因习惯违规	是	1	25	6.54
	否	0	357	93.46
是否因餐厅出餐太慢	是	1	257	67.28
	否	0	125	32.72
不安全行为是否会影响交通	是	1	43	11.26
	否	0	339	88.74
是否因天气原因	是	1	152	39.79
	否	0	230	60.21

类似地，工作条件信息、安全意识信息和潜在风险信息的汇总统计数据可以分别在表 6-16、表 6-17 和表 6-18 中找到。例如，在表 6-16 的有效样本中，配送电动自行车骑手的平均工作年资为 14.94 个月，平均每天工作时数为 8.38 小时，平均每天配送订单数为 34.49 个。在表 6-17 的有效样本中，平均车祸次数为 0.707 次，0 次、1~3 次、大于 3 次车祸分别占总数的 67.02%、28.27%、4.71%。调查还发现，宁波市平均交通安全教育课数为 14.36 节，电动自行车车牌占比高达 97.12%，说明新国标生效。此外，值得一提的是，车牌可以规范电动自行车闯红灯、违反交通法规等异常骑行行为[119]。由表 6-18 可知，配送电动自行车骑行者的危险驾驶行为较多，包括闯红灯（60.99%）、逆行（54.71%）、频繁使用手机（46.34%）、与其他车辆过于接近（36.13%）。本研究还发现，外卖订单提醒和餐厅服务不力是导致外卖电动自行车骑手危险驾驶行为的两大原因。

6.4.3 有序概率模型分析

1）BOP 概念模型

常用的统计模型是有序概率模型（Ordered Probit，OP），该模型已广泛应用于交通安全领域[119-123]。例如，Kockelman 等人[123]的一项研究使用 OP 模型分析了驾驶员伤害严重程度。提出的模型检查了在所有碰撞类型下，包括两车碰撞和单车碰撞下，不同伤害水平的风险。此外，Quddus 等人[119]的一项研究描述了使用 OP 模型来检查影响摩托车事故伤害严重程度和车辆损坏严重程度的因素。在随后的研究中，OP 模型为也用于描述驾驶员伤害严重程度[122]，评估交通服务质量[121]，分析伤害严重程度[120, 124]，但 OP 模型中只有一个响应变量，即只能描述单个驾驶员或行人的伤害严重程度。以往的研究主要关注电动自行车骑行者的违法行为和事故场景，主要是为了引发社会对电动自行车骑行者道路交通安全风险的关注。

综上所述，关于影响配送电动自行车骑手工作压力和事故卷入因素的调查报道相对较少。因此，本研究以宁波市为例，调查分析影响配送电动自行车骑手工作条件和碰撞卷入的因素，旨在减少配送电动自行车骑手参与道路交通事故的数量，确定干预措施，减少伤害的发生。为了探讨影响外卖骑手工作条件和撞车事故的因素，需要引入统计模型。

在本研究中，有两个响应变量，分别是配送电动自行车骑手的工作条件和碰撞次数。因此，传统OP模型存在局限性。作为一种改进的方法，三元有序概率模型（BOP）是OP模型的扩展，它使用具有两个平衡方程的分层系统同时对两个相关响应变量进行建模。在BOP模型中，有两个响应变量，可以是不连续变量，也可以是有序分类变量。概念模型由三个程序组成，即输入、处理和结果，以探索影响配送骑手工作条件和碰撞参与的因素，如图6-14所示。模型的输入是自变量和解释变量。问卷用于收集数据。同样，问卷调查也用于收集解释变量，包括个人特征（5项）、工作条件信息（5项）、安全意识信息（8项）和潜在风险信息（18项）。

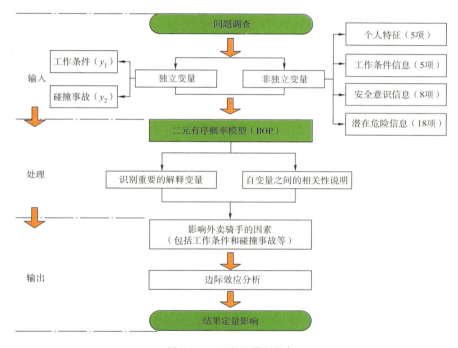

图6-14 BOP概念模型程序

在概念模型的过程中，使用双变量有序概率模块技术来识别影响送货员工作条件和碰撞参与次数的重要因素。这种建模技术可以解释自变量之间的相关性。随后，在概念模型的结果中，计算感兴趣因素（重要变量）的边际效应，以量化其对工作条件和碰撞参与的影响。

2）BOP模型构建

（1）模型建立

本研究探讨影响外卖骑手工作条件和撞车事故的因素，由于因变量由类别变量组成，因此采用了离散结果建模技术。应考虑影响工作条件和撞车事故的常见未观察因素。BOP模型用于确定影响运输骑手工作条件和车祸事故的因素。BOP模型设计用于模拟可同时确定的类别相关变量。BOP模型首先定义每个观测的观测顺序数据，如下：

$$y_{s,t=1}^* = \beta_1 X_{s,1} + \varepsilon_{s,1}, y_{s,t=1} = k$$
$$if \quad \mu_{t=1,j-1} < y_{s,t=1}^* < \mu_{t=1,j}, j = 0,\cdots,J_1 \tag{6-16}$$

$$y_{s,t=2}^* = \beta_2 X_{s,2} + \varepsilon_{s,2}, y_{s,t=2} = l$$
$$if \quad \theta_{t=2,k-1} < y_{s,t=2}^* < \theta_{t=2,k}, l = 0,\cdots,K_2 \tag{6-17}$$

式中，$y_{s,t(t=1,2)}^*$ 为潜在因变量；$y_{s,t(t=1,2)}$ 为观察到的结果、工作条件数据和碰撞涉及数据；$X_{s,t}$ 为两个模型中包含解释变量的向量；β_t 表示与两个模型中的解释变量相关的系数向量；μ，θ 是定义 $y_{s,t=1}$ 和 $y_{s,t=2}$ 估计阈值参数；$\varepsilon_{s,t}$ 为两个模型的随机误差项，分布为 0 和 1；i 为观察结果；j 为工作条件；k 为交通事故。

BOP 模型中的交叉方程相关误差项由下式给出：

$$\begin{bmatrix} \varepsilon_{s,1} \\ \varepsilon_{s,2} \end{bmatrix} \sim N\left(\begin{bmatrix} 0 \\ 0 \end{bmatrix}, \begin{bmatrix} 1 & \rho \\ \rho & 1 \end{bmatrix}\right) \tag{6-18}$$

式中，ρ 为 $\varepsilon_{i,1}$ 和 $\varepsilon_{i,2}$ 之间的相关系数。

在随机误差项的二元正态分布假设下，$y_{s,t=1} = j$ 和 $y_{s,t=2} = k$ 的联合概率可表示如下：

$$\begin{aligned} P\left(y_{i,1} = j, y_{i,2} = k \middle| X_{i,1}, X_{i,2}\right) \\ = \Pr\left(\mu_{j-1} < y_{i,1}^* < \mu_j; \theta_{k-1} < y_{i,2}^* < \theta_k\right) \\ = \Pr\left(\mu_{j-1} < \beta_1 X_{i,1} + \varepsilon_{i,1} < \mu_j; \theta_{k-1} < \beta_2 X_{i,2} + \varepsilon_{i,2} < \theta_k\right) \\ = \Pr\left(\mu_{j-1} - \beta_1 X_{i,1} < \varepsilon_{i,1} < \mu_j - \beta_1 X_{i,1}; \theta_{k-1} - \beta_2 X_{i,2} < \varepsilon_{i,2} < \theta_k - \beta_2 X_{i,2}\right) \\ = \varphi_2\left[(\mu_j - \beta_1 X_{i,1}), (\theta_k - \beta_2 X_{i,2}), \rho\right] - \varphi_2\left[(\mu_{j-1} - \beta_1 X_{i,1}), (\theta_k - \beta_2 X_{i,2}), \rho\right] - \\ \varphi_2\left[(\mu_j - \beta_1 X_{i,1}), (\theta_{k-1} - \beta_2 X_{i,2}), \rho\right] + \varphi_2\left[(\mu_{j-1} - \beta_1 X_{i,1}), (\theta_{k-1} - \beta_2 X_{i,2}), \rho\right] \end{aligned} \tag{6-19}$$

式中，$\phi_2(\cdot)$ 为标准二元正态累积分布函数；ρ 为 $\varepsilon_{s,1}$ 和 $\varepsilon_{s,2}$ 之间的相关系数。

BOP 模型中估计的参数为阈值 $j + k - 2$、系数向量 β_1 和 β_2 以及相关系数 ρ。可以通过最大化对数似然函数来估计参数，该函数由下式给出：

$$\begin{aligned} LL = \sum Lt \{ & \varphi_2\left[(\mu_{t=1,j} - \beta_1 X_{s,1}), (\theta_{t=2,k} - \beta_2 X_{s,2}), \rho\right] - \\ & \varphi_2\left[(\mu_{t=1,j-1} - \beta_1 X_{s,1}), (\theta_{t=2,k} - \beta_2 X_{s,2}), \rho\right] - \\ & \varphi_2\left[(\mu_{t=1,j} - \beta_1 X_{s,1}), (\theta_{t=2,k-1} - \beta_2 X_{s,2}), \rho\right] + \\ & \varphi_2\left[(\mu_{t=1,j-1} - \beta_1 X_{s,1}), (\theta_{t=2,k-1} - \beta_2 X_{s,2}), \rho\right] \} \end{aligned} \tag{6-20}$$

式中，$t = 1, 2, \cdots, n$ 是样本量，观察结果 $y_{s,t=1} = j$ 和 $y_{s,t=2} = k$，否则为零。

（2）边际效应分析

在模型估计之后，与解释变量相关系数的符号是需要特别关注的，这些符号表示变量对结果的积极或消极影响。然而，相关系数并不能量化变量的影响，也不能直观地解释，特别是对于中间类别的变量。为了量化每一类结果的影响，对 BOP 模型中需要关注的变量计算边际效应。

对于 $y_{s,t=1}$，解释变量 $X_{s,1}$ 的边际效应为：

$$\frac{P(y_{s,t=1}=j)}{\partial X_{s,1}} = \varphi(\mu_{j-1}-\beta_1 X_{s,1})\beta_1 - \varphi(\mu_j - \beta_1 X_{s,1})\beta_1 \tag{6-21}$$

式中，$\phi(\cdot)$ 是标准正态分布的概率质量函数。

对 $y_{s,t=2}$，解释变量 $X_{s,2}$ 的边际效应为：

$$\frac{P(y_{s,t=2}=k)}{\partial X_{s,2}} = \varphi(\theta_{k-1}-\beta_2 X_{s,2})\beta_2 - \varphi(\theta_k - \beta_2 X_{s,2})\beta_2 \tag{6-22}$$

式中，$\phi(\cdot)$ 是标准正态分布的概率质量函数。

3）BOP模型分析

为了探索与交付电动自行车骑手的工作条件和碰撞相关的因素，估计了BOP模型，解释变量和描述性数据详见表6-15~表6-18，利用Stata 15软件对BOP模型进行了求解。

表6-19给出了BOP模型的估计结果。BOP模型显示了工作条件与配送电动自行车骑手的碰撞数量之间的显著相关性。只有在5%显著性水平上显著的变量被纳入估计模型。BOP模型中相关参数为正，说明送货人员的工作条件会增加事故发生的可能性。在工作条件模型中有7个显著变量，在事故数量模型中有11个显著变量。正系数表示结果的概率随着相应变量的增加而增加，反之亦然。此外，表6-20显示了量化这些变量影响的边际效应。

BOP模型的估计结果　　　表6-19

变量	工作条件			事故数量		
	估计参数	标准差	P值	估计参数	标准差	P值
工作经验	0.371	0.119	0.002*	0.256	0.095	0.008
每日订单数	0.741	0.170	0.000*	0.447	0.135	0.001*
是否单手骑车	0.300	0.149	0.044	—	—	—
是否习惯性违章	−0.965	0.437	0.027	—	—	—
不安全行为是否会影响交通	0.946	0.423	0.025	—	—	—
年龄	−0.590	0.222	0.008	0.644	0.314	0.040
职业	0.869	0.433	0.045	−0.393	0.187	0.035
是否熟悉路况	—	—	—	0.427	0.170	0.012
是否受过处罚	—	—	—	0.757	0.244	0.002*
接受安全教育	—	—	—	0.158	0.067	0.019
是否随意停车	—	—	—	0.474	0.207	0.022
是否违章穿越马路	—	—	—	−0.578	0.238	0.015

续上表

变量	工作条件			事故数量		
	估计参数	标准差	P值	估计参数	标准差	P值
外卖订单是否被催促	—	—	—	0.464	0.209	0.026
餐厅出餐效率低	—	—	—	0.636	0.275	0.021

注：观测次数= 382次，"—"表示变量不显著。"工作条件"是指"工作压力大"或"工作条件差"。

BOP模型的边际效应结果　　表6-20

变量	每日工作时间		
	<4h	4~12h	>12h
工作经验	−0.0071727	−0.0306169	0.0377896
每日订单数量	−0.0173367	−0.0740018	0.0913385
是否单手骑车	0.0005613	0.0023958	−0.0029571
是否习惯性违章	0.0172313	0.0735519	−0.0907831
不安全行为是否会影响交通	−0.0026944	−0.0115011	0.0141955
年龄	0.0090393	0.0385845	−0.0476238
职业	−0.0134721	−0.0575059	0.0709780

变量	发生事故数量		
	0	1~3起	>3起
工作经验	−0.0756288	0.0667869	0.0086703
每日订单数量	−0.1190896	0.1051666	0.0136528
是否熟悉路况	−0.0864345	0.0763292	0.0099091
是否受过处罚	−0.2150947	0.1899476	0.0246591
接受安全教育	−0.0386522	0.0341333	0.0044312
是否随意停车	−0.9590490	0.0846925	0.0109948
外卖订单是否被催促	0.1736182	−0.1533202	−0.0199041
餐厅出餐效率低	−0.0364306	0.0321714	0.0041765

估计结果再次证实了工作条件相关因素对那些在工作时间发生事故的人的重要性。一般认为，在政府或公司的全面监管下，快递电动自行车骑手可能会更加注意道路安全。

在我们的调查结果中，男性配送电动自行车骑手占97.91%，女性占2.09%。我们的研究结果与"饿了么"发布的2018年"快递骑手群体洞察报告"中的结果一致。中国专业餐饮O2O平台"饿了么"公司，以及相关报告显示，只有5%的乘客是女性。快递员中女性比例小的原因主要是快递配送时间长，快递员的工作量大，每天要爬很多楼梯，每次要拿多件快递，因此快递公司更青睐男性。

4）影响因素分析

BOP模型结果显示了14个重要变量。其中，有7个变量与工作压力条件呈相关关系，根据相关关系将它们分别表示为：工作经验、每日订单数、是否单手骑车、是否习惯性违章、不安全行为是否会影响交通、年龄、职业。11个变量与交通事故数量呈相关关系，根据相关关系将它们分别表示为：工作经验、每日订单数、年龄、职业、是否熟悉路况、是否受过处罚、接受安全教育、是否随意停车、是否违章穿越马路、订单外卖是否被催促、餐厅出餐效率低。

有一项研究澄清了观测变量之间的关系[115]（送货电动自行车骑手的人口统计学特征及其工作压力状况）以及送货电动自行车骑手发生事故的潜在变量（时间压力、疲劳和危险驾驶行为）。快递电动自行车骑手的疲劳驾驶行为和危险驾驶行为是显著的预测因素。年龄、职业和工作经验这三个潜在的显著特征间接增加了配送电动自行车骑手的事故卷入率。上述观点与模型结果一致。交付骑手的工作量越重（每天交付订单的数量增加），就越有可能发生崩溃。不同年龄段的配送电动自行车骑手的时间压力和疲劳表现不同。配送电动自行车骑手的紧张工作环境显然没有得到企业的重视。因此，本研究建议有配送人员的企业为配送车辆投保，定期对配送人员进行道路安全教育，制定企业处理交通事故纠纷的措施。

目前配送电动自行车骑手的工作环境较差。当收到过多的快递订单时，他们不得不花费大量的时间在工作上，导致休息时间的缺乏，大大增加了出现安全问题的概率。此外，当餐厅服务不到位时，送餐电动自行车骑手往往会因急于完成订单不遵守交通规则而受到交警的处罚。在如此繁重的工作量和限制性的工作条件下，许多快递电动自行车骑手在工作中感到疲惫。一项针对快递电动自行车骑手的研究证明，从事快递服务的快递电动自行车骑手经常表现出危险的驾驶行为。BOP模型还表明，在时间压力过大的情况下，快递电动自行车骑手容易做出危险驾驶行为。在大多数情况下，配送电动自行车的骑手必须在规定的时间内同时处理几份订单。这种计量补偿制度可能会促使他们专注于尽快完成当前的订单，甚至通过从事违反交通法规的驾驶行为来节省时间。我们的研究结果与以往研究的结果[115]较为一致，即驾驶员特征是影响交通事故数量的重要因素。区别在于，之前研究文献的数据来自南京和上海，而我们的数据来自浙江宁波，因此，区域因素对结果影响不大。

预防碰撞涉及的三种干预措施：

（1）对政府或者交管部门，鼓励他们严格执法，特别是严格控制无证驾驶车辆和快递电动自行车骑手的危险驾驶行为。通过制定《食品配送行业交通安全管理条例》，鼓励建立外卖行业协会，将交通安全的主要责任、相关配送电动自行车骑手和车辆的所有权以及配送电动自行车骑手的利益分配给网点。交通管理部门要从车辆源头入手，坚决打击非法销售不达标车辆等各类违法行为，解决车辆组装改装问题，确保包括外卖车辆在内的车辆质量安全，将其作为车辆管理的重点战略，建立外卖骑手必须具备相应身份和车辆登记的制度。此外，政府应加强对配送电动自行车骑行者交通违法行为的处罚，防止因改装车辆或更换电池造成交通事故，骑行者应谨慎驾驶以避免这些处罚，从而减少违法行为的发生。宁波市在全市范围内实施强制戴头盔政策，降低交通事故中弱势群体的伤亡程度，确保宁波市配送电动自行车骑手的安全。

（2）对快递企业，鼓励他们主动承担交通安全主体责任，督促快递电动自行车骑手严格遵守交通法律法规，加强车辆日常安全检查。此外，还应加强对电动自行车配送骑手的个人管理，定期曝光交通违规较多的骑手，制定严格的处罚制度，建立交通违规"黑名单"，严格管理配送车辆。鼓励建立较为完善的保险制度，按照规定为外卖电动自行车骑手购买人身意外险和外卖车辆购买第三方责任险。为了确保即使不幸发生碰撞事故，骑手的权益也能得到有效保护，企业可以限制订单数量，控制订单范围，确保配送电动自行车骑手不因疲劳而遭遇碰撞。可以根据骑手的距离和个人信息进行合理分配，让外卖平台的信息更加公开、合理，进而控制抢单、紧急下单的现象，减少骑手由于接收过多订单而导致过度疲劳。

（3）对快递电动自行车骑行者，鼓励他们加强法律法规的学习，积极参与交警部门或企业组织的安全教育，不要有侥幸心理，这有助于解决快递电动自行车骑行者交通法规不清、频繁闯红灯、在机动车道骑行等问题。在骑行之前，快递电动自行车的骑手应该检查他们的车辆，并应熟悉交通状况，文明安全骑行，避免在繁忙街道发生路怒，提前规划路线，不要工作过长时间，以减轻骑行疲劳。

6.4.4 研究结论

虽然之前很多研究都集中在电动自行车的安全性上，但对同样使用电动自行车的配送电动自行车骑手的工作条件和碰撞涉及相关因素的研究很少。本研究运用BOP模型探讨了影响配送电动自行车骑手工作条件与事故数量的因素。相关数据通过问卷调查收集，共使用382个有效样本来建立BOP模型。调查结果显示，配送电动自行车骑手的工作条件与事故数量呈相关关系。此外，基于建模结果，本研究提出了三种减少/预防事故数量的改进措施。BOP模型的结果显示了影响高压工作条件和事故数量的各种因素。在工作条件模型中，工作经验、每日订单数、是否单手骑车、是否习惯性违章、不安全行为是否会影响交通、年龄和职业等7个变量被发现具有统计学意义。

这一发现与之前一项关于电动自行车快递骑手的研究相似，紧张的工作条件可能会增加快递骑手的碰撞次数和碰撞严重程度。研究结果表明，交通安全教育是提高快递员安全、改善快递员紧张工作环境的有效措施。特别建议外卖平台公司取消"准时配送"业务，（"准时配送"指的是向订单用户承诺"准时配送，秒内补偿"，逾期支付的金额由外卖骑手和外卖平台共同承担）。商业设置的初衷是为了改善客户的订购服务体验，但也增加了电动自行车配送骑手的工作压力。在事故数量模型中，工作经验、每日订单数、年龄、职业、是否熟悉路况、是否受过处罚、接受安全教育、是否随意停车、是否违章穿越马路、订单外卖是否被催、餐厅出餐效率低等11个变量均有统计学意义。

在今后的研究工作中应解决一些局限性。首先，目前的调查只在中国东部沿海经济发达的宁波市进行。由于居民的消费水平直接影响着外卖行业的发展，在经济相对落后的城市，外卖行业并不发达。因此，在未来的研究中，需要在其他城市进行额外的调查，以了解各城市间电动自行车配送骑手的工作条件和事故数量的异质性。第二，我们的研究只收集了382个样本。由于样本量小，结果可能会有一定的误差。因此，在未来的研究中，由于在线调查的便利和5G网络的发展，样本量可以通过在线调查来补充。同时，在问卷的调查中会进一步考虑一些特殊年龄群体，如年轻和年长的电动自行车配送骑手，还会考虑女性骑手。第三，由于快递行业骑手的流失率和上岗率变化较大，且随时都可能发生变化，本研究无法对因重大交通事故辞职甚至死亡的电动自行车快递骑手进行调查，因此，我们的模型结果不能反映重大事故的信息。在未来研究中，可以与交警部门合作，收集电动自行车配送骑手的个人特征，并跟踪采集已辞职的原电动自行车配送骑手数据，进一步提高样本的准确性。

6.5　本章小结

本章节旨在探究风险骑行行为对电动自行车道路行驶的影响。根据风险骑行行为的不同分类，分别从路段风险骑行行为、红灯违章行为、快递外卖骑手风险骑行行为等多个角度，探究其对道路事故发生的影响。结果显示，电动自行车的闯红灯率随着交叉口宽度、冲突交通量和行人段绿灯率的增加而降低，但随着其车辆体积的增加略有增加；男性骑行者比女性骑行者更容易闯红灯；年轻骑行者比中年和老年骑行者更容易闯红灯。在十字路口等车的人越少，骑行者越有可能闯红灯。行人设施显著影响两轮车辆的闯红灯率；骑两轮车的人更有可能在有行人倒计时信号的交叉口闯红灯，并在交叉口提高中位数。同时，通过问卷数据发现，工作经验、每日订单数、年龄、职业、是否熟悉路况、是否受过处罚、接受安全教育、是否随意停车、是否违章穿越马路、订单外卖是否被催促和餐厅出餐效率低等变量对道路事故发生具有显著影响。

7

电动自行车决策行为分析

在传统的"绿灯-黄灯-红灯"信号周期环境下，驾驶员的决策行为基本都发生在黄灯期间，黄灯启亮，意在提示驾驶员准备停车或在红灯启亮前通过停止线，因此，行驶至交叉口的机动车驾驶员遇到黄灯时将面临停车或继续通行两种选择。随着绿闪灯、绿灯倒计时等过渡信号的出现，黄灯不再是唯一能够提供时间信息的过渡信号，绿闪灯能够在黄灯启亮前提供给驾驶员时间信息，因此，驾驶员的可控决策时间就大大增加。国内外相关研究均证明绿闪灯能够改变驾驶员决策期间的驾驶行为，进而影响到交叉口的安全，但这些研究均针对机动车，研究的基础资料也都是基于机动车性能特征。与此同时，由于机动车和电动自行车在性能、特征等各方面存在差异，以往基于机动车的研究结论会产生很大变化，在这种情况下，会产生新的问题：电动自行车是否存在黄灯困境？绿闪灯是否对电动自行车骑行者的决策行为产生影响？绿闪灯和绿灯倒计时作为两种我国普遍使用的过渡信号，其对电动自行车骑行者决策中的驾驶行为是否有同样的影响？影响程度和影响机理又是怎样？这些问题均悬而未决。

骑行者在交叉口的停止/通过行为由于受到多种因素的影响，其决策过程较为复杂。决策过程中，到停车线的距离、信号灯的状态等交通信息在很短的时间内不断地被收集，骑行者会对这些信息进行综合分析，并结合当前的驾驶状态等做出决策。然而受制于决策者自身生理和心理的差异以及部分决策影响因素所具有的随机性的影响，迄今为止，仍然没有得到对交叉口车辆停止/通过决策过程的很好的解析。电动自行车骑行者决策过程中能够被观测的驾驶行为主要体现在速度与加速度等的变化，为此，可利用速度与加速度等驾驶行为表征数据建立状态判定模型，揭示决策过程的内在状态变化与决策机制，进而实现骑行者决策过程的影响机理解析。

本章对过渡信号期间电动自行车通过交叉口的驾驶特征关键参数进行统计分析，并以此为基础，运用 HMM 技术建立基于隐马尔科夫的电动自行车骑行者驾驶行为决策模型（Hidden Markov Driving Model，HMDM），并以速度和加速度的变化作为观察状态，实现对电动自行车停止/通过决策过程的判别。通过与 Logit 模型对比，分析 HMDM 的判别精度，并运用经验法来进一步修正 HMDM 的决策行为判别结果。运用 HMDM 获得绿闪灯（Green Flashing，GF）和绿灯倒计时（Green Countdown，GC）这两种绿灯-红灯过渡信号期间电动自行车的停止/通过决策点信息（决策时刻、决策时刻速度、决策时刻距停车线的距离），通过对决策行为类型、决策两难区（Dilemma Zone）、决策可选区（Option Zone）的分析，实现基于绿闪灯和绿灯倒计时两种过渡信号对电动自行车驾驶行为的影响机理解析。

7.1 决策行为特征分析

7.1.1 决策类别划分

根据文献研究[128]，闯红灯者平均进入交叉口的时间小于 0.5s，大约 98% 的骑行者在全红信号开始后 4.0s 内进入交叉口，因此本研究考虑的时间间隔是从绿闪灯或绿灯倒计时开始到全红信号开始后的 4.0s 内。过渡信号的时间范围示意图如图 7-1 所示。

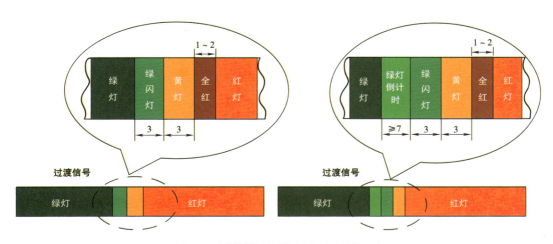

图 7-1 过渡信号时间范围示意图（单位：s）

在微观行为研究中，分类的方法为分析提供了帮助，Häckelman 在行人过街安全研究中，根据行人进入人行横道的时间，将行人过街行为分为"正常过街行人""晚过街行人""危险过街行人"和"早过街行人"四类。电动自行车骑行者过交叉口的行为更为复杂，为了更好地分析电动自行车骑行者的特征，借鉴 Häckelman 的分类方法，根据不遵守信号的程度将电动自行车骑行者决策类别分为"停车者""绿尾过街者""黄灯过街者""闯红灯过街者"四种类型，如图7-2所示。

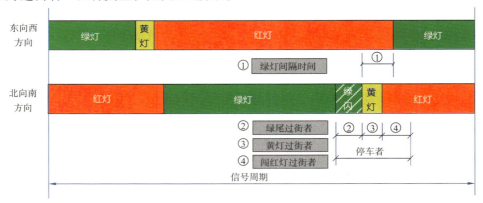

图7-2　电动自行车骑行者分类

注：绿灯间隔时间包括黄灯和全红时间，不包括绿闪灯时间。

图7-2中，"停车者"表示相位信号变换期间作出停车决定进而在交叉口停止通行的骑行者，"绿尾过街者"是指在绿灯末期（绿闪灯或绿灯倒计时期间）到达并继续通过交叉口的骑行者，"黄灯过街者"是指黄灯期间到达并继续通过交叉口的骑行者，"闯红灯者"是指在红灯初期（一般为红灯开始后的4s内）到达并继续通过交叉口的骑行者，电动自行车骑行者决策类别如图7-3所示。

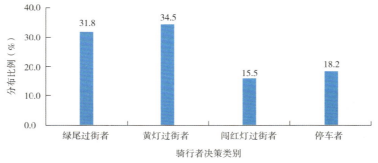

图7-3　电动自行车骑行者决策类别

7.1.2　决策特征分析

1）数据采集与处理

与机动车相比，电动自行车微观驾驶行为更为复杂多变，究其原因，主要在于电动自行车具有操纵机动灵活、手动控制加减速、驾驶行为易受其他车辆影响以及行驶轨迹逶迤多变等特点。

对交叉口电动自行车骑行者的停车/通过决策行为的分析，主要依托于高精度的轨迹数据，因此，选择合适的观测地点以获取完整有效的电动自行车驾驶行为特征数据对本项研究至关重要。整个试验过程主要分为地点选择、采集时间确定、采集过程、数据处理等几个步骤。

（1）调查内容

拍摄信号变化期间直行电动自行车"到达交叉口−停车或持续穿越交叉口"的运行过程，获取电动自行车接近和通过路口时的信号切换时序和轨迹数据，并据此获得加减速度、感知反应时间、停止/通过结果、交叉口清空速度、进口道行驶速度等关键驾驶行为参数。除此之外，信号配时方案、车道布置、交叉口几何条件、过渡信号设置形式、交通流量、交通管制措施、限速条件、标志标线等交通基础数据也在调查范围内。

（2）调查时段

为避免电动自行车在决策过程中受到右转的机动车、等待左转的非机动车的干扰及恶劣天气的影响，调查时间选在天气晴好的工作日的平峰时段，具体时段为12:30~16:30。

（3）地点选择

所选交叉口具有以下几个特征：

①所选交叉口为典型的十字型交叉口，信号相位为标准四相位（非机动车和行人与同方向的机动交通流一起释放）；

②交叉口进口道和出口道均设置有非机动车专用道；

③交叉口周围有合理的建筑物等制高点，且能覆盖进口道上游60~80m的范围，便于摄像机拍摄到红灯→绿灯过渡信号期间电动自行车在进口道停止/通过决策以及通过交叉口的全过程。

基于以上标准，最终选定上海市四平路—大连路、国定路—四平路、国定路—黄兴路、成都北路—威海路、武宁路—大渡河路、仙霞西路—剑河路、墨玉路—泽普路7个交叉口。各个交叉口的特征数据详见表7-1。

所调查交叉口的主要特征　　　　　　　　表7-1

条件类别	考虑因素	交叉口名称						
		四平路—大连路	国定路—四平路	国定路—黄兴路	成都北路—威海路	武宁路—大渡河路	仙霞西路—剑河路	墨玉路—泽普路
交通特征	电动车流量（veh/h）	1607	1917	1830	1070	768	601	400
	限速（km/h）	50	50	50	50	50	40	40
交通信号	周期时长（s）	207	161	145	170	220	86	109
	进口道绿灯时长（s）	38	40	50	53	53	42	37
	黄灯时长（s）	3	3	3	3	3	3	3
	全红时间（s）	1	1	1	1	1	0	0
	相位数	3	4	4	4	3	2	3
	过渡信号[a]　绿灯→红灯	CG	CG	FG	CG	FG	FG	FG
	协调控制（Y/N）	N	N	N	N	N	N	N
几何条件	交叉口类型	十字型	十字型	十字型	十字型	十字型	十字型	十字型
	交叉口宽度[b]（m）	58	45	43	26	32	34	18
	所观测进口道	南进口	西进口	西进口	南进口	东进口	南进口	东进口

注：[a] CG表示绿灯倒计时，FG表示绿闪灯；
　　[b] 此处的宽度是指沿着交叉口名称中所指方向，从本方向进口道停车线到对向进口道停车线之间的距离。

（4）调查过程

为保证获取数据的精确性和同步性，需同时架设2台摄像机。一台架设于进口道上游的高建筑物上，距停车线60m左右（拍摄到绿闪灯启亮后的整个停车/通过决策过程，需划定较大的距离跨度），便于俯视拍摄整个进口道；另一台位于交叉口近端，面向信号灯，用于拍摄交叉口内部和交通信号，2台摄像机拍摄的录像通过秒表实现同步。拍摄方案如图7-4所示。

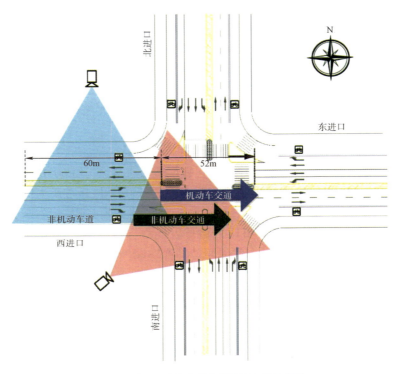

图7-4 交叉口空间布局与摄像机架设示意图

（5）数据处理

利用视频处理软件提取每个进口道处电动自行车的运行轨迹数据，软件能够跟踪每辆电动自行车进入摄像头范围后的位置，并以0.1s作为时间间隔记录对应的信号状态。因此，基于高精度轨迹数据，能够提取每0.1s的平均速度和加减速度。考虑到时间间隔较小，这些数据可近似为瞬时数据。

为排除无效样本的干扰，实验小组仅对绿闪灯开始前2s至红灯开始后4s的录像进行处理，共获得有效样本610个，其中运行时间覆盖从绿闪灯启亮至黄灯结束这一过程的样本344个。344个全过程样本中，选择通过交叉口的样本210个，选择停车的样本134个。处理后的电动自行车骑行者停车/通过决策的运行轨迹数据如图7-5所示。

对运行轨迹进行分析发现每条速度曲线由一系列的波浪线组成，表明电动自行车行驶过程中的加速度始终处于一定程度的波动状态，造成这一现象的原因在于电动自行车多采用手动旋转控制车辆动力。

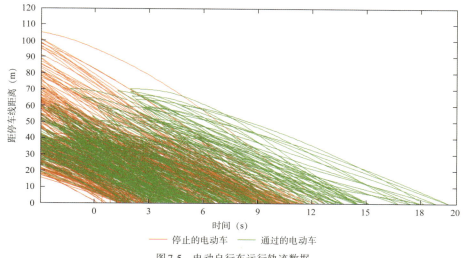

图 7-5 电动自行车运行轨迹数据

2）决策期间运行特征分析

提取包括清空速度、通过停车线的时间、速度、启动加速度等在内的多个关键行为参数，剔除可能受周围车辆或信号灯影响的样本数据，并对其进行统计分析。期望速度值的测量在绿闪灯启亮前开展，所选用的电动自行车须处于进口道上游，到停车线的距离大于30m，且未受到其他车辆干扰。在计算启动时间和加速度时，仅考虑位于停车线附近的、处于第一排的电动车。

K-S检验用于确定分布的类型，检验基于经验累积分布函数（Cumulative Distribution Function，CDF），用 $F(x)$ 来表示假定从经验CDF的连续分布数据中抽取一组随机样本 $\{x_1, x_2, \cdots, x_n\}$，经验CDF的计算见式（7-1）。

$$F_n(x) = \frac{1}{n}\left[Number\ of\ observation \leq x \right] \quad (7\text{-}1)$$

K-S统计基于 $F(x)$ and $F_n(x)$ 的最大垂直差异，其定义为：

$$D_n = \sup_x \left| F_n(x) - F(x) \right| \quad (7\text{-}2)$$

如果统计检验D大于基于样本数和α计算得出的关键值，则认为分布形式在显著性水平α下拒绝该假设（H_0：数据服从指定的分布）。关键行为参数统计特征见表7-2，电动自行车关键行为参数分布如图7-6所示。

关键行为参数统计特征　　表7-2

主要指标	分布类型	均值	方差	最小值	最大值	95%置信区间	样本量
期望速度（m/s）	对数正态分布	22.64	5.78	9.03	45.08	[11.92, 34.93]	201
启动时间（s）	逻辑斯谛分布	-2.06	1.57s	-7.00	1.70	[-4.92, 1.21]	117
加速度（m/s²）	对数正态分布	0.41	0.17	0.19	1.12	[0.23, 0.79]	117
觉察反应时间（s）	韦伯分布	1.20	0.53	0.40	2.90	[0.50, 2.30]	68
减速度（m/s²）	韦伯分布	0.60	0.32	0.08	1.16	[0.12, 1.14]	29

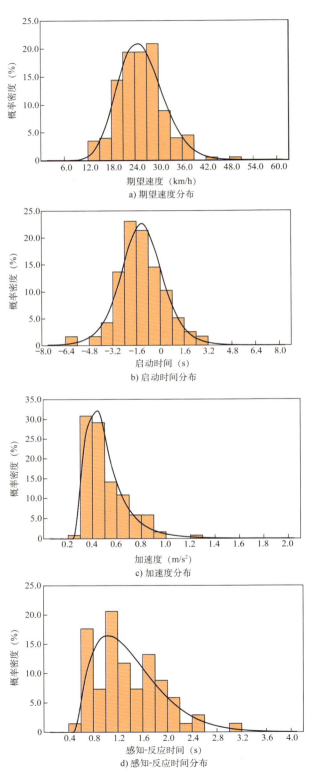

图7-6 电动自行车关键行为参数分布

统计分析显示，电动车平均期望速度为22.64 km/h，高于美国州公路及运输协会（American Association of State Highway and Transportation Officials，AASHTO）的推荐值（11~15km/h），期望速度在1%的显著性水平下服从lognormal函数。电动自行车启动时间平均值为−2.06 s，在1%的显著性水平下服从logistic分布，说明因接收到红灯末期红黄灯所带来的红灯即将结束的信息的影响，电动自行车骑行者早于绿灯开始前启动。电动自行车加速度/减速度的平均值处于AASHTO所给出的推荐区间（0.4~1.0m/s²）内，加速度的95%置信区间为[0.12，1.14]，减速度的95%置信区间为[0.23，0.79]。电动自行车骑行者的"觉察-反应"时间平均值为1.2s，高于机动车驾驶员。造成这一结果的可能原因有多种，比如部分骑行者距离交叉口较远导致决策犹豫、部分骑行者在相对较低的运行速度下通过更多的时间来实现较为舒适的停车等，这些驾驶行为均会导致停车/通过决策过程的推迟，进而体现为"觉察-反应"时间的增加。

7.1.3 决策行为分类

车辆的停车/通过决策行为对交叉口的运行安全影响较大。决策行为受多个因素的综合影响，在这些因素中，潜在通行时间[129]（Potential Time，PT）是一个决定因素变量。潜在通行时间是指车辆以决策点瞬时速度通过决策点至停车线这段距离所需要的时间。潜在通行时间差异[130]（Potential Time Difference，PTD）是指剩余黄灯或剩余绿闪灯与黄灯（停驶决策时刻至黄灯结束时刻）和从决策点行车至停车线所用的PT之间的差值。Mahalel和Zaidel[131]首次提出了潜在通行时间。潜在通行时间差异PTD计算公式见式（7-3）。

$$t_0 = t_1 - t_2 = t_1 - d/v \tag{7-3}$$

式中，t_0为潜在通行时间差异，s；t_1为决策时刻至黄灯结束的这段时间（对于黄灯期间决策的车辆，t_1为剩余黄灯时间，对于绿闪灯期间决策的车辆，t_1为剩余绿闪与黄灯时间之和），s；t_2为潜在通行时间，s；d为决策点至停车线的距离，m；v为决策点的瞬时速度，km/h。

PTD有正负之分，其值为负数时，电动自行车以决策点瞬时速度匀速运行，在绿灯或黄灯期间到达停车线，驾驶员作出通过决策；反之，电动自行车在红灯期间到达停车线，驾驶员应作出停车决策。

根据PTD，将黄灯启亮时电动自行车骑手停车/通过决策行为划分为正常通过（Normal Pass）、激进通过（Aggressive Pass）、正常停车（Normal Stop）、保守停车（Conservative Stop）四种类型。正常通过型是指在PT小于剩余黄灯时间或剩余绿闪灯与黄灯时间的情况下选择通过；激进通过型是指在PT大于剩余黄灯时间或剩余绿闪灯与黄灯时间的情况下选择通过；正常停车型是指在PT大于剩余黄灯时间或剩余绿闪灯与黄灯时间的情况下选择停车；保守停车型是指在PT小于剩余黄灯时间或剩余绿闪灯与黄灯时间的情况下选择停车。四种类型的形成机理如图7-7所示。

绿灯→红灯的过渡信号为"绿闪灯+黄灯"的情况下，按照上述分类方法，四种类型停车/通过行为比例如图7-8所示。

统计结果表明，正常型的停车或通过行为占74%。其中，正常通过型占43.5%，正常停车型占30.6%，说明大部分电动自行车骑行者能够根据当前的驾驶状态，结合车辆距交叉口的位置和交通信号做出合理的决策；激进通过型占25.0%，表明1/4的电动自行车遭遇绿闪灯或黄灯时会加速，以便在黄灯结束前驶入交叉口，从而避免红灯违章现象；保守停车型仅占0.9%，表明当电动自行车以当前速度能够在黄灯结束前通过停车线时，几乎没有骑行者会选择停车，这与当前中国城市交叉口大部分电动自行车骑行者遇到黄灯时采取"激进通过"即"能过则过"的现象相吻合。

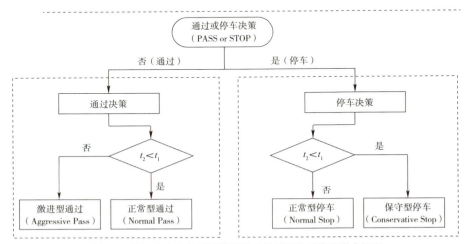

图7-7　绿灯-红灯信号过渡期间停/驶决策行为分类的形成机理

注：t_1为剩余黄灯时间或剩余绿闪与黄灯时间之和，s；t_2为潜在通行时间，s。

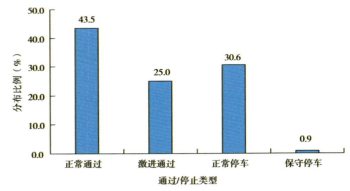

图7-8　绿灯-红灯过渡信号期间四类停/驶决策行为比例

7.2　停车/通过决策点判别

7.2.1　基于加速度的决策点判别

决策点的判别主要基于经典的加齐斯-赫尔曼-玛拉杜丁模型（Gazis, Herman and

7 电动自行车决策行为分析

Maradudin model，GHM)[17，125-126，132-133]。GHM模型假设车辆在停车/通过决策过程中遵从"一步决策"，即在黄灯启亮时，骑行者做出停止或通过的决定，之后不再更改先前的决定。考虑到绿闪灯一般设置为3s，根据以往的研究，停车/通过决策期间，绿闪灯更多地发挥了加长黄灯的作用，因此，绿闪灯设置条件下研究电动自行车的决策过程，把绿闪灯当作加长黄灯的处理方式，把"绿闪灯+黄灯"当作一个完整的过渡信号来看待。

通过观察发现，大部分电动车骑行者，在绿闪灯开始后很快做出决策，即实行一次决策。绿闪灯或黄灯启亮后，若骑行者做出停车决定，随着刹车装置的持续作用，电动车自行车加速度会处于负值状态，直到骑行者确信其速度足够小以至于能够实现停车线前安全停车；若骑行者做出通过决定，在无过街行人和等待的左转电动自行车干扰的情况下，电动车自行车会持续前进，加速度会一直处于正值状态，直到骑行者确信速度足够大以至于能顺利通过交叉口。因此，在电动自行车骑行者只进行一次决策的前提下，加速度能够较为精准地反映电动自行车骑行者停车/通过决策过程中驾驶行为的变化。受过渡信号影响，电动自行车停驶决策时所呈现的加速或减速趋势变化的区间，称为"决策区间"，该区间反映了加速、减速、匀速三种状态间的变换。

（1）对选择通过的电动自行车，其加减速度的分布可概括为三种情形（图7-9~图7-11，黄灯结束时刻为"0"）：

①决策前处于加速状态，且已处于较高运行速度，做出通过决策后继续保持这种高速状态，这一过程中加速度处于较小波动状态，实现决策点的精确判断较为困难。

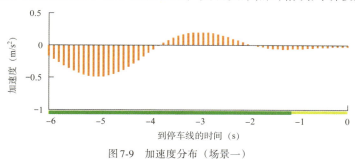

图7-9 加速度分布（场景一）

②决策前处于相对匀速前进的状态，做出通过决策后持续加速至较高运行速度。

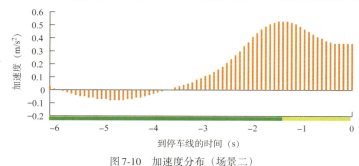

图7-10 加速度分布（场景二）

③决策前处于减速状态，做出通过决策后由减速迅速调整为加速，并直至达到较高运行速度。

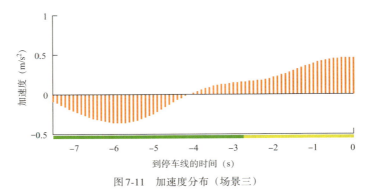

图7-11 加速度分布(场景三)

(2) 对选择停车的电动自行车,绿闪灯启亮时多处于距离交叉口较远的位置,因此,其决策过程可分为保守型、正常型和激进型进行描述(图7-12~图7-14,黄灯结束时刻为"0"):

①第一类为保守型。这类骑行者看到绿闪灯启亮后,出于安全考虑直接做出停车决策,对决策时电动自行车到交叉口的距离则选择忽略。

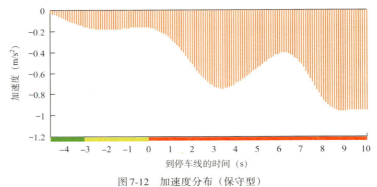

图7-12 加速度分布(保守型)

②第二类为正常型。这类骑行者看到绿闪灯启亮后,出于对顺利通过交叉口的不确定性,故而采取边骑行边决策的策略,即先暂且保持目前速度行驶,等距离交叉口较近时,再做出决策。

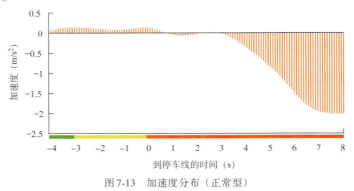

图7-13 加速度分布(正常型)

③第三类为激进型。这类骑行者看到绿闪灯启亮后,往往先加速行驶以试图通过交

叉口，待靠近交叉口发现不能安全通过后，继而采取减速措施。

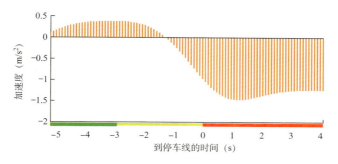

图 7-14 加速度分布（激进型）

按照电动车骑行者通过停车线的时刻，把采集样本分为绿闪灯期间通过、黄灯期间通过、红灯初期通过和停车四种类型，其决策区间如图 7-15 所示。

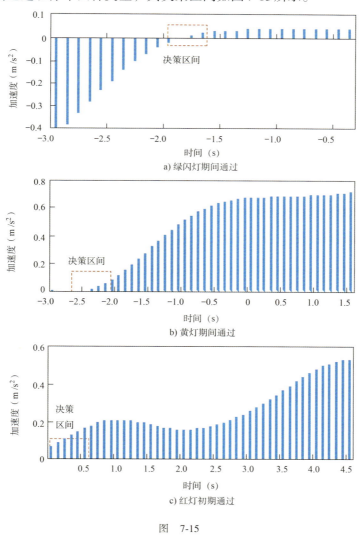

a) 绿闪灯期间通过

b) 黄灯期间通过

c) 红灯初期通过

图 7-15

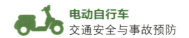

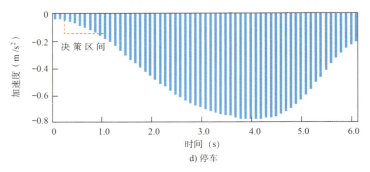

d) 停车

图 7-15 基于加速度的决策点判别（黄灯启亮时刻为"0"）

7.2.2 基于速度/加速度的综合判别

绿灯倒计时与绿闪灯都设置在绿灯末期，作为绿灯结束前的提示。作为我国目前应用最为普遍的两种绿灯至红灯的过渡信号，绿闪灯和绿灯倒计时都能够传递给骑行者绿灯即将结束的提示，其显示通常遵循"绿闪/绿灯倒计时→黄灯→红灯→绿灯"的顺序。两者之间的差异主要是传递给骑行者的信息量不同，绿闪灯以闪烁来提示绿灯即将结束，绿灯倒计时则通过显示剩余的绿灯时间来提示骑行者绿灯即将结束。然而，绿闪灯和绿灯倒计时均为绿灯时段的一部分，期间车辆是可以正常通行的。以往研究[127, 130]显示绿闪灯或绿灯倒计时等过渡信号会导致机动车停车/通过决策的复杂性，而 Tang K 等人[134-136]的研究则显示绿闪灯或绿灯倒计时等过渡信号会影响电动自行车骑行者的停车/通过决策行为，进而导致出现多次决策的反复变化。针对过渡信号对电动自行车骑行者决策行为的影响研究详见后文 7.5。对使用过渡信号尤其是倒计时信号的交叉口，单一的加速度指标不能真实反映骑行者决策的过程，为此，采用"速度+加速度"综合判定电动自行车骑行者的决策区域或决策点则更为精确（图7-16）。

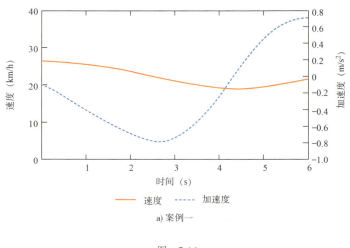

a) 案例一

图 7-16

7 电动自行车决策行为分析

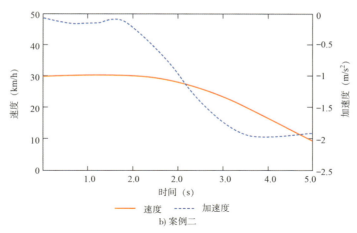

b) 案例二

图 7-16 基于"速度+加速度"的决策点综合判别

7.3 基于隐马尔科夫模型的决策模型构建

驾驶行为模型是对驾驶员的行为进行描述，而驾驶员的行为受到内部和外部多种因素的影响，这其中涉及驾驶员对交通环境的感知、生理和心理条件、驾驶经验以及不同交通条件的个人习惯等等。在交叉口，驾驶员需要感知和处理来自自身车辆、路上行驶的其他车辆、交通设施和周边交通环境等的大量信息，之后做出下一步的决策，而从感知信息、处理信息到做出决策这一过程是难以直接观察到的；此外，不同车辆的动力性能差异很大，驾驶员对自身车辆性能的了解和对周边交通环境的掌控也因人而异，因此，受这些不确定因素的干扰，驾驶员与车辆结合后产生的行为就更加复杂和难以准确判别，进而可能导致驾驶行为模型输出的结果存在不确定性、不一致性和较大偏差。尽管判别上存在很大难度，但由于车辆操作存在性能限制，驾驶员也同样具有生理和心理的极限，因而驾驶员的行为特征在一定的交通环境下就会存在一定程度的一致性，这些特征是可以被观察到或者可以从之前的操作中推导出来的。因此，从这一角度来看，驾驶员在交叉口的驾驶行为是可以被模拟的。

信号变换的过程中，如绿闪或倒计时变黄灯、黄灯变红灯，驾驶员的行为非常复杂。以往的研究表明，骑行者需要根据收集的交通信息持续做出判断，以此为基础确定下一步的决策行为。这一过程中，驾驶员的犹豫、其他车辆的干扰、加速度不足、对距离判断不准、过高估计车辆的加速性能、较长的反应时间、低估车辆负重以及对路面条件认识不足等都会导致驾驶员决策的失败，进而诱发可能的交通冲突或事故。然而，与可能诱发交通冲突或事故的错误决策和驾驶行为的数量相比，实际发生的交通事件并不多，原因就在于车辆驾驶员会在他们认识到他们初始决策失败后能及时调整他们接下来的行为。因此，信号过渡期间驾驶员的决策并不是一步到位的，而是不断判断不断调整修正的一连串行为，同时这些行为只跟最近的一个或几个状态相关，而与除此之外的其他状态无关。

鉴于决策过程中骑行者驾驶行为的随机性、可模拟性和单个驾驶状态的独立性，本研究把决策中一连串的调整过程用隐马尔科夫链来表示，提出了基于隐马尔科夫链的驾驶模型（Hidden Markov Driving Model，HMDM）[133]。尽管在以往的机动车驾驶行为建模中，隐马尔科夫模型得到广泛应用，但之前的模型并未实现对电动自行车驾驶行为的模拟。由于机动车与电动自行车驾驶行为的巨大差异性，因此，本研究提出的针对电动自行车驾驶行为的HMDM具有一定的创新性。除此之外，为了克服初设状态等造成模拟结果的过大误差，本项研究根据先验信息，提出了一套初始值设定的新方法，并对四类样本的判别结果进行了验证，对判别精度及决定性因素进行了分析，最终利用HMDM解决了电动自行车停车/通过决策点的判别、停/驶决策预测和决策过程全过程解析这些难题。

7.3.1 隐马尔科夫模型介绍

隐马尔科夫模型是一种具有学习能力的统计模型，可以看作一种特定的贝叶斯网络，其优点是算法成熟、效率高、效果好、易于训练，目前隐马尔科夫模型在语音识别、手写字符识别、图像处理、生物信号处理等诸多领域已经得到了广泛的应用[22]。隐马尔科夫模型已被证明能够建模交通领域的高度随机系统，如路径选择和交通控制策略[22]。近年来，隐马尔科夫模型在微观驾驶行为研究中的应用逐渐增多，但基于隐马尔科夫模型的决策行为预测仍处于起步阶段。

马尔科夫链是一组随机状态的序列，它只由前一个状态决定。在隐马尔科夫模型中，每一个状态代表一个可观察的事件，观察到的事件是状态的随机函数，因此该模型是一双重随机过程，其中状态转移过程是不可观察（隐蔽）的（马尔科夫链），而可观察的事件的随机过程是隐蔽的状态转换过程的随机函数（一般随机过程）。因此，隐马尔科夫模型可以被认为是一个双重随机过程或部分被观测的随机过程[22]。对一个随机事件，有一观察值序列 $O = (O_1, O_2, \cdots, O_T)$，该事件隐含着一个状态序列 $Q = (q_1, q_2, \cdots, q_T)$。该事件有 N 个状态 $S_1, S_2, \cdots, S_N$，随着时间推移，事件从某一状态转移到另一状态，设 q_t 为时间 t 的状态，事件在时间 t 处于状态 S_j 的概率取决于其在时间 $1, 2, \cdots, t-1$ 的状态，该概率为：$P(q_t = S_j | q_{t-1} = S_i, q_{t-2} = S_k, \cdots)$。

当该事件作为HMM时，符合以下三个假设[22]：

假设1：马尔科夫性假设。如果系统在 t 时间的状态只与其在时间 $t-1$ 的状态相关，则该系统构成一个离散的一阶马尔科夫链（马尔科夫过程）$P(q_i | q_{i-1} \cdots q_1) = P(q_i | q_{i-1})$；

假设2：不动性假设（状态与具体时间无关）$P(q_{i+1} | q_i) = P(q_{j+1} | q_j)$，对任意 i，j 成立；

假设3：输出独立性假设（输出仅与当前状态有关）$P(O_1, \cdots, O_T | q_1, \cdots, q_T) = \Pi P(O_t | q_t)$。

一个隐马尔科夫模型是由一个五元组描述的（图7-17）。
$\lambda = (N, M, A, B, \pi)$，简记为 $\lambda = (A, B, \pi)$。

其中，N 为状态数，$N = (S_1, \cdots, S_N)$ 为状态的有限集合；M 为可能的观察值数，$M = (v_1, \cdots, v_k)$ 为观察值的有限集合；$A = a_{ij}$ 为状态转移概率矩阵，$a_{ij} = P(q_t = S_j | q_{t-1} = S_i$

$(1 \leq i,j \leq N)$，$a_{ij} \geq 0$，$\sum_{j=1}^{N} a_{ij} = 1$；$B = b_j(k)$ 为观察值概率分布矩阵，即混淆矩阵 B，从状态 q_j 观察到符号 v_k 的概率分布矩阵 $b_j(k) = P(O_t = v_k | q_t = S_j)$ $(1 \leq j \leq N, 1 \leq k \leq M)$，$b_j(k) \geq 0$，$\sum_{k=1}^{M} b_j(k) = 1$；初始状态概率分布 $\pi = \pi_i$，$\pi_i = P(q_1 = S_i)$ $(1 \leq i \leq N)$，$\pi_i \geq 0$，$\sum_{i=1}^{N} \pi_i = 1$。

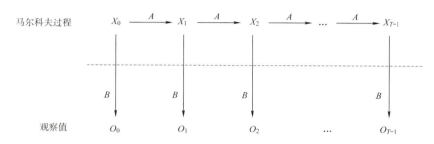

图 7-17 隐马尔科夫模型结构示意图

给定隐马尔科夫模型 $\lambda = (A, B, \pi)$，则观察序列 $O = (O_1, O_2, ..., O_T)$ 可由以下步骤产生：

（1）根据初始状态概率分布 $\pi = \pi_i$，选择一初始状态 $q_1 = S_i$；

（2）设 $t = 1$；

（3）根据状态 S_i 的输出概率分布 $b_j(k)$，输出 $O_t = v_k$；

（4）根据状态转移概率分布 a_{ij} 转移到新状态 $q_{t+1} = S_j$；

（5）设 $t = t + 1$，如果 $t < T$，重复步骤 3、4，否则结束。

隐马尔科夫模型存在三个需要解决的基本问题[22]：

问题 1：评估问题。给定观察序列 $O = (O_1, O_2, ..., O_T)$，以及模型 $\lambda = (A, B, \pi)$，如何计算观察值序列的概率 $P(O|\lambda)$？即给定观察序列 O 和 $HMM = \lambda(A, B, \pi)$，判断 O 是由 λ 产生出来的可能性有多大。

问题 2：解码问题。给定观察序列 $O = (O_1, O_2, ..., O_T)$ 以及模型 $\lambda = (A, B, \pi)$，如何选择一个对应的状态序列 $Q = (q_1, q_2, ..., q_T)$，使得 Q 能够最为合理地解释观察序列 O？求可能性最大的状态序列 $\max_Q P(Q|O, \lambda)$。即给定观察序列 O 和 $HMM = \lambda(A, B, \pi)$，计算与序列 O 相对应的状态序列是什么。

问题 3：学习问题。对给定的一个观察值序列 $O = (O_1, O_2, ..., O_T)$，如何调整模型参数 $\lambda = (A, B, \pi)$，使得观察值出现的概率 $P(O|\lambda)$ 最大？即给定一系列观察序列样本，确定能够产生出这些序列的模型 $\lambda(A, B, \pi)$。

7.3.2 HMDM 模型构建思路

由于停车/通过决策过程由多个可观察到的离散状态组成，而这些状态是骑行者操作动作的结果，因此，这些状态可用于表征骑行者的驾驶行为。假设在一定的群体中，当面临决策时，驾驶员的行人具有统计学上的一致性。比如，黄灯或绿闪灯等过渡信号启亮后，暂时做出通过决策的驾驶员，大部分会加速通过，而做出停车决策的驾驶员，往往会减速行驶。

基于此种假设，隐马尔科夫模型帮助从大量的记录车辆移动过程的序列中获取骑行者寻常的驾驶行为。图7-18显示了隐马尔科夫模型的程式化结构，图中圆圈是隐藏状态，隐藏状态按照一定的概率进行转换，这一概率由转移矩阵提供。本次研究中，隐藏状态可以理解为骑行者的态度；图中矩形是可以观察到的状态，观察状态由隐藏状态按照一定的概率产生，概率由混淆矩阵提供。在隐马尔科夫模型中，EM算法用以估计模型参数如混淆矩阵等。得到转移矩阵和混淆矩阵后，隐马尔科夫模型构建基本完成。

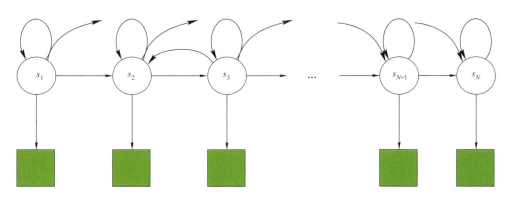

图7-18　HMM程式化结构示意图

在骑行者驾驶行为的研究中，能够观察到的只有车辆的运动，而对骑行者的行为却难以直接观测，因此，可利用HMDM来获取骑行者的态度或状态。模型中所应用的车辆动态数据均来自现实中可以观察到的状态，如图7-19所示。

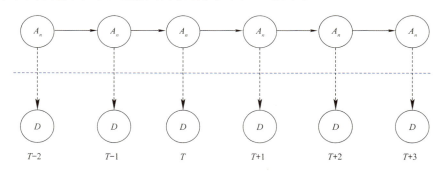

图7-19　一个HMDM模型的时间序列

注：图中A_n是骑行者的隐藏状态，D是观测到的骑行者的运动状态，T是观测基准时刻。

一个HMDM代表了现实世界中的一系列简单事件，每个事件通过计算HMDM中隐藏状态产生观察状态的可观测概率来加以识别。从电动自行车在交叉口的决策过程来看，这些事件可以是一系列的加速度（ACC）、减速度（DEC）、匀速（CRS）。通常情况下，我们将观测时间开始时车辆的初始速度或加速度作为HMDM的观测状态，来估计HMDM隐藏状态中所体现的骑行者态度。因此，在HMDM中，加速、减速等观察状态从统计学角度来看取决于隐藏状态中所体现的骑行者的态度。

本研究利用高精度连续轨迹数据或可测量属性的离散序列，如位置、速度和加减速数据，提取细粒度驾驶行为微观特征参数，基于"心理-行为"过程的隐马尔科夫性，建立停/驶决策预判模型（HMDM模型）。该模型可以模拟电动自行车一系列动作状态，并通过定性定量分析方法实现决策过程状态判别，揭示电动自行车骑行者在信号相变过程中的行为机理。

7.3.3 HMDM模型构建过程

1）模型算法

HMDM模型可以用式（7-4）表示：

$$\lambda = \{Q, O, A, B, \pi\} \tag{7-4}$$

$$Q = \{q_1, q_2\} \tag{7-5}$$

式中，Q为隐藏状态的有限集，被视为驾驶员对停车或通过的时间依赖性决策；O是观测状态O_{ij}的有限集，O_{ij}由速度$v = \{v_1, v_2, \cdots, v_i\}$和加速度$a = \{a_1, a_2, \cdots, a_j\}$的状态定义；$A = \{a_{ij}\}$为状态转移矩阵，其中$a_{ij} = P\{Q_t = q_j | Q_t - 1 = q_i\}$为状态$i$到状态$j$的过渡概率，表示驾驶员在每个时间步由通过（或反之）改变决策到停止的概率的时间序列；$B = \{b_{ij}\}$为混淆矩阵，其中$b_{ij} = P\{Q_t = o_j | Q_t = q_i\}$为隐藏状态为$i$时观测状态为$j$的概率，指的是在给定的观测状态下，驾驶员在每个时间步上决定停车或通过的概率的时间序列；π是在给定观测状态下，绿灯闪烁开始时停止或通过的初始概率，可由经验数据估计；$\pi = \{\pi_i\}$为初始概率分布；$\pi_i = P\{Q_t = q_j\}$为隐藏态的初始概率，其中$\pi_1 = P\{Q_0 = q_1\}$，$\pi_2 = P\{Q_0 = q_2\}$为初始态的概率。

由于观察状态和隐藏状态都是时间相关的，并且每个状态都必须在一个时间步长的基础上定义，这适合于捕捉驾驶员决策行为的机制。该模型采用0.1 s的时间步长，在整个相变过程中包含了60个观测和隐藏状态，包括3s绿闪灯和3s黄灯。

根据隐马尔科夫模型的基本概念，有三个基本问题需要解决：估计问题、解码问题和训练问题。这些问题可以分别通过前向-后向算法（Forward-Backward Algorithm）、维特比算法（Viterbi Algorithm）和鲍姆-韦尔奇算法（Baum-Welch Algorithm）来解决。模型的初始状态参数估计流程如图7-20所示。

2）模型构建

HMDM模型初始状态的确定主要体现为观察状态、隐藏状态、初始状态向量、初始转移矩阵、初始混淆矩阵的参数确定。

（1）观察状态与隐藏状态

HMDM模型主要用于模拟判别电动自行车骑行者在信号过渡期间的决策过程和驾驶态度，因此，需使用能够体现驾驶态度变化的鲜明特征参数来设置HMDM的观察状态。被测量的电动自行车驾驶行为通常被预定义为HMDM中的一组离散事件或状态，在电动自行车骑行者决策过程中，这些行为可以是加速、减速或巡航的序列，骑行者的态度可以通过速度和加速度等驾驶参数来表征。

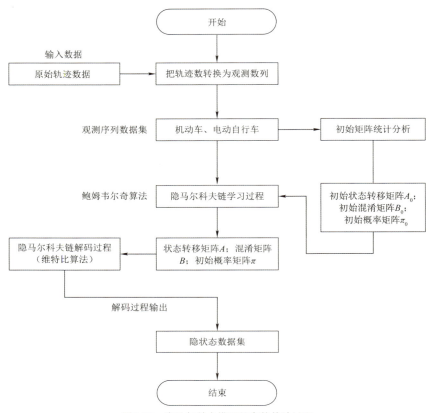

图7-20 隐马尔科夫模型的参数估计过程

在电动自行车实际运行过程中，当绿闪灯、绿灯倒计时或黄灯等过渡信号启亮后，如果做出停车决定，电动自行车骑行者将使用刹车装置，随着刹车装置的持续作用，电动自行车的减速度会迅速增加，直到骑行者确信其速度足够小以至于能够实现在停车线前的安全停车；类似状况也体现在通过决策中，一旦出现无过街行人和等待左转的非机动车干扰时，做出通过决定的直行骑行者会加速前进，加速度会持续增加直到驾驶员确信其速度足够大以至于能顺利地进入和通过交叉口。由此可见，速度和加减速度是驾驶员在决策过程中的最直接反应，因此，HMDM以电动自行车的速度和加速度作为观察状态，以骑行者的态度（停车或通过）作为隐藏状态。

把观察到的轨迹数据转换成用于模型估计的状态序列，确定两组反映电动自行车动力学的基本状态速度集和加速度集。对所有电动自行车样本的统计分析发现，大多数骑行者选择在10km/h以下的速度停车，在30km/h以上的速度通过。因此，将速度分为 $v=\{v_1(0\sim10\text{km/h}), v_2(10\sim20\text{km/h}), v_3(20\sim30\text{km/h}), v_4(>30\text{km/h})\}$ 四个类别。以85%分位加减速（±0.15m/s²）为电动自行车加减速识别阈值，定义电动自行车动力学的三种基本状态：$a=\{a_1(<-0.15\text{m/s}^2), a_2(-0.15\sim0.15\text{m/s}^2), a_3(>0.15\text{m/s}^2)\}$。最后，定义12种速度和加/减速组合作为HMDM的观察状态，判别状态组合如图7-21所示。此外，隐藏状态被定义为1

（通过）和2（停止）。

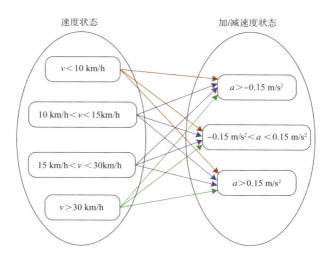

图7-21 判别状态组合

（2）初始状态向量

初始状态向量是指HMM状态的初始设置值。该向量的确定会影响HMDM模型的模拟精度和运算结果，导致模型判别误差的增加，因此，初始状态向量的设置尽量不要采用随机值。为了减小初始状态向量集的误差，采用先验方法确定初始状态向量，这种方法的思路是把用于训练的实际数据最终状态，作为模型的初始状态向量。

对观测数据进行分析，发现约有67%的车辆选择通过，33%的车辆选择停车，因此，选择通过、选择停车的初始状态向量分别为0.67、0.33。

（3）初始转移矩阵

初始状态转移矩阵是指隐藏状态的初始设置值。为了减小初始状态向量集的误差，采用先验方法确定初始传递矩阵。这种方法的思路是首先利用观察状态临界值对车辆的初始状态进行识别，之后对比现实中车辆的最终状态和模型中车辆的初始状态，把两者之间的转移矩阵作为HMDM模型的初始转移矩阵。

取所有样本的一半进行模型训练（$n = 172$），得到115个通过样本和57个停止样本。对这些训练样本的初始和最终状态进行比较分析发现，最初的115次通过包含91次通过和24次停止，而最初的57次停止包含50次停止和7次通过。因此，初始过渡矩阵可计算为：

$$A = \begin{bmatrix} 91/115 & 24/115 \\ 7/57 & 50/57 \end{bmatrix} = \begin{bmatrix} 0.79 & 0.21 \\ 0.13 & 0.87 \end{bmatrix} \tag{7-6}$$

（4）初始混淆矩阵

设置HMDM中的12个观察状态和2个隐藏状态，形成2×12混淆矩阵：$\{0 < v_i < 10, 10 < v_i < 20, 20 < v_i < 30, v_i \geq 30\} \times \{a < -0.15, -0.15 \leq a \leq 0.15, a > 0.15\}$

用每个训练样本的初始和最终状态计算初始混淆矩阵，得到每一个样本最终状态和对应的初始观察状态，并用于以下公式：

$$OBc(1,i) = \frac{psti}{\sum psti} \quad i = 1\sim6 \tag{7-7}$$

$$OBc(2,j) = \frac{pstj}{\sum pstj} \quad j = 1\sim6 \tag{7-8}$$

根据以上公式，最后得到初始混淆矩阵：

$$B = \begin{bmatrix} 0.00 & 0.00 & 0.00 & 0.00 & 0.08 & 0.00 & 0.04 & 0.68 & 0.04 & 0.02 & 0.13 & 0.01 \\ 0.00 & 0.00 & 0.04 & 0.00 & 0.28 & 0.15 & 0.01 & 0.35 & 0.14 & 0.00 & 0.02 & 0.01 \end{bmatrix} \tag{7-9}$$

7.3.4 HMDM模型参数估计

使用MATLAB软件中的隐马尔科夫工具箱求解HMDM。导入信号过渡期间的电动自行车加速度序列值，设置观察状态、HMM状态、加速度临界值、初始状态向量、初始转移矩阵和初始混淆矩阵，通过EM算法实现HMDM的参数估计，参数估计主要包括初始状态概率、转移矩阵、混淆矩阵。EM算法的每一次迭代过程必定单调地增加训练数据的对数似然值，于是迭代过程渐进地收敛于一个局部最优值。对数似然值迭代变化详见表7-3。

对数似然值迭代变化过程　　　　　　　　　　　　　　　　　　　表7-3

迭代次数	对数似然值	迭代次数	对数似然值
1	−1023.789647	6	−710.973317
2	−782.979299	7	−710.509744
3	−735.950375	8	−710.347967
4	−719.019261	9	−710.278129
5	−712.656115		

当迭代收敛于最优值时，对数似然值达到最大。对数似然值的绝对值越大，模型模拟的状态与实际状态的相似性越低。初始参数值和对应的估计参数值求解结果如图7-22所示。

观察状态6和8对隐藏状态"停止"的贡献最大，而观察状态8和11对隐藏状态"通过"的贡献最大。从"通过"到"停止"的转移概率为0.21，从"停止"到"通过"的转移概率为0.13。不考虑模型的预测精度，连续时间步的隐藏状态倾向于保持前一状态。然而，两种状态之间仍然有很多转换，特别是从"通过"到"停止"。

HMDM不仅能够实现停车通过决策的判断，还能够判别中间过程进行跟踪判断，其对应的决策过程可以用一连串的停车通过状态表示。"1"代表通过，"2"代表停止，20个典型样本的每一步的决策状态如图7-23所示。

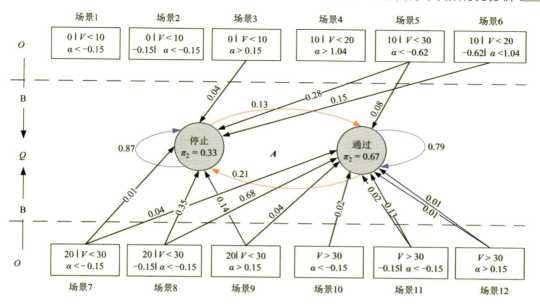

图 7-22　HMDM 模型参数估计

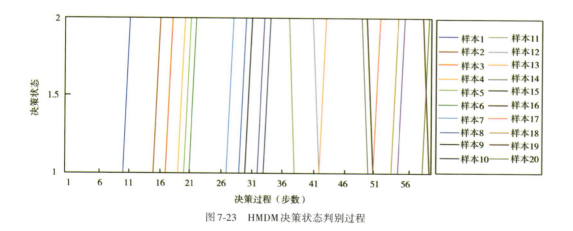

图 7-23　HMDM 决策状态判别过程

7.4　基于隐马尔科夫链的驾驶模型预测

7.4.1　HMDM 模型预测精度分析

1）预测精度

HMDM 模型以电动自行车在信号过渡期间的速度、加速度为观察序列,通过速度、加速度细化分类,综合判断两者的变化过程实现停车/通过决策判别预测。各类样本的预测精度如图 7-24 所示。

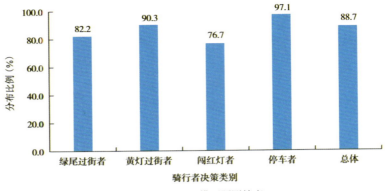

图7-24 HMDM模型预测精度

结果显示，HMDM模型整体预测率较高，约为88.7%，说明该模型对电动自行车骑行者的停车/通过决策行为能够做到较好的模拟与估计。绿尾过街者、黄灯过街者、闯红灯者、停车者四类样本的判别精度分别为82.2%、90.3%、76.7%、97.1%，从中可以看出，HMDM模型对停车样本的决策预测精度很高，而对通过样本的决策预测精度相对较低。

2) 模型缺陷

结合典型误判样本的加速度数据来分析HMDM模型的误判原因。把每个误判样本在信号变化期间加速度的变化分为两部分，可以发现它们共同的特征是前半部分加速度处于零值附近或虽为正值但加速度较小，后半部分多变为负值且加速度较大，表明这部分电动自行车开始是匀速或适当加速，而临近交叉口时则持续减速。由此可见，上述误判样本均属于做出通过决策而驾驶行为又偏于保守的这部分，这一群体在作出通过决策后首先加速，但在抵近交叉口时，会变得较为谨慎，于是调整当前的运行速度，迅速减速。

HMDM根据速度和加速度（观察状态）的综合分析来实现对通过或停车决策（隐藏状态）的判别，对处于高速运行状态下、在接近路口时急剧减速但仍然选择通过的电动自行车，HMDM模型通常误判为停车。说明HMDM模型对偏于保守的通过车辆的状态判别是不准确的，且随着这一群体占比的增加，模型判别精度会降低，反之，会提高。因此，不同的交通环境下，HMDM的判别精度会出现波动，其波动幅度很大程度上取决于偏于保守的通过车辆所占的比例。

7.4.2 二元Logit决策模型构建

1) 模型构建

利用7.1.2小节中提取的电动自行车骑行者驾驶行为数据，主要考虑决策点速度、决策点到停车线的距离对决策过程的影响，构建二分类logistic回归模型。为了使模型更加准确，采用向前法进行自变量的筛选，即Forward：LR，基于最大似然估计的向前逐步回归法，选入自变量基于Score检验统计量，剔除变量基于最大偏似然估计的似然比检验结果。得到结果详见表7-4。

模型变量分析 表7-4

项目		回归系数	标准差	统计量	自由度	显著性	优势比	95%置信检验	
								下限	上限
步骤1[a]	决策点速度	0.123	0.032	14.895	1	0.000	1.131	1.062	1.204
	决策点距离	−0.084	0.019	19.001	1	0.000	0.920	0.886	0.955
	常量	0.541	0.702	0.594	1	0.441	1.717	—	—

注：[a]在步骤1中输入的变量：决策点速度、决策点距离。

得到拟合的logistic回归模型如下：

$$logit(p) = 0.541 + 0.123V - 0.084S \tag{7-10}$$

即：

$$P(pass) = 1 - \frac{1}{1 + \dfrac{1}{0.541 + 0.123V - 0.084S}} \tag{7-11}$$

式中，V 是决策点瞬时速度；S 为决策点到停车线的距离。模型中速度的回归系数为正，距离的回归系数为负，说明车辆的速度越大、距离停止线的距离越小，选择通过决策的概率越高，这与实际情况是相符的。

2）Logit模型检验

对模型整体的显著性、拟合效果进行检验，模型整体检验、Hosmer和Lemeshow检验详见表7-5。拟合优度指标中卡方值越小，P 值越大，表明模型越好。

模型拟合度检验 表7-5

	卡方	df	Sig.
模型系数的综合检验	30.51	2	0
	30.51	2	0
	30.51	2	0
Hosmer和Lemeshow检验	卡方	df	Sig.
	14.787	8	0.063
模型汇总	−2 对数似然值	Cox & Snell R^2	Nagelkerke R^2
	182.204[a]	0.169	0.233

注：[a] 因为参数估计的更改范围小于0.001，所以估计在迭代次数4处终止。

由表7-5可知，模型系数综合检验P值Sig.<0.05，说明模型整体检验是显著的。表7-5给出了当前模型的−2对数似然值和两个伪决定系数Cox & Snell R^2 与Nagelkerke R^2，−2对数似然值越小，越接近于0，模型拟合效果越好。Hosmer和Lemeshow检验的Sig.均大于0.05，说明模型的拟合优度检验显著，对数似然、Cox & Snell R^2 和Nagelkerke R^2 均表明模型拟合程度合理。

7.4.3 HMDM模型与Logit模型对比分析

通过将模型预测的最终时步隐藏状态与观测数据的实际状态进行比对，获得HMDM的预测精度，通过加速度决策点判别获得二元Logit模型的预测精度，并对两者进行对比，对比结果如图7-25所示。

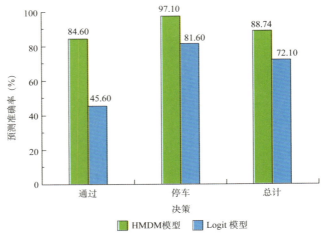

图7-25　HMDM模型与Logit模型预测准确率对比示意图

HMDM模型停车决策预测率为97.1%，通过决策预测率为84.6%，整体预测率为88.74%。二元Logit模型停车决策预测率为45.6%，通过决策预测率为81.6%，整体预测率为72.1%。对比两者预测率，可以发现：

（1）HMDM模型预测精度明显优于二元Logit模型，说明基于综合指标与多时步预测的HMDM模型，对电动自行车骑行者决策过程的解释能力更为强大，在识别电动自行车骑行者决策状态方面比二元Logit模型更为有效；

（2）两个模型对停车决策的判别精度明显高于通过决策，说明相比于通过决策过程，电动自行车停车决策过程的驾驶行为更容易识别。

7.5　电动自行车停车/通过决策行为机理解析

7.5.1　绿灯至红灯的过渡信号介绍

在未设置绿闪灯或绿灯倒计时等过渡信号的交叉口，信号过渡的顺序是普通绿灯→黄灯→红灯，黄灯是同一相位绿灯变换为红灯期间唯一能够给驾驶员提供时间信息的信号，因此，驾驶员的决策基本都发生在黄灯期间。由于黄灯一般设置为3s，相关研究表明驾驶员的感知-反应为0.7~1s，黄灯启亮后留给驾驶员可控的决策时间只有2s左右，这期间到达交叉口的驾驶员必须快速决定是继续通过还是停车等待下一个相位绿灯。此时，若车辆离交叉口太远而选择通过，则可能会闯红灯，降低了交叉口的交通安全，反之，部分驾驶员尽管距离交叉口很近，却选择了停车，影响了交叉口的通行效率。在这种情况下，速度较高的交叉口的车辆很容易陷入进退两难区。对处于进退两难区或进退均可的选择区的车辆来说，做出停车或通过的选择有时会存在较大的难度，这种决策困难可能造成车辆的决策错误，并最终引发紧随的后车与本车间的追尾事故或闯红灯导致的与冲突方向车辆之间的碰撞事故。为了降低驾驶员决策错误的可能性，绿闪灯和绿灯倒计时应运而生。两种过渡信号如图7-26所示。

a) 绿闪灯
（拍摄地点：北京；拍摄日期：2023.3）

b) 绿灯倒计时
（拍摄地点：南京；拍摄日期：2023.4）

图7-26 绿闪灯和绿灯倒计时交叉口

机动车绿闪灯就是在绿灯末加入绿灯闪烁，提醒驾驶员绿灯即将结束，一般配合红黄灯，表现形式为"绿灯→绿闪灯→黄灯→红灯→红黄"。机动车绿闪在不同国家代表不同的意义。在加拿大的部分城市，它相当于附着绿灯下的一个左转信号灯；在美国，绿闪灯表示交叉口的人行道有行人要过街；在苏联和墨西哥的部分城市，绿灯在绿灯要结束之前开始闪烁，表示绿灯即将结束，预示黄灯即将亮起。我国的绿闪灯的作用和墨西哥类似，起到提示绿灯即将结束黄灯即将亮起的作用。

绿灯倒计时信号灯就是在绿灯末加入倒计时信号，提供给驾驶员剩余绿灯时间信息，一般红灯倒计时信号，表现形式为"绿灯→绿灯倒计时→黄灯→红灯→红灯倒计时"。在我国，绿灯倒计时信号灯是一种附加在现有城市交通信号灯下面，用以对信号灯的剩余绿灯时间进行倒计时的装置，作为绿灯结束前的提示。目前，中国的部分城市采用了显示数字的倒计时信号灯，其中绿灯倒计时的最后3s往往配以绿闪灯。

由此可见，绿灯倒计时与绿闪灯都设置在绿灯尾，作为绿灯结束前的提示。作为我国目前应用最为普遍的两种绿灯至红灯的过渡信号，绿闪灯和绿灯倒计时都能够传递给驾驶员绿灯即将结束的提示，其显示通常遵循"绿闪灯/绿灯倒计时→黄灯→红灯→绿灯"的顺序。两者之间的差异主要是传递给驾驶员的信息量不同，绿闪灯只能闪烁来提示绿灯即将结束，绿灯倒计时则通过显示剩余的绿灯时间来提示驾驶员绿灯即将结束。然而，绿闪灯和绿灯倒计时均为绿灯的一部分，期间车辆正常通行。

7.5.2 过渡信号对决策行为的影响

绿闪灯是目前我国信号控制交叉口普遍采用的过渡信号之一，尽管绿闪灯在信号时长中所占比例很小，但却是保障交叉口交通安全运行的核心要素。电动自行车是城市道路交通的重要工具，而深入开展绿闪灯对电动自行车停驶决策行为的影响研究，对绿闪灯设置方式及时改进，对提升交叉口交通安全运行现状具有重要的理论意义与实用价值，体现了交叉口信号配时方案的精细化理念。

国内外一些学者，已对绿闪灯及倒计时等各种过渡信号控制方式下的驾驶行为进行了相关研究。结果表明[127]，绿闪灯能够改变机动车驾驶员停驶决策期间的驾驶行为，进而影响交叉口的交通安全。Wang Fen等人[136]基于对进退两难区（Dilemma Zone，DZ）的研究，提出了不同交通条件下的黄灯时间计算方法；Tang K等人[134-135]对绿闪灯和普通黄灯下车辆的DZ进行了对比，发现在有绿闪灯控制的情况下，车辆的DZ显著减小；Factor等人[137]研究发现，绿闪灯能够增加停车决策区；Tang K等人[135, 138-140]通过对郊区高速路口车辆的停/驶决策行为进行实证分析，研究表明绿闪灯能够显著改变传统的进退两难区，模型对比结果显示相比二元逻辑模型，模糊逻辑模型对于停/驶决策估计具有更好的效果；Mahalel等人[131]利用仿真对绿闪灯和绿灯、黄闪同时显示进行了对比分析，发现绿灯、黄闪同时显示可以减少红灯违章；Köll等人[130]运用潜在通行时间PT对机动车驾驶员在绿闪灯期间的驾驶行为进行了研究，并提出了潜在通行时间差异PTD；曹弋等人[141]研究表明，绿灯倒计时信号会诱发部分驾驶员加速通过交叉口，且对违规变道行为影响较大；李克平[142]对信号控制中的黄灯问题进行了研究，探讨在减速停车和不停车通过两种选择下驾驶人的决策问题，分析"黄灯困境"产生的原因，并给出消除方法；钱红波等人[143]讨论了交叉口信号控制中的黄灯问题，运用汽车动力学原理及交通冲突理论研究驾驶员绿灯间隔期间的驾驶行为，提出了黄灯时长及全红时间的计算公式；余璇等人[144]分析了多种过渡信号对交叉口的影响，得出设置绿闪灯比设置绿灯倒计时信号灯更易引发交通事故。

可见，目前关于绿闪灯的研究多以机动车为研究对象，而电动自行车与机动车在驾驶性能、物理特征等各方面存在较大差异。鉴于此，本章以电动自行车为研究对象，基于加速度状态的变化实现停驶决策点的判别，利用潜在通行时间差异PTD对电动自行车决策行为进行分类，剖析绿闪灯对电动自行车驾驶员停驶决策行为的影响机理，研究绿闪灯控制方式下电动自行车决策行为的稳定性。

相关文献[145]研究表明，导致驾驶员错误决策的原因主要是DZ的存在。DZ可分为2种类型：Ⅰ类进退两难区（Type Ⅰ Dilemma Zone，DZ Ⅰ）和Ⅱ类进退两难区（Type Ⅱ Dilemma Zone，DZ Ⅱ）。DZ Ⅰ是指驾驶员在信号变换期间进行停驶决策时，由于速度过大而导致其按照当前的驾驶状态既不能安全停车又不能顺利通过交叉口的一段区域，DZ Ⅰ主要通过黄灯和全红时间的设计及车速控制来加以消除；DZ Ⅱ是由驾驶员本身的驾驶行为差异造成的，其最为典型的定义是指当黄灯启亮时停车线上游出现10%概率停车至90%概率停车之间的区域。相关文献[146]研究发现，机动车的DZ Ⅱ是距停车线的时间为2.5~5.5s的一段区间。下面分别对绿闪灯设置环境下电动自行车DZ Ⅰ和DZ Ⅱ进行研究。

1）绿闪灯对DZ Ⅰ的影响

决策区整体上分为进退两难区（Dilemma Zone，DZ）和可选区（Option Zone，OZ），此处所指的DZ通常是指DZ Ⅰ。OZ是指驾驶员既可以选择通过也可以选择停车的区域，因此，决策点落入OZ时，驾驶员可以做出2种选择，无论选择哪一种，驾驶员均可以做到顺利通过或安全停车；当决策点落入DZ时，驾驶员只有改变决策时的驾驶状态，采用更大的加速度或减速度，方能做到在停车线前安全停车或在红灯开始前顺利通过停车线。

基于停驶决策时的瞬时速度和决策点至停车线的距离，分别得到在未设置绿闪灯、设置绿闪灯2种情况下交叉口电动自行车的停车/通过决策曲线，如图7-27所示。

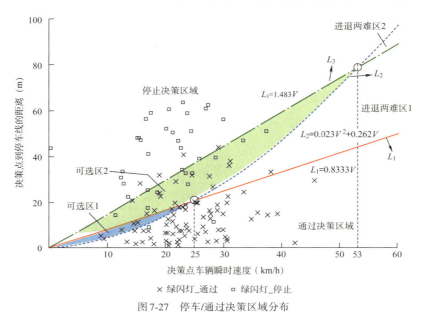

图7-27 停车/通过决策区域分布

图7-27中，L_1是在未设置绿闪灯的情况下以黄灯启亮时的速度通过交叉口的时距曲线，其中黄灯为3 s；L_2是在设置绿闪灯的情况下以最大减速度停车的时距曲线，根据调查数据，电动自行车最大减速度约为1.2m/s²；L_3是在设置绿闪灯的情况下以绿闪灯启亮时的速度通过交叉口的时距曲线，其中绿闪灯为3 s。

L_1和L_2形成了较大的DZ和较小的OZ，如图7-27中进退两难区1、可选区1所示。同时，处于停止决策区域的车辆基本选择了停车，而处于通过决策区域的车辆却有1/3左右选择了停车。在未设置绿闪灯的交叉口，当电动自行车速度达到约25 km/h时，就有可能陷入DZ中。

L_2和L_3形成了较小的DZ和较大的OZ，如图7-27中进退两难区2、可选区2所示。可选区2内约有一半左右的骑行者做出通过选择，另一半做出停车选择，该比例反映了骑行者在OZ内的决策行为。在设置绿闪灯的交叉口，只有当电动自行车速度达到53 km/h时，才有可能陷入DZ中。而根据样本统计，绿闪灯交叉口电动自行车速度超过40 km/h的比例不足1%，因此，绿闪灯交叉口电动自行车的DZ理论上是存在的，但在现实中几乎是不存在的。

由停车/通过决策区域分布分析，可以发现：

（1）相比于黄灯，绿闪灯减少了DZ，但同时增加了OZ，这与绿闪灯对机动车在黄灯期间决策行为的影响是一致的[130]。

（2）绿闪灯改变了部分电动自行车的决策，且对做出通过决策的驾驶员影响较小，对做出停车决策的驾驶员影响较大。绿闪灯的这种影响体现最明显的是激进型通过行为，根据决策行为分类分析结果，停驶决策行为中激进型通过决策占到了25%，而保守型停止决策仅占1%。

2）绿闪灯对DZ Ⅱ的影响

对DZ Ⅱ的分析分为2步：第1步是停车/通过概率分析，第2步是黄灯决策与绿闪灯决策的DZ Ⅱ比较。

（1）停车/通过概率分析。根据决策时间把决策点分为两组，一组在绿闪灯启亮后进行决策，另一组在黄灯启亮后进行决策。运用在驾驶行为分析上广泛应用的Binary Logistic模型对驾驶员的停车/通过决策行为进行分析。模型中的车辆停车概率为：

$$P = \frac{1}{1 + e^{-(\alpha + \beta_1 x_1 + \beta_2 x_2 + \cdots + \beta_i x_i)}} \tag{7-12}$$

式中，P为停车概率；x_i为独立变量；β_i为i变量的估计系数。估计系数的计算结果见表7-6，其中Cons.为常量。绿闪灯启亮后决策取值为0，黄灯启亮后决策取值为1。

电动自行车停车概率模型　　　　　　表7-6

模型	变量	变量系数	标准差	Wald检验	显著性P值	变量系数的指数
模型1 （在黄灯启亮后决策）	t_2	0.965	0.181	28.421	0.000	2.625
	Cons.	-4.831	0.820	34.692	0.000	0.008
	-2Log.$=66.572$，Cox&Snell $R^2=0.487$，Nagelkerke $R^2=0.696$ Hit ratio$=71.0\%$，sample size$=139$					
模型2 （在绿闪启亮后决策）	t_2	0.381	0.112	11.498	0.001	1.464
	Cons.	-3.737	0.741	25.409	0.000	0.024
	-2Log.$=78.725$，Cox&Snell $R^2=0.125$，Nagelkerke $R^2=0.212$ Hit ratio$=88.5\%$，sample size$=139$					

注：-2Log.（-2的对数似然值），Cox & Snell R^2（Cox和Snell的R^2），Nagelkerke R^2（Nagelkerke的R^2）是常用的检验统计量。

由表7-6可知，决策时刻的速度（v）和此时车辆到停车线的距离（d）在1%显著水平下是决策行为的决定性影响因素，说明PT对决策结果有重要影响。

（2）DZ Ⅱ的比较。模型1和2中PT对应的停车/通过概率模型如图7-28所示。

由图7-28可知，模型1（未设置绿闪灯）对应的DZ Ⅱ距离停车线0.8s至8.5s，时间跨度为7.7s；模型2（设置绿闪灯）对应的DZ Ⅱ距离停车线5.0s至13.5s，时间跨度为8.5s。相比机动车[138-139]，电动自行车的DZ Ⅱ明显扩大；相比黄灯，绿闪灯设置后，电动自行车的DZ Ⅱ时间跨度上增加了0.8s。

同一停车概率下，2个模型对应的DZ Ⅱ之间的最大错位差为4.7s，说明绿闪灯更早地告知驾驶员信号信息，促使其提前进行停车/通过决策，致使DZ Ⅱ远离交叉口；相比仅设置黄灯，设置绿闪灯后，电动自行车的DZ Ⅱ的大小并没有发生显著改变。因此，绿闪灯的设置只是促使电动自行车驾驶员更早地进行停车/通过决策，并没有起到更利于决策的效果。

随着城市交通拥堵日趋严重，粗放型的交通规划与管控方案将无法满足交叉口交通安全运行的需求，交叉口精细化分析与设计的理念日渐受到重视。通过绿闪灯对电动自行车停驶决策行为的安全影响研究，得到如下结论：

（1）绿闪灯诱发"激进通过"现象的同时，基本消除了电动自行车的DZ Ⅰ，即设置绿闪灯后，当电动自行车速度小于53km/h时，其落入DZ Ⅰ的概率基本为0。

（2）绿闪灯设置后，电动自行车的DZ Ⅱ整体内移，表明绿闪灯使得电动自行车更早地进行停车/通过决策，增加了驾驶员的可控决策时间；DZ Ⅱ的时间跨度增加了9.4%，表明绿闪灯设置后，驾驶员决策-反应过程的复杂性和不确定性有一定程度的增加。因此，合理设置绿闪灯有利于提升交叉口信控方案对复杂混合交通流的动态适应性，是提高电动自行车乃至整个交叉口安全与效率的有效方法。

（3）绿闪灯设置后，部分驾驶员可能进行2次甚至多次停车/通过决策，导致基于"一步停驶决策"的GHM模型适用效果进一步减弱。因此，下一步可研究绿闪灯设置环境下的GHM模型的适用性。

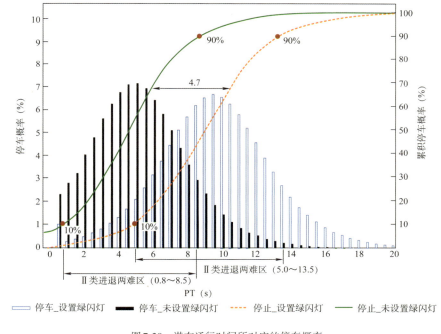

图7-28　潜在通行时间所对应的停车概率

7.5.3　过渡信号影响机理解析

HMDM是一种基于细粒度电动自行车行驶特征参数的决策预测模型，与二元逻辑模型相比，HMDM通过建立驾驶员停车或通过决策与驾驶员瞬时加速速率和速度之间的已识别的概率关系，识别骑行者决策行为的动态变化，并对决策链做出可靠的预测，实现了更准确的停车/通过决策预测。因此，HMDM有助于交通工程师在遇到过渡信号时主动识别潜在的错误决策和危险驾驶行为，实现黄灯困境区的合理处理和黄灯、全红、闪绿等过渡信号的精细设计，提高交叉口交通安全。

1) 典型决策类型分布

通过预测得到的每一个个体的隐藏状态序列，可以反映出每个骑行者的决策过程。为了了解在设置绿闪灯或绿灯倒计时的情况下骑行者决策的调整过程，本研究定义了五种决策类型，即：类型 a 一步决策（通过）、类型 b 一步决策（停止）、类型 c 两步决策（通过→停止）、类型 d 两步决策（停止→通过）和类型 e 两次以上决策。类型 a~类型 e 的速度和加速度曲线如图 7-29 所示。

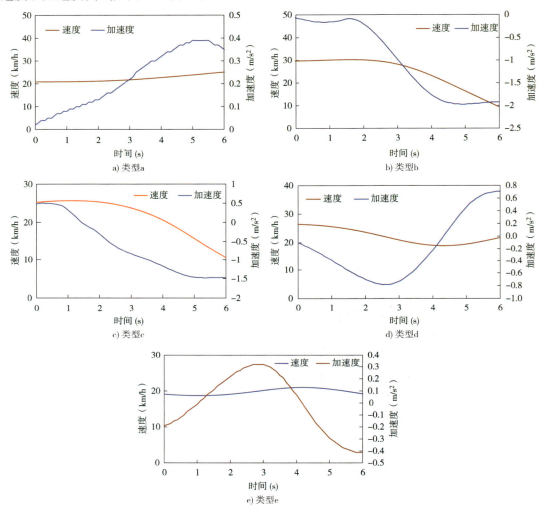

图 7-29　决策类型的典型速度和加速度分布

根据我们的观察，类型 c 主要包括两种驾驶人群：一种是在绿闪灯或绿灯倒计时开始时先做出通过决策，但在观察行驶环境（如其他骑行者的干扰、前方骑行者的数量与骑行速度等）并预估到停车线所用时间后，对之前的决策做出调整；另一种是在绿闪灯或绿灯倒计时开始时就做出停止决策，但在模型预测中其隐藏状态的前半部分仍然被识别为"通过"，出现这种误判的原因在于，这部分骑行者做出决策时的所处位置到停车线的距离较大，因此保持当前的速度继续行驶，直到接近停车线时才大幅减速。各种决策类型的预测结果如图7-30所示。

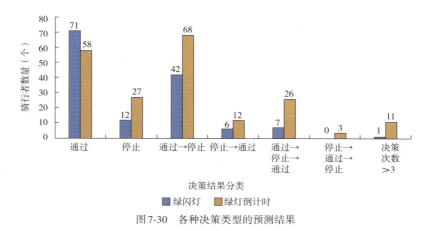

图7-30 各种决策类型的预测结果

分析绿闪灯和绿灯倒计时信号下电动自行车骑行者的决策类型可以发现：

（1）相比绿灯倒计时，面对绿闪灯，电动自行车骑行者更倾向于快速做出决策。绿闪灯骑行者做出一次决策的比例约为61.2%，而绿灯倒计时，这一比例为40.5%。面对绿灯倒计时，超过一半的骑行者可能会在停或走的决策中改变主意，进而增加了因决策不当所造成的过交叉口安全风险。

（2）对于再次调整决策的骑行者而言，为了避免绿闪灯和绿灯倒计时导致的决策不当风险，多选择停车，但仍然有少部分骑行者会选择通过，这种情况在面对绿灯倒计时发生得更为频繁。

（3）总体而言，决策次数超过2次的骑行者很少，面对绿闪灯时，这一比例仅为5.8%，而面对绿灯倒计时，这一比例为19.5%。

研究结果显示，面对绿闪灯或绿灯倒计时，相当比例的骑行者进行了多次决策，表明在设置绿闪灯或绿灯倒计时的情况下，骑行者很可能根据周围交通环境和交通信号来调整之前的决策，这意味着运用传统的一次决策模型（GHM模型）来描述电动自行车的决策行为是不合理的。相比绿闪灯，绿灯倒计时提供的剩余绿灯时间信息较早、较长，这似乎给了骑车人更多的选择，从而导致决策选择区的增大，增加了决策的复杂性，进而降低了决策的可靠性。

2）决策过程机理分析

基于图7-27所示的绿闪灯或绿灯倒计时设置条件下决策点的速度-距离曲线以及五种决策类型的分布，对绿闪灯或绿灯倒计时等过渡信号设置对骑行者决策行为的影响进行分析，如图7-31所示。从图7-31可以看出，a型骑行者趋向于较大的运行速度，而b型骑行者基本处于速度小于25km/h、距离小于40m的区域，c~e型骑行者则在速度-距离图上广泛分布。

图7-31中，轨迹1表示仅设置黄灯的情况下，在黄灯期间做出通过决策，并以恒定速度通过交叉口的电动自行车运行轨迹；轨迹2表示设置绿闪灯或绿灯倒计时的情况下，在过渡信号期间（绿闪灯或绿灯倒计时+黄灯）做出停车决策，并在停车前持续减速运行的

电动自行车运行轨迹；轨迹3表示设置绿闪灯或绿灯倒计时的情况下，在过渡信号期间（绿闪灯或绿灯倒计时+黄灯）做出通过决策，并以恒定速度通过交叉口的电动自行车运行轨迹；轨迹4表示设置绿闪灯或绿灯倒计时的情况下，在过渡信号期间（绿闪灯或绿灯倒计时+黄灯）做出停车决策，并在停车前存在一段时间加速状态的电动自行车运行轨迹；轨迹5表示设置绿闪灯或绿灯倒计时的情况下，过渡信号期间（绿闪灯或绿灯倒计时+黄灯）做出通过决策，并以加速状态通过交叉口的电动自行车运行轨迹。

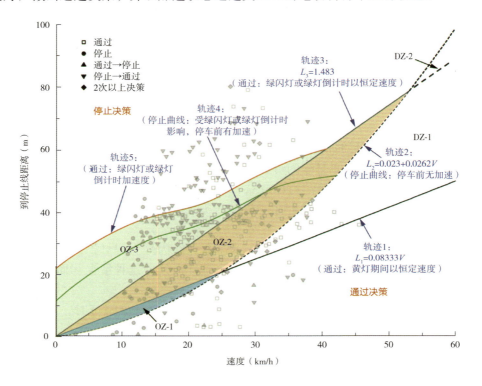

图7-31 过渡信号对骑行者停/驶决策的影响机理分析

注：DZ为进退两难区，此处DZ是第一种类型DZ Ⅰ；OZ为可选区，是指骑行者既可以选择通过也可以选择停车的区域。

对整个决策区域划分为停止决策区、通过决策区、DZ区、OZ区。轨迹1与轨迹2组合，形成了黄灯信号下理论上的进退两难区和决策可选区，具体体现在图7-31中的DZ-1、OZ-1；轨迹2与轨迹3组合，形成了绿闪灯或绿灯倒计时信号下理论上的进退两难区和决策可选区，具体体现在图7-31中的DZ-2、OZ-2。DZ-1、OZ-1、DZ-2、OZ-2均是基于传统的一次决策模型（GHM模型），假定骑行者整个过程只执行一次决策而得到的。轨迹2与轨迹4相交，反映了受绿闪灯或绿灯倒计时影响，选择停车的骑行者停车前加速运行导致的决策曲线的实际变化；轨迹3与轨迹5相交，反映了受绿闪灯或绿灯倒计时影响，选择通过的骑行者加速运行导致的决策曲线的实际变化。设置绿闪灯或绿灯倒计时后，骑行者决策过程更为复杂，体现在可选择区域的进一步扩大，具体体现在图7-31中的OZ-3。

分析发现，选择通过的骑行者，其决策点有相当比例处于停车决策区内，同样的，选择停车的骑行者，其决策点有相当比例处于通过决策区内，OZ-1→OZ-2→OZ-3区域的扩大，表明绿闪灯或绿灯倒计时等过渡信号的设置导致骑行者决策过程变得更为复杂。在设置有绿闪灯和绿灯倒计时信号的情况下，基于一步决策过程基本假设的传统DZ理论难以真实反映骑行者的停车/通过决策行为。

绿闪灯和绿灯倒计时对电动自行车决策行为的影响归纳为以下两点：

（1）DZ-1和OZ-1，DZ-2和OZ-2分别代表了骑行者在黄灯启亮时刻、绿闪灯启亮时刻的一次决策理论模型，OZ-3体现了绿闪灯或绿色倒计时对决策行为的实际影响。与理论上的OZ区域相比，绿闪灯或绿灯倒计时导致OZ的实际区域变大，这意味着绿闪灯或绿色倒计时设置后，骑行者可用于决策调整的时间更为充裕，决策调整也更为频繁，增加了停车或通过决策的自由度。

（2）与DZ-1相比，DZ-2大幅减小，表明绿闪灯或绿色倒计时的设置能够有效减少骑行者落入进退两难区的机会。决策点样本分布表明，只有当决策点速度达到40km/h时，电动自行车才有较大概率陷入困境区。根据观测数据，电动自行车行驶速度超过40km/h的比例不到1%，因此，在现实生活中，电动自行车绿闪灯或绿灯倒计时造成的困境区几乎不存在。

7.6 本章小结

电动自行车骑行者临近交叉口的决策过程较为复杂，难以直接观察，而运用行为特征数进行分析也只能做到窥豹一斑，同时，决策过程的机理分析和决策时刻的分析过渡信号设置形式对驾驶员驾驶行为的影响又具有决定性作用。针对这一难题，运用HMM技术构建HMDM模型；与Logit模型对比证明其具有较高的判别精度；利用HMDM模型，结合经验法修正，获取了电动自行车的决策点和决策过程驾驶行为变化数据，实现了停车/通过决策的判别和决策过程的全程跟踪判定。以此为基础，对电动自行车骑行者决策期间的驾驶行为特征和决策点进行统计分析；通过对比分析过渡信号的一次决策停车/通过理论模型、DZ Ⅰ、DZ Ⅱ以及OZ的变化，实现了对绿灯→红灯过渡信号对电动自行车骑行者停车/通过决策行为的影响分析和停车/通过决策影响机理的解析。

电动自行车骑行者停车/通过决策模型显示潜在通行时间是决策行为的决定性影响因素；绿闪灯使得电动自行车DZ Ⅱ远离交叉口，但DZ Ⅱ的大小未发生明显变化，说明相比黄灯，绿闪灯的设置只是促使电动车骑行者更早地进行了停车/通过决策；而绿灯倒计时使得电动自行车DZ Ⅱ大幅增加，说明相比黄灯和绿闪灯，绿灯倒计时的设置增加了电动自行车决策行为的复杂性。电动自行车决策点分布分析显示，绿闪灯或绿灯倒计时大幅减少了DZ Ⅰ，因而在一定程度上提高了电动自行车在过渡信号期间的过街安全性；相比于黄灯，绿闪灯和绿灯倒计时在减少DZ Ⅰ的同时会造成OZ的增加，导致骑行者做出较为乐观的估计，从而引起多次决策行为的发生，进而降低了电动自行车骑行者的决策的可靠性。

8 电动自行车头盔政策分析

为探究电动自行车头盔政策对骑行者决策行为的影响，完善现有的电动自行车管理制度，本章节以宁波市为例，通过问卷调查对骑行者的分布特征进行统计，包括个人特征、出行信息、骑行行为和主观态度四个方面，最终共回收1048份有效问卷。采用BOP模型[60]对问卷数据进行拟合，以探寻影响电动自行车头盔佩戴率和骑行事故率的潜在因素，并通过计算边际效益来量化其影响。结果表明，被调查时骑行者是否佩戴头盔、是否在19点后使用电动自行车、天气等是影响头盔佩戴率的重要因素，而是否佩戴头盔、是否在晚高峰行驶以及接送孩子等是影响事故发生率的重要因素。此外，头盔佩戴率与电动自行车事故发生率呈显著负相关。基于上述结果，本章提出了一些干预措施，以增加电动自行车骑行者对安全头盔的使用。

8.1 基础数据采集方法

8.1.1 数据采集

在本章节中，问卷调查被广泛应用，以收集有关电动车安全头盔使用与事故碰撞的信息。调查由宁波工程学院交通工程专业的课题组开展，在宁波市海曙区、江北区、镇海区、鄞州区、北仑区等5个核心区开展。本章节由不同地点的不同调查组随机进行问卷

8 电动自行车头盔政策分析

调查,样本数据真实有效,详细的调查地点详见表8-1。

表8-1 调查地点地理位置信息表

序号	调查地点	位置信息(纬度,经度)	图示
1	海曙区机场路高架与气象路交叉口	(29.860445,121.509404)	
2	鄞州区世纪大道与宁东路交叉口	(29.866785,121.606208)	
3	鄞州区中兴路地铁站附近	(29.879736,121.589199)	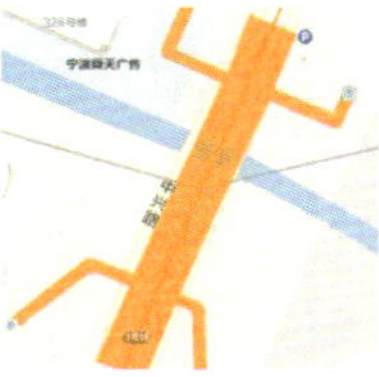
4	江北区君山路与北环东路交叉口	(29.93155,121.562546)	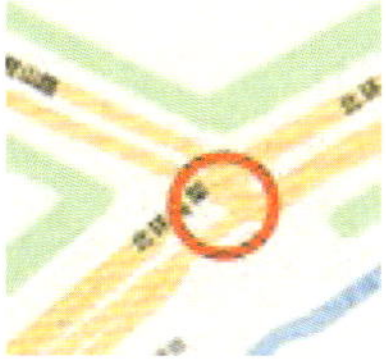
5	镇海区雄镇路与绕城高速交叉口	(29.943581,121.660438)	
6	海曙区解放南路与柳汀街交叉口	(29.867875,121.548799)	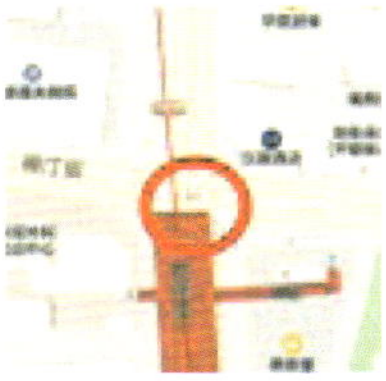
7	鄞州区甬港南路与百丈东路交叉口	(29.86239,121.573793)	

续上表

序号	调查地点	位置信息（纬度，经度）	图示
8	鄞州区甬港南路与新河路交叉口	（29.857673，121.571539）	
9	鄞州区兴宁路62-1号盛业大酒店附近	（29.852343，121.562167）	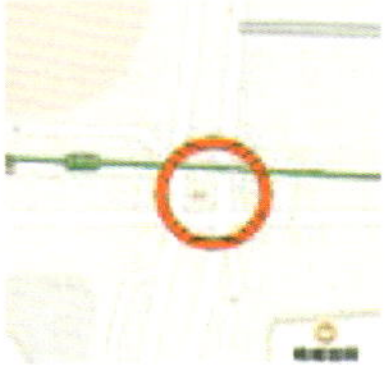
10	海曙区联丰中路408号附近	（29.870392，121.499161）	
11	海曙区联丰中路915号附近	（29.869898，121.490156）	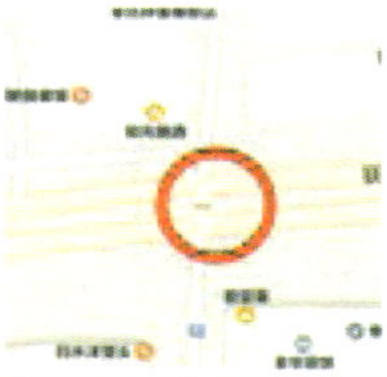
12	海曙区阳光路495号附近	（29.878989，121.490677）	
13	江北区江北大道与北环高架交叉口	（29.921023，121.529328）	
…	……	……	……
55	海曙区环城西路与苍松路交叉口	（29.864019，121.52251）	

8.1.2　抽样调查法

采用随机抽样调查的方法对宁波市的电动自行车用户进行调查。调查样本估计参考了 Zhang 等人[22]研究中电动自行车的道路事故率 $p = 15.99\%$，同时选择 95% 的置信水平，假设允许误差 $\delta = 0.25$，置信区间（两侧） $p = 0.08$。根据以上参数，计算得到拒绝率为 10%，有效样本数为 1048。

8.1.3　信度与效度检验

信度和效度是检验问卷是否合格的主要标准，是用来确保问卷有意义的重要指标。

信度，即可靠性，指问卷的可信程度。对问卷的数据进行多次重复检测，每个问题均涉及一个维度。经检验，所有问题均用于测量相同的内容并且最终得到一致结果，说明该问卷的设计较为合理，信度系数越高，数据来源越可靠。其中 Cronbach's Alpha 信度系数是目前最常用的信度系数，对于一般性研究，当 Cronbach's Alpha 在 0.6 以上即认为通过了检验。

效度，即有效性，指问卷的有效程度。利用数据分析工具对问卷进行测量，以分析出问卷设计的正确程度，准确反映数据的有效性，效度系数越高，该问卷有效性越好。

采用 SPSS 11.0 对问卷调查结果的信度和效度进行分析。结果显示，问卷的信度系数 Cronbach's alpha = 0.663＞0.6，即表明各变量尺度具有良好的内部一致性，样本满足数据结构合理的要求，通过了信度检验；效度系数 KMO = 0.644＞0.5，表示样本量足够；同时，巴特利特球形检验系数 $p = 0.000 < 0.05$，变量可用于因子分析。参考前人学者类似的研究成果[9, 147-148]，问卷数据可用于提取和分析。

8.1.4　问卷调查设计

问卷设计基于对文献的广泛查阅和预先进行的小组讨论的结果。根据一些研究，戴摩托车头盔可以有效地保护头部安全，并减少撞车事故和此类事故的严重程度。在调查前，对 60 名普通宁波电动自行车骑行者进行了预调查，以发现问卷中的潜在问题，避免偏差的出现。

根据反馈结果[138-139]，对最初的问卷进行了修订，使问题更加清晰。在问卷设计中，我们参考了以往对电动自行车骑行者佩戴安全头盔的调查和研究，并参考了以往研究收集的信息，包括年龄、车辆类型、头盔佩戴情况、天气等因素。同时，在宁波实施的头盔政策基础上，还增加了主观驾驶水平、对政策认知情况、对头盔保护能力认知情况等要素。虽然自我报告调查有局限性，特别是在一些主观描述方面，但调查提供了用详细的人口统计数据补充这一分析的机会，这些数据为我们提供了以前被忽视的主观态度因素，例如"认为佩戴头盔后是否安全""骑行熟练程度""道路环境安全感""被交警处罚次数""认为政策处罚程度""不愿意佩戴头盔原因"，以及它们对头盔使用和车祸的影响。此外，还设置了交叉检查问题，以过滤任何自我报告的偏见。问卷由六个部分组成，以下为简要说明。

2019 年 7 月至 8 月，宁波工程学院建筑与交通工程学院的学生受聘参加了面访调查。

调查人员询问受访者是否同意参加匿名研究，参与者口头同意调查。调查在工作日和周末进行，以收集各种类型的受访者。在调查期间，问卷调查员被安置在公共汽车、地铁站、医院、景点、学校、住宅区、购物中心和繁忙的街角等附近的电动自行车停放点。随机抽样技术被用于选择电动自行车骑行者。调查人员被要求在他们的抽样区域的每5~10人（年龄超过12岁）进行一次随机询问调查。在完成调查问卷后，每位受访者都收到10元回报费用。

最后，回收了1200份问卷，并对其进行了筛选。包含以下问题的问卷被排除在外：（1）从未骑过电动自行车的受访者；（2）关键信息不完整（例如，旅行距离或旅行目的）；（3）受访者基本上在所有问题中都选择最高或最低李克特量表答案的问卷；（4）答案相互矛盾的问卷（如年轻但退休的受访者）；（5）在录入过程中数据缺失的问卷。经筛选后，共获得有效样本数据1048份。

8.1.5 问卷调查结果

表8-2至表8-5列出了问卷调查的所有项目和所有被调查者的基本特征。其中宁波市头盔政策发布后头盔佩戴频率的调查问题被安置在骑行行为变量中，电动自行车骑行事故率的调查问题被安置在出行信息变量中。从问卷中收集了许多解释变量，以确定它们是否影响了电动自行车的头盔佩戴频率和骑行事故率。1048名受访者中，男性占58.49%，女性占41.51%。调查对象的平均年龄为34.4岁。在受调查者的受教育程度方面，初中以下学历仅占7.44%，初中及高中学历占比28.15%，大专及本科学历占比最多，达到54.58%，除此之外，还有一小部分硕士及以上学历者，其占比为9.83%。

个人特征变量统计　　　　　　　　　　表8-2

变量	描述	符号	频率	比例（%）
性别	男	1	613	58.49
	女	2	435	41.51
年龄群体	年轻人（12~29岁）	1	404	38.55
	中年人（30~49岁）	2	530	50.57
	老年人（50~70岁）	3	114	10.88
受教育程度	初中以下	1	78	7.44
	高中及初中	2	295	28.15
	大专及本科	3	572	54.58
	硕士及以上	4	103	9.83
职业	学生	1	120	11.45
	公司/企业职员	2	316	30.15
	家庭主妇	3	41	3.91
	私营业主	4	202	19.27
	自由职业	5	204	19.47
	外卖/快递配送	6	103	9.83

8 电动自行车头盔政策分析

续上表

变量	描述	符号	频率	比例（%）
	退休	7	44	4.20
	其他	8	18	1.72
月收入	<2000元	1	172	16.41
	2000~5000元	2	386	36.83
	5000~8000元	3	310	29.58
	>8000元	4	180	17.18

出行信息变量统计结果　　　　　　　　　　　　　　表8-3

变量	描述	符号	频率	比例（%）
出行距离	<1km	1	186	17.75
	1~3km	2	340	32.44
	3~5km	3	287	27.39
	5~7km	4	140	13.36
	>7km	5	95	9.06
使用频率	几乎不	1	68	6.49
	偶尔	2	192	18.32
	经常	3	328	31.30
	总是	4	224	21.37
	每天	5	236	22.52
使用时间段（多选）	早高峰	1	742	70.80
	晚高峰	2	748	71.37
	中午	3	287	27.39
	19点以后	4	170	16.22
	其他	5	138	13.17
使用用途（多选）	上下班/上下学	1	512	48.85
	公交/地铁换乘	2	237	22.61
	工作出行	3	512	48.85
	休闲购物	4	482	45.99
	接送孩子	5	342	32.63
	其他	6	142	13.55
电动车是否上车牌	是	1	982	93.70
	否	0	66	6.30
是否拥有头盔	是	1	927	88.45
	否	0	121	11.55

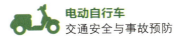

骑行行为变量统计结果　　　　　　　　　　　　　表8-4

变量	描述	符号	频率	比例（%）
政策发布前佩戴头盔频率	从不	1	128	12.21
	几乎不	2	163	15.55
	偶尔	3	348	33.21
	经常	4	212	20.23
	总是	5	197	18.80
政策发布后佩戴头盔频率	从不	1	42	4.01
	几乎不	2	56	5.34
	偶尔	3	141	13.45
	经常	4	270	25.76
	总是	5	539	51.44
发生事故次数	未发生	1	606	57.82
	1次	2	191	18.23
	2次	3	114	10.88
	3次	4	85	8.11
	3次以上	5	52	4.96
被调查时是否佩戴头盔	是	1	813	77.58
	否	0	235	22.42
被交警处罚次数	没有	1	606	57.82
	1次	2	191	18.23
	2次	3	114	10.88
	3次	4	85	8.11
	3次以上	5	52	4.96

主观态度变量统计　　　　　　　　　　　　　表8-5

变量	描述	符号	频率	比例（%）
对世界卫生组织指出头盔能降低死伤风险的了解程度	完全不知道	1	248	23.66
	有所了解	2	473	45.13
	完全知道	3	327	31.20
"头盔政策"的了解程度	是	1	778	74.24
	否	0	270	25.76
认为佩戴头盔后是否安全	是	1	849	81.01
	否	0	199	18.99
骑行熟练程度	较差	1	92	8.78
	一般	2	158	15.08

8 电动自行车头盔政策分析

续上表

变量	描述	符号	频率	比例（%）
骑行熟练程度	较好	3	232	22.14
	好	4	319	30.44
	很好	5	247	23.57
道路环境安全感	较差	1	87	8.30
	一般	2	132	12.60
	较安全	3	340	32.44
	安全	4	333	31.77
	很安全	5	156	14.89
认为政策处罚程度	很轻	1	99	9.45
	较轻	2	114	10.88
	适度	3	430	41.03
	较重	4	279	26.62
	严重	5	126	12.02
不愿意佩戴头盔原因（多选）	觉得没必要佩戴	1	161	15.36
	佩戴不舒服	2	542	51.72
	价格太高	3	232	22.14
	觉得佩戴不美观	4	394	37.60
	遮挡视线	5	511	48.76
	佩戴麻烦	6	390	37.21
不想佩戴头盔天气（多选）	雨天	1	588	56.11
	炎热	2	596	56.87
	阴天	3	318	30.34
	晴天	4	292	27.86
	无	5	151	14.41
是否知道头盔正确佩戴方式	完全不知道	1	112	10.69
	大概知道	2	479	45.71
	完全知道	3	457	43.61

表 8-3 中，在 1048 名受访者中，32.44% 的骑行者出行距离在 1~3km，27.39% 在 3~5km。在被调查者的出行时间方面，早高峰和晚高峰在样本中占很大比例。此外，工作出行和休闲购物的人数占比分别为 48.85% 和 45.99%。表 8-4 中，在 1048 名受访者中，政策发布前从未戴过头盔的人数最低，为 12.21%，偶尔戴头盔的频率最高，为 33.21%。政策发布后，从不戴头盔的比例降至 4.01%，经常戴头盔的比例增至 51.44%（政策发布前为

18.80%），表明政策效果明显。表8-5中，在1048名受访者中，74.24%的骑行者知道，81.01%的骑行者认为戴头盔更安全；51.72%的骑行者因不舒服不愿佩戴头盔；48.76%的骑行者因佩戴头盔后遮挡视线不愿佩戴，大部分骑行者在炎热的天气不愿戴头盔。

调查结果显示，有74.24%的用户知道宁波市出台的头盔政策，说明该政策取得了较强的宣传性和较大的影响力。然而，根据调查结果，只有51.44%的用户表示在政策发布后会总是戴头盔，这意味着电动自行车用户对骑行安全问题仍然没有足够的重视。另一组数据集也显示，仅有31.20%的被调查者表示完全了解"世界卫生组织（WHO）[5,149]指出佩戴安全头盔可降低死伤风险"，而完全知道正确佩戴安全头盔的用户仅占43.61%。调查结果表明，电动自行车骑行者的安全意识较弱。

根据调查，不愿意在雨天和炎热天佩戴头盔的电动自行车骑行者分别高达56.11%和56.87%，所占比例远远超过其他天气，分析原因可能为雨天天气较闷热，可能会对骑行者造成呼吸困难等不适感受；而炎热天气下佩戴头盔容易阻碍热量的散失，影响骑行者的骑行体验。不愿佩戴头盔原因为佩戴不舒适和头盔遮挡视线占比分别为51.72%和48.76%。这表明许多骑行者对头盔的舒适感以及便利程度感到不满意。头盔生产厂家可针对以上因素改善头盔的相关性能，如头盔的透气程度、散热程度、操作方便程度等，从而使骑行者更愿意佩戴安全头盔。

图8-1所示为政策出台前后宁波的电动自行车骑行者头盔佩戴情况。在头盔政策发布之前，宁波市电动自行车骑行者的头盔佩戴率处在分布较平均现象，其中偶尔佩戴头盔的频率略高于其他，占到33.21%；而在头盔政策发布之后，宁波市电动自行车骑行者的头盔佩戴率则随李克特量从五个（总是）到一个（从不）呈现明显下降曲线，且总是和经常佩戴头盔的占比分别高达51.44%和25.76%。由结果可见，宁波市头盔政策的发布很大程度地促进了电动自行车骑行者的头盔佩戴频率的增长。同时，通过问卷调查还发现，宁波市电动自行车的骑行环境相对安全。近60%的受访者表示，他们从未在宁波发生过自行车撞车事故；18.23%的电动自行车骑行者曾在宁波发生过1次自行车撞车事故，只有4.96%的人在宁波发生过3次以上的自行车撞车事故。

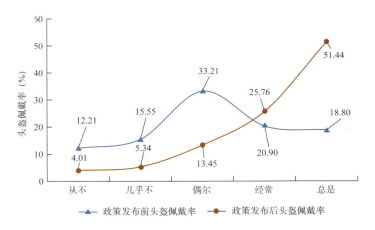

图8-1 电动自行车骑行者头盔佩戴率变化图（宁波市，2020）

8.2 双变量有序概率建模

8.2.1 BOP 模型

本章节的目的是探讨影响宁波市头盔政策发布后头盔佩戴频率和电动自行车骑行事故率的因素。使用离散结果建模技术，因变量由类别变量组成。特别应该考虑影响宁波市头盔政策发布后头盔佩戴频率和电动自行车骑行事故率的共同未观察到的因素。BOP 模型[60]用于识别同时影响宁波市头盔政策发布后头盔佩戴频率和电动自行车骑行事故率的因素。BOP 模型旨在模拟可以同时确定的类别因变量。BOP 模型首先定义每个观测的观测序数，见式（8-1）。

$$\begin{cases} y_{i,1}^* = \beta_1 X_{i,1} + \varepsilon_{i,1}, y_{i,1} = j \ \ if \ \ \mu_{j-1} < y_{i,1}^* < \mu_j, \ \ j = 0, J_1 \\ y_{i,2}^* = \beta_2 X_{i,2} + \varepsilon_{i,2}, y_{i,2} = k \ \ if \ \ \theta_{k-1} < y_{i,2}^* < \theta_k, \ \ k = 0, K_2 \end{cases} \quad (8-1)$$

式中，$y_{i,1}^*$ 代表电动自行车骑行事故率的潜在因变量；$y_{i,1}$ 和 $y_{i,2}$ 表示观察到的结果，即政策发布后头盔佩戴频率序数数据（1，2，3，4，5）和事故发生次数序数数据（1，2，3，4，5）；$X_{i,1}$ 和 $X_{i,2}$ 是在两个模型中包含解释变量的向量；β_1 和 β_2 是与两个模型中的解释变量相关系数的列向量；μ 和 θ 表示定义 $y_{i,1}$ 和 $y_{i,2}$ 的估计阈值参数；$\varepsilon_{i,1}$ 和 $\varepsilon_{i,2}$ 表示两个模型的随机误差项，并且通常为正态分布；ρ 是相关系数；i 表示观察样本，J 和 K 表示政策发布后头盔佩戴频率和事故发生率。

BOP 模型中的交叉方程相关误差项由式（8-2）给出：

$$\begin{bmatrix} \varepsilon_{i,1} \\ \varepsilon_{i,2} \end{bmatrix} \sim N \left(\begin{bmatrix} 0 \\ 0 \end{bmatrix}, \begin{bmatrix} 1 & \rho \\ \rho & 1 \end{bmatrix} \right) \quad (8-2)$$

式中，ρ 表示 $\varepsilon_{i,1}$ 和 $\varepsilon_{i,2}$ 之间的相关系数。

在随机误差项的二元正态分布的假设下，$y_{i,1} = j$ 和 $y_{i,2} = k$ 的联合概率可表示如下：

$$\begin{aligned} & P\left(y_{i,1} = j, y_{i,2} = k \mid X_{i,1}, X_{i,2}\right) \\ & = \Pr\left(\mu_{j-1} < y_{i,1}^* < \mu_j; \theta_{k-1} < y_{i,2}^* < \theta_k\right) \\ & = \Pr\left(\mu_{j-1} < \beta_1 X_{i,1} + \varepsilon_{i,1} < \mu_j; \theta_{k-1} < \beta_2 X_{i,2} + \varepsilon_{i,2} < \theta_k\right) \\ & = \Pr\left(\mu_{j-1} - \beta_1 X_{i,1} < \varepsilon_{i,1} < \mu_j - \beta_1 X_{i,1}; \theta_{k-1} - \beta_2 X_{i,2} < \varepsilon_{i,2} < \theta_k - \beta_2 X_{i,2}\right) \\ & = \varphi_2\left[(\mu_j - \beta_1 X_{i,1}), (\theta_k - \beta_2 X_{i,2}), \rho\right] - \varphi_2\left[(\mu_{j-1} - \beta_1 X_{i,1}), (\theta_k - \beta_2 X_{i,2}), \rho\right] - \\ & \quad \varphi_2\left[(\mu_j - \beta_1 X_{i,1}), (\theta_{k-1} - \beta_2 X_{i,2}), \rho\right] + \varphi_2\left[(\mu_{j-1} - \beta_1 X_{i,1}), (\theta_{k-1} - \beta_2 X_{i,2}), \rho\right] \end{aligned} \quad (8-3)$$

式中，$\varphi_2(\cdot)$ 代表标准的二元正态累积分布函数。

8.2.2 BOP 模型估计

在 BOP 模型中估计的参数是 $j + k - 2$ 阈值，系数向量 β_1 和 β_2 以及相关系数 ρ。可以通过最大化由下式给出的对数似然函数来估计参数：

$$LL = \sum_{i=1}^{n} \left(\sum_{j=0}^{J} \sum_{k=0}^{K} \xi_{jk} \begin{bmatrix} \varphi_2\left[\left(\mu_j - \beta_1 X_{i,1}\right), \left(\theta_k - \beta_2 X_{i,2}\right), \rho\right] \\ -\varphi_2\left[\left(\mu_{j-1} - \beta_1 X_{i,1}\right), \left(\theta_k - \beta_2 X_{i,2}\right), \rho\right] \\ -\varphi_2\left[\left(\mu_j - \beta_1 X_{i,1}\right), \left(\theta_{k-1} - \beta_2 X_{i,2}\right), \rho\right] \\ +\varphi_2\left[\left(\mu_{j-1} - \beta_1 X_{i,1}\right), \left(\theta_{k-1} - \beta_2 X_{i,2}\right), \rho\right] \end{bmatrix} \right) \quad (8-4)$$

其中，$i = 1,2,\cdots,n$（样本量）；如果观察到的结果 $y_{i,1} = j$ 和 $y_{i,2} = k$，则 ξ_{jk} 被定义为等于1，否则为0。

8.2.3 边际效益

在模型估计之后，与解释变量相关联的系数的符号是相关的。表明变量对结果的正面或负面影响。但是，系数不能量化这些变量的影响，也不能直观地解释，特别是对于中间类别。为了量化每类结果的影响，计算BOP模型中相关变量的边际效益。

解释变量 $X_{i,1}$ 对 $y_{i,1}$ 的边际效益是：

$$\frac{P(y_{i,1} = j)}{\partial X_{i,1}} = \left[\varphi\left(\mu_{j-1} - \beta_1 X_{i,1}\right) - \varphi\left(\mu_j - \beta_1 X_{i,1}\right)\right]\beta_1 \quad (8-5)$$

式中，$\varphi(\cdot)$ 为标准正态分布的概率质量函数。

类似地，解释变量 $X_{i,2}$ 对 $y_{i,2}$ 的边际效益是：

$$\frac{P(y_{i,2} = k)}{\partial X_{i,2}} = \left[\varphi\left(\theta_{k-1} - \beta_2 X_{i,2}\right) - \varphi\left(\theta_k - \beta_2 X_{i,2}\right)\right]\beta_2 \quad (8-6)$$

8.3 二元有序概率模型估计结果分析

8.3.1 计算步骤和过程

计算分析过程包括输入、处理和输出三个阶段，如图8-2所示。在输入部分，我们将政策发布后的头盔佩戴频率和事故发生率作为两个因变量，并给出了33个潜在的解释变量，包括个人特征、出行信息、骑行行为和主观态度四个方面的变量。通过问卷调查获得了1048组完整有效的数据，并将其输入二元有序概率（BOP）模型进行相关建模。

经过处理后，我们将BOP模型中显著的解释变量识别为自变量，并检验自变量之间的相关性。最后，输出具有弱相关性的显著解释变量作为模型的自变量，即影响头盔佩戴率和事故发生率的因素。在此基础上，我们计算了边际效益，以量化分析各个变量对头盔佩戴率和事故发生率的影响程度。BOP模型的具体求解步骤如下：

Step 1：将解释变量定义为 y_1 和 y_2，单独的解释变量定义为 x_1, x_2, $\cdots$, x_n；
Step 2：建立两个独立的Probit模型；
Step 3：整理数据，将其以 .dat 格式存储并导入STATA软件；
Step 4：使用BOP模型进行回归分析，以检验解释变量的显著性；

Step 5：设置 p-value＞0.05，排除不显著变量后，进行第二次回归分析，并重新校准模型；

Step 6：在 STATA 软件中，使用命令"MFX"计算边际效应，选择 dydx 进行计算；

Step 7：结果输出和对各解释变量的边际效应进行分析。

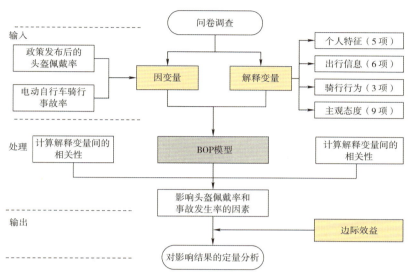

图 8-2 计算步骤与过程

8.3.2 模型估计

为确定与宁波市头盔政策发布后头盔佩戴频率和电动自行车骑行事故率相关的因素，利用 BOP 模型对问卷数据进行估计。解释变量和描述性统计数据详见表 8-2~表 8-5。BOP 模型估计结果详见表 8-6。BOP 模型反映了宁波市头盔政策发布后头盔佩戴频率和电动自行车骑行事故率之间存在显著相关性。只有在 95% 置信水平下的显著变量才被包含在最终估计模型中。表 8-6 中相关数据显示，政策发布后，头盔佩戴率大幅提高，可减少电动车事故发生的可能性。

BOP 模型估计结果 表 8-6

变量	发生事故次数			政策发布后头盔佩戴频率		
	β	S.E.	p-value	β	S.E.	p-value
使用时间段（晚高峰）	0.370	0.115	0.001*	—	—	—
使用时间段（19点以后）	—	—	—	0.286	0.118	0.015
使用用途（公交换乘）	—	—	—	−0.183	0.092	0.046
使用用途（休闲购物）	0.217	0.087	0.013*	—	—	—
使用用途（接送孩子）	0.259	0.087	0.003*	—	—	—
使用用途（其他）	0.239	0.113	0.034	—	—	—
政策发布前佩戴头盔频率	—	—	—	0.091	0.029	0.002*

续上表

变量	发生事故次数			政策发布后头盔佩戴频率		
	β	S.E.	p-value	β	S.E.	p-value
不想佩戴头盔天气（晴天）	—	—	—	−0.233	0.091	0.011
骑行熟练程度	−0.105	0.040	0.009*	0.135	0.038	0.000*
道路环境安全感	−0.101	0.040	0.011	0.088	0.038	0.021
被交警处罚次数	0.156	0.035	0.000*	—	—	—
认为政策处罚程度	−0.094	0.039	0.017	—	—	—
不愿意佩戴头盔原因（觉得没必要）	—	—	—	−0.209	0.107	0.050
被调查时是否佩戴头盔	−0.898	0.120	0.000*	0.793	0.117	0.000*
是否知道头盔正确佩戴方式	−0.149	0.056	0.008*	—	—	—
月收入	0.096	0.048	0.046	—	—	—
调查总数	1048	—	—	—	—	—

注：*表示p-value < 0.01，对应解释变量非常显著。

8.3.3 模型结果和讨论

在模型估计中，我们发现20个变量在模型中不显著，如性别、年龄、教育程度、职业、出行距离、频率等。头盔佩戴频率和碰撞涉及的模型分别有8个和11个变量（表8-6）。计算了回归模型的拟合优度，决定系数$R^2 = 0.670$。表8-6中的参数显示了显著因素对因变量影响的一般意义，而表8-7和表8-8则显示了这些变量的边际效益，以便量化其影响。各显著因素对结果的定量影响详见表8-7和表8-8。

事故发生BOP模型的边际效应　　　　表8-7

发生事故次数 n	$n = 0$	$n = 2$	$n > 3$
使用时间段（晚高峰）	−0.172	0.057	0.022
使用用途（休闲购物）	−0.070	0.023	0.009
使用用途（接送孩子）	−0.097	0.032	0.012
使用用途（其他）	−0.086	0.029	0.011
骑行熟练程度	0.038	−0.013	−0.005
道路环境安全感	0.037	−0.012	−0.005
被交警处罚次数	−0.067	0.022	0.009
认为政策处罚程度	0.040	−0.013	−0.005
被调查时是否佩戴头盔	0.348	−0.116	−0.045
是否知道头盔正确佩戴方式	0.065	−0.022	−0.008
月收入	−0.051	0.017	0.007

8 电动自行车头盔政策分析

政策发布后头盔佩戴率BOP模型的边际效应　　　　　　表8-8

政策后头盔佩戴频率	从不	偶尔	总是
使用时间段（19点以后）	−0.013	−0.045	0.109
使用用途（公交换乘）	0.012	0.040	−0.098
政策发布前佩戴头盔频率	−0.004	−0.015	0.036
不想佩戴头盔天气	0.011	0.039	−0.096
骑行熟练程度	−0.007	−0.023	0.056
道路环境安全感	−0.005	−0.016	0.039
不愿意佩戴头盔原因（觉得没必要）	0.008	0.027	−0.065
被调查时是否佩戴头盔	−0.035	−0.121	0.295

晚高峰是造成骑行事故的重要原因（$\beta = 0.370$），这可能是由于用户在经历一天的工作后，骑行电动自行车较疲劳，从而导致行驶时注意力涣散，引发事故。这个发现与文献[150-151]的结果是一致的。休闲购物用户的事故发生率也相对较高（$\beta = 0.217$），这也是由于人们在休闲购物时注意力较不集中导致的；同样，用户在接送孩子时也易发生交通事故（$\beta = 0.259$），这可能是由于非机动车非法载乘，未设置儿童安全座椅，或家长在骑行过程中与孩子交流导致注意力分散所致。文献[152-153]的研究结果证实了这一点。此外，骑行熟练程度较高（$\beta = -0.101$）和认为道路环境较安全（$\beta = -0.105$）的用户比较不容易发生事故，这是由于用户本身骑行素质较高，对道路环境的适应性较强、骑行熟练程度较高和对环境陌生的用户而言不易发生事故。模型还显示，收入水平较高的用户相对容易发生骑行事故（$\beta=0.096$），这可能是由于高收入用户对该出行工具的不熟练操作所致。另一方面，认为头盔政策处罚力度越大（$\beta = -0.094$）的用户出现骑行事故的概率越小，这一方面体现出头盔政策的出台有助于交通事故的减少，另一方面也说明严格的骑行行为管理有助于减少事故的发生率。头盔佩戴率的模型估计结果显示，在19点后出行的用户佩戴头盔的频率较高（$\beta = 0.286$），这说明出行者在晚间的安全防护意识较强。文献[96, 152-153]的结果也显示，夜间电动自行车骑行者的头盔佩戴率较高。而通过电动自行车来进行公交换乘的用户佩戴头盔的频率较少（$\beta = -0.183$），这可能是由于在搭乘公共交通时时间较紧所致。骑行熟练程度较高（$\beta = 0.135$），环境安全感较强（$\beta = 0.088$）的用户佩戴头盔的概率也越高，这说明熟练骑乘电动自行车的用户其安全意识相对较高，同时对环境的安全认可度也较高。政策发布前佩戴头盔率较高的用户在政策发布后的佩戴率也较高（$\beta=0.091$），这表示这些拥有佩戴安全头盔习惯的用户的安全意识较高。此外，人们不希望在炎热天气佩戴头盔（$\beta=0.233$），这可能是由于温度较高，佩戴头盔较为闷热所致。而不愿佩戴头盔的用户其原因多是认为没必要佩戴（$\beta=-0.209$），这些发现与文献[96, 154]的结果是一致的，这表明这些不愿佩戴头盔的人群其本身的出行安全防护意识较为薄弱，且对头盔的防护作用没有很好的认识。

边际效应的结果显示，随着骑行熟练程度的提高以及对道路环境安全感的增加，事

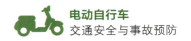

故的发生率会降低,这与上述对BOP模型估计结果的描述一致。同时,事故会在晚高峰、休闲购物及接送孩子时更易发生,这也与BOP模型的估计结果描述相同。认为头盔政策处罚力度越大的骑行者在边际效应中显示的事故发生率将减小。另一方面,头盔佩戴率的边际效应结果显示,晚上19点之后出行的用户头盔的佩戴率将会提高,这表明出行者的夜间安全意识相对较强,他们更愿意在夜晚佩戴安全头盔来减少骑行事故发生带来的损伤。此外,边际效应结果显示,骑行熟练程度较高、对道路环境安全感较强的用户更愿意佩戴头盔,这体现出骑行技术和道路管理规划的重要性。政策发布前拥有佩戴头盔习惯,对电动自行车骑行熟练程度高和知道头盔正确佩戴方式的人群的头盔佩戴频率更高,这与BOP模型估计结果的描述相符。

此外,宁波市电动自行车骑行者的头盔保有率和电动自行车上牌率分别为88.45%和93.70%,可以看出宁波市的电动自行车管理较为规范,骑行者也普遍遵守法律法规。而41.03%的被调查者认为头盔政策的处罚力度较为合适,仅有12.02%和9.45%的调查者认为处罚力度很重或很轻,表明宁波市骑行者对政策的处罚力度是相对被公众认可的。

与其他骑行者相比,送货员会更频繁地在道路上骑行,他们的骑行行为特征可能与其他类型的骑行者有很大不同。本次调查中,有103份问卷由快递员填写,占比为9.83%。其中,骑行距离以1~3km和3~5km居多,分别占27.18%和25.24%。对送货员而言,最常见的骑行时间是晚高峰时间,多达83人选择,据推测这是因为晚上用餐的人很多。同时,大多数送货员选择通过骑行电动车进行货物配送,仅有少部分送货员使用汽车或其他交通工具送货,而将电动自行车用于其他出行目的。在头盔政策发布前,有31名送货员选择"偶尔"作为最受欢迎的选择。当头盔政策发布后,大多数快递员选择戴头盔,反映了头盔新政策对快递行业和外卖行业有巨大的影响。

8.3.4 相关性分析

为探索因变量头盔佩戴率和事故发生次数之间的关联,我们对两者进行了相关性分析,详见表8-9和表8-10。

描述性统计结果　　　　　　　　　　　　　　表8-9

因变量	平均值	标准差	样本数
事故发生次数	1.842	1.198	1048
头盔佩戴率（政策发布后）	4.153	1.096	1048

相关性分析结果　　　　　　　　　　　　　　表8-10

相关性参数		事故发生次数	头盔佩戴率（政策发布后）
事故发生次数	皮尔逊相关系数	1.000	−0.493**
	显著性（双侧）	—	0.000
	平方和与叉积	1501.706	−677.656

续上表

相关性参数		事故发生次数	头盔佩戴率（政策发布后）
头盔佩戴率（政策发布后）	协方差	1.434	−0.647
	样本数	1048	1048
	皮尔逊相关系数	−0.493**	1.000
	显著性（双侧）	0.000	—
	平方和与叉积	−677.656	1257.573
	协方差	−0.647	1.201
	样本数	1048	1048

注：** 表明相关性在 0.01 水平上显著（双侧）。

表8-9中数据为描述性统计变量结果，表8-10中数据为相关性分析结果。由表8-10可知，因变量事故发生次数与政策发布后头盔佩戴率间的相关系数为−0.493，这表示二者为负相关，且相关系数绝对值大于0.400，为紧密相关。同时，$p<0.01$，结果非常显著。由此可说明随着头盔佩戴率的提高，事故发生率会大大降低。

8.4 结论和展望

8.4.1 研究结论

虽然关于电动自行车头盔佩戴的相关法律法规已在各地不断出台，但有关政策发布对头盔佩戴和事故发生带来的影响，以及二者的潜在因素影响的研究较少。本章节应用BOP模型来探寻影响宁波市头盔政策发布后头盔佩戴频率和电动自行车骑行事故率的潜在因素，使用问卷调查方法在宁波市收集骑行者数据。调查结果显示：大部分电动自行车骑行者对头盔政策的遵守程度较高，且头盔政策发布后头盔佩戴率显著提高。然而，头盔的正确佩戴方式，头盔政策的相关条例以及骑行安全意识在电动自行车骑行者中的普及程度仍然相对较低。

共有1048个有效样本用于开发BOP模型。研究结果表明：正确有效地使用安全头盔可以减少电动自行车骑行过程中的交通事故。然而，头盔政策和正确头盔佩戴方式的传播仍然在一定程度上受到限制，公众的安全意识还没有得到充分普及。宁波部分市民对政策不熟悉、不了解，阻碍了政策的推广和规范。因此，可以采取多种其他传播方式来提高宁波头盔政策的传播力，如在路口、公共交通媒体、校企网站或公众号进行实时直播等。本章节研究表明，宁波电动自行车骑行者的事故率与头盔新政的受欢迎程度和执行情况呈负相关。因此，我们应该继续推广和推动新头盔政策的实施，并在未来不断完善和修改新头盔政策的相关内容，更好地保障骑行人员的出行安全。

调查问卷显示，较多电动自行车用户不愿佩戴安全头盔的原因主要归结于佩戴不舒适及佩戴易遮挡视线。建议安全头盔的生产厂家可以针对这两点对安全头盔的相关性能做出改善调整。同时，炎热天和雨天也是骑行者不愿佩戴头盔的两大天气原因。建议交通部门合理增加道路遮阳棚数量，改善电动自行车骑行者的出行体验。同时，可以发现，一些认为没有必要佩戴头盔的骑行者的头盔佩戴率低于其他骑行者，因此我们建议安全头盔制造商和政府安全管理部门大力宣传佩戴头盔的重要性。

此外，骑行事故更易在晚高峰及骑行者休闲购物时发生，建议交通管理部门增强对晚高峰时期及繁华商市周围的交通管制。

8.4.2 研究展望

随着我国交通事业的快速发展，电动自行车已成为人们日常出行的主要方式之一。人民经济生活水平日益提高，电动自行车的人均拥有量和使用率也在不断显著提高。因此，当务之急是制定和完善能够有效合理规范电动自行车骑行、加强市民安全的法律法规。本章节研究结果可为完善头盔政策提供有效参考。然而，本章节的研究还存在一些局限性，今后的工作将重点放在以下几个方面：

（1）本章节调查的样本数据均来源于宁波市，忽略了区域条件和不同政策条件对骑车人行为的影响。若想完善头盔政策以及地域条件对骑行者骑行行为以及出行安全的影响，应进一步采集不同地域、文化的骑行者相关数据，以使结论得到进一步完善优化。

（2）本章节的有效样本量为1048。应进一步扩大调查的样本量，优化构建的BOP模型，以完善电动自行车骑行者的各类骑行行为对出行安全的影响分析。

（3）对电动自行车安全头盔的正确佩戴方式和头盔政策的宣传教育，应进一步深化完善。同时，应加强对骑行者的交通安全意识教育，协助电动自行车及头盔生产厂家对产品的安全性和便携性进行升级。

8.5 本章小结

本章通过问卷调查，对宁波市电动自行车骑行者的分布特征进行统计，最终共回收1048份有效问卷。采用BOP模型，对问卷数据进行拟合估计，以探究宁波市电动自行车头盔政策对骑行者决策行为的影响。结果显示，调查问卷中存在20个显著变量。其中，在骑行事故率模型中，发现11个变量对骑行事故率具有统计显著性，按重要性排序：被调查时是否佩戴头盔（$\beta=-0.898$），使用时间段（晚高峰）（$\beta=0.370$），使用用途（接送孩子）（$\beta=0.259$），使用用途（其他）（$\beta=0.239$），使用用途（休闲购物）（$\beta=0.217$），被交警处罚次数（$\beta=0.156$），是否知道头盔正确佩戴方式（$\beta=-0.149$），骑行熟练程度（$\beta=-0.105$），道路环境安全感（$\beta=-0.101$），月收入（$\beta=0.096$），认为政策处罚程度（$\beta=-0.094$）；在安全头盔佩戴率模型中，发现8个变量对头盔佩戴率具有统计显著性，按重要性排序：被调查时是否佩戴头盔（$\beta=0.793$），使用时间段（19点以后）（$\beta=0.286$），不想佩戴头盔天气（晴天）（$\beta=-0.233$），不愿意佩戴头盔原因（觉得没必要）（$\beta=$

−0.209），使用用途（公交换乘）（β=−0.183），骑行熟练程度（β=0.135），政策发布前佩戴头盔频率（β=0.091），道路环境安全感（β=0.088）。此外，头盔佩戴率与电动自行车事故发生率呈显著负相关。基于上述结果，本章提出了一些建议措施，如针对电动自行车骑行者，建议采用电视广播、微信公众号、公交传媒等多种途径进行交通安全宣传；针对安全头盔厂家，鼓励进行科技研发，改善安全头盔防护性与佩戴便携性；针对城市交通管理者，建议加强对晚高峰时期及城市繁华商区周围的非机动车交通管制等，以减少电动自行车的骑行事故率。

9 电动自行车上牌政策分析

本章旨在研究三个问题,一是与电动自行车碰撞事故相关的风险因素有哪些?二是与电动自行车使用有关的因素有哪些?三是探寻影响电动自行车碰撞事故和车牌使用的潜在共同因素,同时分析电动自行车碰撞事故和车牌使用之间的潜在关系是什么?本章节提供了三个方面的贡献:这是一项创新研究,旨在研究影响电动自行车碰撞事故和电动自行车车牌使用的因素;本章节的研究重点是评估与电动自行车碰撞事故和车牌使用有关的因素,通过统计一系列因变量数据,包括个人特征、家庭特征、出行信息、骑行行为和用户感知,来检查这些潜在因素对自变量的影响;本章节采用了强有力的统计技术,探寻出影响电动自行车碰撞事故和车牌使用的潜在共同因素。

9.1 基础数据采集方法

本研究数据来自浙江省宁波市。宁波市是中国东部沿海最大的城市之一,人口780万,截至2015年,占地面积9817km²。该市也是中国最富裕的城市之一。2015年,宁波市国内生产总值(GDP)达到8542亿元(1266亿美元)。

2015年,宁波市区的电动自行车拥有量达到26.5万辆。交警报告的电动自行车事故死亡人数为1541人,其中死亡人数占4.5%。电动自行车撞车事故虽然比摩托车交通事故

(1676起)略少，但电动自行车碰撞的死亡率远远高于摩托车和自行车碰撞事故（自行车撞车事故死亡率为2.3%，摩托车事故死亡率为3.8%）。

在宁波，电动自行车必须根据当地的交通法规挂牌。然而，一些电动自行车骑行者并不遵守这一规则。2015年初，宁波市公安局交通警察局与宁波工程学院合作启动了宁波电动自行车项目改进计划，旨在鼓励电动自行车车牌使用，减少电动自行车撞车事故。基础数据收集与该项目一起进行。

本章节中的数据收集过程分为两部分：（1）问卷调查，主要收集非碰撞电动自行车骑行者的信息；（2）电话采访，主要收集涉及碰撞事故的电动自行车骑行者的信息。

9.1.1 非碰撞电动自行车调查

调查问卷调查方法[9, 21, 60, 155]用于收集宁波非碰撞事故驾驶者的信息。调查问卷的设计主要基于对文献的广泛审查和预先进行的小组讨论的结果。调查问卷包括五个部分：（1）个人特征，包括性别、年龄、教育程度、职业和驾驶执照（5项）；（2）家庭特征，包括家庭电动自行车数量、家用汽车数量和电动自行车类型（3项）；（3）出行信息，包括出行距离，工作日和周末的出行目的，以及使用电动自行车的频率和经验（5项）；（4）驾驶行为，包括遵纪守法、激进驾驶行为、冲动行为、骑行经验程度及周边交通情况（5项）；（5）电动自行车用户对电动自行车登记和碰撞风险的看法（3项）。在正式调查开始之前，进行了30人的预调查，以确定调查问卷的潜在问题，防止出现偏差。根据反馈意见，对初始调查问卷进行了修订，使问题更加清晰。问卷中还设置了交叉检查问题，以过滤自我报告偏差。

2015年，宁波工程学院的学生被聘请进行为期两个月（7月和8月）的面对面调查。问卷调查员被安置在地铁站、购物中心和繁忙的街角。随机抽样技术被应用于选择电动自行车骑行者。调查人员在每五名通过他们抽样领域的电动自行车骑行者中随机挑选一位骑行者，向他们解释调查的目的，并邀请他们参与调查。在电动自行车骑行者接受邀请后，调查人员向他们详细解释调查问卷中相关术语的含义，例如激进驾驶行为、冲动行为和风险感知量表。在完成问卷调查后，受访者获得一份小礼物作为回报。为消除受访者对信息泄露的恐惧，该调查为匿名形式。在删除电动自行车用户的自报车祸样本后，获得了588份信息完整的问卷。

9.1.2 碰撞电动自行车调查

电动自行车碰撞数据由宁波市公安局交通警察局提供。按照以下三个标准从宁波市公安局交通警察局的数据库中提取电动自行车碰撞数据：（1）至少一个碰撞对象是电动自行车；（2）碰撞事故发生的时间与调查问卷的调查周期一致，以配合调查时间；（3）碰撞记录应包含日期、时间、地点、碰撞类型、碰撞严重程度等一系列项目的全部信息，如电动自行车骑行者的性别、车牌号码、身份证号码和电话号码等。采用电话采访来收集涉及碰撞的电动自行车骑行者的信息，结果显示，数据库中总共包括276起受伤碰撞事故、27起财产损失事故和7起致命事故。调查问卷中的问题被用于获取用户的人口统计信息、出行信息、驾驶行为以及电动自行车登记和碰撞风险的感知。在电话访问调查中选择了

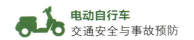

财产损失和受伤碰撞事故，共收集了303个具有完整信息的样本。

9.1.3 信度与效度检验

问卷信度和效度α测量问卷的信度[156]，计算得α = 0.623，表明问卷可以为本研究提供有效数据。

问卷的有效性用表面效度和内容效度来衡量。具体地，使用专家评估方法测量表面效度和内容效度。邀请两位具有丰富交通问卷设计经验的专家评估问卷的可读性、可行性、措辞清晰度、布局和风格。使用五点李克特量表来衡量从1（差）到5（优秀）的每个项目。平均得分为4.3，表明问卷具有高度表面效度。平均一致性百分比（Average Congruency Percentage，ACP）用于衡量问卷的内容效度[157]。分析专家建议量表上的每个问题是否与问卷问题相关，计算每个专家反映问题与问卷中问题相关的百分比，然后取这些百分比的平均值。计算得平均ACP值为91.7%，表明问卷具有高度内容效度。

9.1.4 调查结果

调查结果在实验室中仔细检查以进行数据选择，不包括出行距离和出行目的等信息不完整的案件。此外，交叉检查问题在这一过程中发挥重要作用。有逻辑问题的案件，例如年轻但退休的受访者，被排除在外。数据减少后共获得862份样本，其中包括567份问卷调查案例和295份电话访谈调查案例。在295起涉及碰撞的案件中，有271个样本是受伤事故，24个样本是PDO。男性用户为183人，占用户总数的62%；女性占38%。大多数用户都是年轻的电动自行车骑行者，占61%；而剩下的39%是中老年用户。

表9-1显示了涉及碰撞和电动自行车车牌使用的电动自行车的交叉列表。涉及碰撞和电动自行车车牌使用的电动自行车被定义为二进制指标，取值为1（是）或0（否）。总的来说，发现电动自行车的碰撞率为34.2%，电动自行车车牌使用率为51.6%。有效样本的汇总统计数据详见表9-2~表9-4。在有效样本中，男性占50.8%，女性占49.2%。平均年龄为38.5岁，年轻人、中年人和老年人分别占53.7%、33.2%和13.1%。有效样本的特征与之前的调查[148]类似，表明该问卷参与者能有效代表电动自行车骑行者的人口特征。

表9-1 涉及碰撞和电动自行车车牌使用的电动自行车交叉列表

电动自行车车牌使用	电动自行车涉及碰撞事故		总计（份）
	是	否	
是	82	363	445
否	213	204	417
总计	295	567	862

表9-2 人口统计信息的描述性统计数据

变量	描述	频率	比例（%）
性别	男	438	50.8
	女	424	49.2

续上表

变量	描述	频率	比例（%）
年龄群体	年轻人（<30岁）	463	53.7
	中年人（30~60岁）	286	33.2
	老年人（>60岁）	113	13.1
教育程度	硕士及以上	141	16.4
	大专及本科	343	39.8
	高中及初中	294	34.1
	初中以下	84	9.7
职业	学生	105	12.2
	公司/企业职员	244	28.3
	机关/事业单位员	119	13.8
	私营业主	143	16.6
	自由职业	128	14.8
	退休	76	8.8
	其他	47	5.5
是否持有驾照	是	552	64
	否	310	36
家庭特征			
电动自行车数量	1	506	58.7
	>1	356	41.3
是否拥有小汽车	是	256	29.7
	否	606	70.3
电动自行车类型	踏板式	401	46.5
	自行车式	461	53.5

出行信息的描述性统计数据　　表9-3

变量	描述	频率	比例（%）
出行距离	<5km	353	41
	5~10km	321	37.2
	10~20km	134	15.5
	>20km	54	6.3
工作日出行目的	上班	636	73.8
	上学	120	13.9
	出差	15	1.7
	看医生	3	0.4

续上表

变量	描述	频率	比例（%）
工作日出行目的	购物	45	5.2
	娱乐	19	2.2
	其他	24	2.8
非工作日出行目的	看望朋友	299	34.6
	娱乐	269	31.2
	购物	185	21.5
	看医生	4	0.5
	旅游	75	8.7
	锻炼	13	1.5
	其他	17	2
一周使用电动自行车频率	经常（超过5天）	292	33.9
	一般（3~4天）	159	18.4
	偶尔（1~2天）	411	47.7
使用电动自行车的经验	>5年	212	24.6
	3~5年	170	19.7
	1~3年	295	34.2
	<1年	185	21.5

骑行行为和感知的描述性统计数据　　　　　　表9-4

变量	描述	频率	比例（%）
遵守法律	强	576	66.8
	一般	201	23.3
	弱	85	9.9
激进的驾驶行为	经常	71	8.2
	一般	171	19.9
	无	620	71.9
冲动行为	经常	41	4.8
	一般	96	11.1
	无	725	84.1
骑乘经验的程度	熟练	527	61.2
	一般	301	34.9
	新手	34	3.9
周边交通状况	交通拥挤	478	55.5
	交通畅通	384	44.5

续上表

变量	描述	频率	比例（%）
风险认知度	高	387	44.9
	低	475	55.1
车牌注册费用	高	314	36.4
	低	548	63.6
车牌注册时间	≤30min	577	66.9
	>30min	285	33.1

9.2 离散选择模型构建

本章节目的是同时探究影响电动自行车碰撞事故和电动自行车车牌使用的因素。使用离散结果作为因变量由二元指标变量组成（即电动自行车涉及碰撞/非碰撞和电动自行车车牌使用/不使用）。特别是，使用BP模型[21]来控制影响电动自行车碰撞和车牌使用的潜在因素。BP模型是单变量二元概率的扩展，旨在模拟可以同时确定的二元因变量[108, 158-159]。若为每个因变量开发两个单独的单变量概率模型，则干扰之间的相关性将被忽略，导致模型估计效率低下。本章节中BP模型的因变量是电动自行车涉及碰撞和电动自行车车牌使用，每个都被编码为二进制指标，取值为1或0。BP模型为：

$$Y_{1i}^* = \beta_1 X_{1i} + \varepsilon_{1i}, \quad Y_{2i}^* = \beta_2 X_{2i} + \varepsilon_{2i} \tag{9-1}$$

式中，Y_{1i}^* 和 Y_{2i}^* 代表潜在的因变量；X_{1i} 和 X_{2i} 是两个模型中解释变量的向量；β_1 和 β_2 是与两个模型中的解释变量相关的系数的矢量；ε_{1i} 和 ε_{2i} 表示两个模型的随机误差项，如式（9-2）所示。

交叉方程相关误差项是：

$$\begin{bmatrix} \varepsilon_{1i} \\ \varepsilon_{2i} \end{bmatrix} \sim N\left(\begin{bmatrix} 0 \\ 0 \end{bmatrix}, \begin{bmatrix} 1 & \rho \\ \rho & 1 \end{bmatrix} \right) \tag{9-2}$$

如果潜在变量 Y_{1i}^* 和 Y_{2i}^* 大于零，则观察因变量 Y_{1i} 和 Y_{2i}：

$$Y_{1i} = \begin{cases} 1 & \text{if } Y_{1i}^* > 0, \\ 0 & \text{otherwise.} \end{cases} \quad Y_{2i} = \begin{cases} 1 & \text{if } Y_{2i}^* > 0, \\ 0 & \text{otherwise.} \end{cases} \tag{9-3}$$

可以通过如下最大化对数似然函数来估计双变量BP模型中的参数（β_1，β_2 和 ρ）：

$$\ln L = \sum \ln \varphi_2 [q_{1i}\beta_1 X_{1i}, q_{2i}\beta_2 X_{2i}, q_{1i}q_{2i}\rho] \tag{9-4}$$

式中，$[q_{1i}\beta_1 X_{1i}, q_{2i}\beta_2 X_{2i}, q_{1i}q_{2i}\rho]$ 表示具有相关性 ρ 的二元标准正态分布的累积密度函数；$q_{2i} = 2Y_{2i} - 1$。因此，如果 $y_{ji} = 1$；则 $q_{ji} = 1$；如果 $y_{ji} = 0$；则 $q_{ji} = 0$，$j=1,2$。

在考虑模型中包含的解释变量的影响基础上，采用相关参数 ρ 测量电动自行车碰撞事故与车牌使用之间的相关性。在解释模型结果时，每个解释变量的估计参数 β 控制对电动

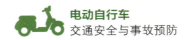

自行车的碰撞事故和车牌使用的影响。β为正，表示该变量倾向于增加电动自行车碰撞和车牌使用的可能性；β为负，则表示该变量将倾向于降低电动自行车涉及碰撞和车牌使用的可能性。

为定量获得解释变量对结果的影响，对BP模型中显著的变量计算边际效应。由于本研究中的所有解释变量都是二元指标或可以转换为二元指标，边际效应被解释为变量由0变为1，同时其他变量保持其平均值，从而导致因变量预期值的变化[55, 63]。边际效应可通过以下公式计算：

$$E[Y_1|Y_2=1, X=1] - E[Y_1|Y_2=1, X=0]$$
$$E[Y_1|Y_2=0, X=1] - E[Y_1|Y_2=0, X=0] \tag{9-5}$$

9.3 二元概率模型估计结果分析

为评估与电动自行车碰撞事故和车牌使用相关的因素，使用了BP模型。解释变量和描述性统计数据显示在表9-2~表9-4中，使用SAS 9.2软件来估计模型。表9-5显示了BP模型的估计结果，仅有在95%置信水平下的显著变量包含在估计模型中。

BP模型的估计结果　　表9-5

变量	电动自行车涉及碰撞事故				电动自行车车牌使用			
	β	S.E.	ρ-value	95%置信区间	β	S.E.	ρ-value	95%置信区间
不变量	−0.2132	0.877	0.015	−3.851　−0.413	−0.624	0.223	0.005	−1.061　−0.187
性别（男与女）	0.577	0.121	<0.001	0.34　0.814	−0.772	0.143	<0.001	−1.062　−0.492
年龄群体（年轻人与老年人）	0.362	0.135	0.007	0.097　0.627	−1.433	0.429	0.001	−2.274　−0.592
教育程度（高与低）	−0.53	0.254	0.037	−1.028　−0.031	1.542	0.577	0.008	0.411　2.673
是否持有驾照（是与否）	−0.619	0.125	<0.001	−0.864　−0.374	0.652	0.108	<0.001	0.44　0.864
电动自行车类型（踏板式与自行车式）	0.431	0.193	0.026	0.053　0.809	—	—	—	—
是否拥有小汽车（是与否）	−0.445	0.142	0.002	−0.723　−0.167	0.371	0.121	0.002	0.134　0.608
使用电动自行车频率（经常与偶尔）	0.511	0.216	0.018	0.088　0.934	—	—	—	—
使用电动自行车的经验（3~5年与<1年）	−0.576	0.171	0.001	−0.911　−0.241	0.722	0.163	<0.001	0.403　1.041

续上表

变量	电动自行车涉及碰撞事故				电动自行车车牌使用			
	β	S.E.	p-value	95%置信区间	β	S.E.	p-value	95%置信区间
使用电动自行车的经验（>5年与<1年）	-0.466	0.142	0.001	-0.744　-0.188	0.574	0.171	0.001	0.239　0.909
遵守法律（强与弱）	-1.115	0.376	0.003	-1.852　-0.378	1.221	0.196	<0.001	0.837　1.605
激进的驾驶行为（经常与无）	0.641	0.303	0.034	0.047　1.235	-0.232	0.106	0.029	-0.44　-0.024
激进的驾驶行为（一般与无）	0.624	0.248	0.012	0.138　1.11	—	—	—	—

结果发现，电动自行车碰撞事故和车牌使用间的误差项自相关系数是显著的（$\rho = -0.475$；$\rho < 0.001$）。结果表明，两个潜在因变量的误差项捕捉到了几个共同的未观测因素。此外，相关参数为负，表明使用电动自行车牌照可以降低电动自行车发生撞车事故的可能性。这一发现为在中国使用车牌提高电动自行车安全性提供了有力证据。电动自行车车牌得到了之前几项研究的支持[2, 20, 160]。

表9-6中，电动自行车的碰撞事故模型中有15个显著变量，电动自行车车牌使用模型中有11个显著变量。表9-6中估计的系数定性地反映了显著因素对结果的影响。正系数表示因变量的概率将随着解释变量的增加而增加，反之亦然。表9-6量化了这些变量的边际效应。

BP模型的边际效应　　　　　　表9-6

变量	电动自行车涉及碰撞事故	电动自行车车牌使用
性别（男与女）	0.177	-0.285
年龄群体（年轻人与老人）	0.124	-0.442
教育程度（高与低）	-0.169	0.479
是否持有驾照（是与否）	-0.225	0.243
电动自行车类型（踏板式与自行车式）	0.156	—
是否拥有小汽车（是与否）	-0.165	0.137
使用电动自行车频率（经常与偶尔）	0.182	—
使用电动自行车的经验（3~5年与<1年）	-0.203	0.267
使用电动自行车的经验（>5年与<1年）	-0.164	0.221
遵守法律（强与弱）	-0.425	0.433
激进的驾驶行为（经常与无）	0.163	-0.025
激进的驾驶行为（一般与无）	0.152	—
冲动行为（经常与无）	0.144	—

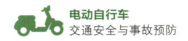

续上表

变量	电动自行车涉及碰撞事故	电动自行车车牌使用
骑乘经验的程度（熟练与新手）	-0.107	—
风险认知度（高与低）	-0.089	—
车牌注册费用（高与低）	—	0.146
车牌注册时间（≤30min与>30min）	—	0.179

9.3.1 电动自行车骑行者的个人特征

在性别方面，男性发生电动自行车碰撞事故的可能性比女姓高17.7%，这与之前的研究一致[151, 161]。Wang等人[161]指出，男性骑行者在电动自行车相关碰撞中比女性骑行者更容易出错。另外，男性使用电动自行车车牌的可能性比女性低28.5%。这一发现得到了其他研究的支持[57, 151, 162]。然而，这个结果与摩托车车牌使用形成鲜明对比。如de Rome[163]等人所述，新南威尔士州使用摩托车车牌的男性人数是女性人数的6.8倍。

与年长骑行者相比，年轻的电动自行车骑行者（<30岁）发生电动自行车碰撞事故的可能性增加12.4%，使用电动自行车车牌的可能性降低44.2%。这一发现与之前的研究一致[7, 164-165]。Bernhoft和Carstensen[165]发现，中年和老年人的电动自行车骑行者比那些倾向于承担更多风险的年轻骑行者更加谨慎和有经验，这导致年轻人更高的撞车可能性。此外，年轻的电动自行车骑行者害怕在安装车牌后被警察或摄像机记录为冒险或非法驾驶行为，导致他们使用电动自行车车牌的可能性降低。虽然本章节发现年轻电动自行车骑行者撞车的可能性很高，但一些研究发现老年人的受伤严重程度高于年轻人[7, 153]。

受教育程度高的人员使用电动自行车车牌的可能性比其他教育水平组高47.9%。同时，他们发生电动自行车事故的可能性降低了16.9%。这是一个有趣的发现，与Wu等人的发现一致[162]。它指出，具有高学历背景的人，通常接受更多关于交通安全和秩序的教育[166]，更关心电动自行车的安全。同时，他们也意识到电动自行车车牌使用对道路安全和交通管理的帮助。这一发现类似于之前对摩托车的研究，证明摩托车安全培训计划可以减少摩托车碰撞次数和碰撞严重程度[167]。结果表明，交通安全教育是提高电动自行车安全性，促进电动自行车车牌使用的有效对策。

拥有驾驶执照的电动自行车骑行者与没有驾驶执照的人相比，发生电动自行车碰撞事故的可能性降低22.5%，使用电动自行车车牌的可能性提高24.3%。Yao和Wu[57]证实了这一结果，他证明拥有驾驶执照的电动自行车骑行者发生电动自行车事故的可能性是没有驾驶执照的人的1.51倍。在摩托骑行者的其他研究中也发现了驾驶经验对两轮车安全性的贡献[168]。关于电动自行车车牌的使用，驾驶员更熟悉机动车运输的监管程序。但是，注册电动自行车车牌还有一些小障碍[169]。研究结果表明[20]，有驾驶执照可减少电动自行车碰撞事故的可能性，增加电动自行车车牌使用的可能性。

9.3.2 电动自行车骑行者的家庭特征

与自行车式电动自行车相比，踏板车式电动自行车发生撞车事故的可能性要高出

15.6%。这一发现与过去的研究[1, 57, 170]基本一致，即踏板车式电动自行车由于其较高的运行速度而更容易发生碰撞。

与没有家用小汽车的人相比，拥有家用小汽车的电动自行车骑行者发生撞车事故的可能性低 16.5%，使用电动自行车车牌的可能性高 13.7%[162]。原因在于如果汽车驾驶员意识到机动车道上出现电动自行车引起的不舒适感，则会支持电动自行车车牌使用以抑制电动骑行者的不安全行为。

9.3.3 电动自行车骑行者的出行信息

具有 3~5 年驾驶经验的电动自行车骑行者发生电动自行车撞车事故的可能性降低 20.3%，使用车牌的可能性提高 26.7%。同时，驾驶经验超过 5 年的电动自行车骑行者发生电动自行车事故的可能性降低 16.4%，使用车牌的可能性提高 22.1%。这可以解释为当长时间使用电动自行车时，电动自行车骑行者更喜欢这种交通工具，也更喜欢使用电动自行车车牌。调查结果表明，经验丰富的电动自行车骑行者发生电动自行车碰撞事故的可能性较小；然而，但这种情况随着时间的推移而减少。

电动自行车的使用频率与电动自行车碰撞可能性显著相关。经常使用电动自行车出行的骑行者发生电动自行车碰撞事故的可能性提高了 18.2%。这一结果与自行车碰撞情况基本一致。根据自行车碰撞报告研究结果，与每周骑行不到一天的人相比，频繁骑车者的碰撞可能性更高[45]。这一发现非常直观，因为频繁使用电动自行车难免会增加电动自行车碰撞的风险。

但是，一些值得注意的变量（例如，出行距离、出行目的和出行模式）未显著影响电动自行车碰撞和电动自行车车牌使用。

9.3.4 电动自行车骑行者的行为

调查发现，遵守法律法规的电动自行车骑行者发生电动自行车事故的可能性降低 42.5%，使用电动自行车车牌的可能性提高 43.3%。一些研究[7, 171-172]证实了法律遵守对电动自行车安全的贡献。Yao 和 Wu[57]发现，对交通管制态度不太积极的电动自行车骑行者有较高的撞车可能性。研究结果表明，提高电动车骑行者的交通法规意识，可以促进自行车车牌的使用。

经常具有激进驾驶行为和冲动行为的电动自行车骑行者往往有 16.3% 和 14.4% 的较为容易发生电动自行车撞车的可能性。正如之前的研究所发现的那样，电动自行车的异常骑行行为[1, 16, 76, 173-174]增加了冲突的风险，导致碰撞的可能性增高。使用电动自行车车牌的电动自行车骑行者，其具有频繁激进驾驶行为的可能性将减少 2.5%，原因是骑行者不希望在安装车牌后被警方记录这种危险行为。

与新骑行者相比，熟练的电动自行车骑行者发生撞车事故的可能性要低 10.7%。原因是，与新骑行者相比，熟练的电动自行车骑行者在应对碰撞风险方面拥有更多经验。这一发现与之前对摩托车的研究结果一致[175]，后者发现新的摩托车驾驶员更容易卷入致命撞车事故。

9.3.5 电动自行车骑行者的感知

具有高风险感知能力的电动自行车骑行者发生电动自行车事故的可能性降低8.9%，使用电动自行车车牌的可能性提高10%。Yao和Wu[57]之前的研究证实了这一结果，研究表明具有高风险感知的电动自行车骑行者不太可能发生电动自行车撞车事故。

关于注册费用，对费用标准满意的电动自行车骑行者，与不满意费用标准的人相比，使用电动自行车车牌的可能性高出14.6%。至于注册时间，认为注册车牌需要很短时间的电动自行车骑行者使用车牌的可能性比那些认为注册需要很长时间的人高出17.9%。结果表明，高质量的注册服务，如注册时间短、费用少，是改善车牌使用的有效对策。

9.3.6 启示

目前，虽然电动自行车具有便捷性、经济性和环保优势，但它总是受到安全问题的困扰。现有文献也很少考虑电动自行车事故和车牌使用的影响因素。本章研究的结果可以为分析风险因素和电动自行车碰撞事故之间的潜在关系及与电动自行车牌使用相关的因素提供参考；还可以帮助有关部门实施更有效的对策，以减少电动自行车碰撞，进而提高电动自行车的使用安全。此外，本章节中校准的模型还可用于预测电动自行车碰撞和车牌使用的可能性。

根据这项研究的结果，提出以下解决电动自行车安全问题和电动自行车车牌使用率低的对策：大力开展交通安全教育活动，提高电动自行车骑行者的法律意识，特别是对很有可能发生碰撞事故的年轻的电动自行车用户；建议对踏板式电动自行车强制执行上牌制度，因为这种电动自行车更可能发生撞车；应制定更有效的车牌注册制度，通过高质量的注册服务，使电动自行车车牌注册程序更容易和更快捷。

9.4 结论和展望

9.4.1 研究结论

本章节应用BP模型同时评估影响电动自行车碰撞事故和电动自行车车牌使用的因素，发现了电动自行车碰撞和车牌使用之间的相关性。研究结果表明，使用电动自行车车牌可以降低电动自行车发生碰撞事故的可能性。此外，通过计算显著变量的边际效应，量化它们对研究结果的影响。

BP模型的结果显示了各种因素。比如，在涉及电动自行车的碰撞模型中，包括性别、年龄、教育程度、是否持有驾驶执照、电动自行车类型、是否拥有家用小汽车、使用电动自行车的频率、使用电动自行车的经验、遵守法律等15个变量，还显示驾驶行为、冲动行为、骑乘经验的程度和风险认知度具有统计学意义；在电动自行车车牌使用模型中，包括性别、年龄、教育程度、是否持有驾驶执照、是否拥有家用小汽车、使用电动自行车的经验、遵守法律、激进驾驶行为、注册费用和注册时间等11个变量，具有统计学意义。

9.4.2 研究展望

在未来的研究工作中应重点解决以下问题：

（1）本调查是在一个城市进行的，由于各城市电动自行车的运行特点不同，需要在其他城市进行额外调查，以了解不同城市使用电动自行车车牌的异质性。

（2）由于时间、经济及人力成本，本章节未收集到道路基础设施特征。正如系统评价[176]所指出的，影响自行车、摩托车碰撞的最重要因素是道路基础设施特征。由于电动自行车和自行车具有相似的特性，这些道路设施特征也可能导致电动自行车碰撞事故。因此，应进一步研究道路基础设施特征，包括交互、环形交叉路口、路段、城市或大都市道路或主干道路、自行车道等。

（3）本章仅分析了影响电动自行车碰撞事故和车牌使用的因素，未来的研究需要进一步分析电动自行车骑行者为什么不使用车牌。

此外，这项研究的延伸是分析电动自行车骑行者未被观测到的潜在异质性。目前的工作提供了随机参数双变量有序概率模型的框架[177-178]。在这个框架下，可进一步修正参数，以对影响电动自行车碰撞事故和车牌使用的因素进行估计。

9.5 本章小结

本章研究的主要目的是评估影响电动自行车碰撞事故和车牌使用的因素。通过警察局数据库收集电动自行车碰撞事故数据，并通过电话采访进行问卷调查，收集非事故样本。利用BP模型对问卷数据进行拟合，以探寻影响电动自行车碰撞事故和电动自行车车牌使用的重要因素，并探寻它们之间的相关性。计算显著影响因素的边际效应，以量化它们对研究结果的影响。结果显示，性别、年龄、教育程度、是否持有驾驶执照、是否拥有家用汽车、使用电动自行车的经验、遵守法律等几个因素对电动自行车的车牌使用都有重大影响。此外，电动自行车的类型、使用电动自行车的频率、冲动行为、骑乘经验的程度和风险认知度是影响电动自行车碰撞事故的重要因素。此外，电动自行车碰撞事故和车牌使用之间呈密切负相关关系。

10

电动自行车协同治理对策

电动自行车的协同治理需要政府部门、电动自行车企业以及社会公众的共同参与，缺一不可。要实现电动自行车协同治理体系，需要三方参与主体共同树立协同治理理念，将协同治理理念贯穿于政府日常工作、企业生产经营、公众行为准则中。

10.1 构建协同治理体系

10.1.1 建立协同治理理念

政府部门方面，公安机关交通管理部门、质量技术监督部门、工商行政管理部门等相关政府部门需要转变管理观念，将传统的统一服从、自上而下的强制管理思想向多元化协同治理的方向转变。政府部门要注重对电动自行车生产和销售企业不规范生产和销售行为的监管和治理，并协同行业协会制定和完善电动自行车的安全标准；政府部门要加强对电动自行车使用者不文明行为的监管和治理，积极推行安全教育、宣传安全意识，并通过配套设施建设，进一步优化动车自行车行车环境安全，排除各类安全隐患；政府部门要加强对社会公众赋予一定的监管权力，提供监督、举报渠道，激励社会公众参与对电动自行车交通乱象的共同治理。

电动自行车企业方面，需要转变企业普遍存在的被动管理理念，强化参与意识，让大家积极参与到电动自行车的协同治理中。企业应加大对电动自行车安全性能提升技术的投入和研发,加强对企业各级领导者和员工的安全和质量教育培训,将保护广大人民群众的生命财产安全做为企业发展首要责任,进一步加强企业领导者和员工参与电动自行车协同治理的社会责任感。

社会公众方面,需要加强自身安全意识,规范自身安全行为,并提高自身的权益意识和公民参与治理的意识,对不规范的企业行为和出行行为进行主动监管、投诉和举报。

10.1.2　健全协同治理机制

一是要建立信息共享机制。信息共享和畅通的信息互联是健全协同治理机制的基础,只有协同治理各参与主体之间实现信息的共享、互联、互通,才能提升协同治理的积极性和提高协同治理的效果。政府部门应建立一个统一的信息共享平台,并在平台上及时公布电动自行车协同治理的各类信息,确保信息的公开、透明,激发多方参与的积极性;企业和公众可将社会信息反馈至该平台,使政府部门能及时获取各类真实信息,形成信息的互馈,也有助于政府制定科学合理的治理政策和措施。

二是要健全沟通交流机制。沟通交流是化解电动自行车安全管理过程中政府、企业、公众之间的矛盾和纠纷的重要手段,沟通交流同时又是协同治理中的重要环节。政府应拓展与企业和公众之间沟通交流的渠道,可定期举行听证会、座谈会等,同时应充分利用互联网、广电媒体、电话、邮件、微信公众号、城市论坛等媒介,搭建有效、畅通的沟通交流平台,充分保障企业和公民诉求的表达及政府政策的宣传。

三是要完善激励惩罚机制。激励惩罚是确保电动自行车协同治理效果的重要保障,同时也是促使政府、企业及公众形成一个协同治理联合体的基础。通过激励机制提高企业和公众参与协同治理的积极性和主动性,同时对具有不规范行为的企业和公众实施多元化惩罚措施。

四是要构建效果评估机制。协同治理效果评估是进一步完善和改进协同治理措施的前提。成立专门的评估和监督机构,制定科学合理的协同治理效果评估指标体系和指标计算方法,定期对协同治理效果进行全面评估,并向全社会公开发布评估结果,根据评估结果,不断改进和优化协同治理措施,为电动自行车的协同治理积累经验。

10.1.3　明确部门权责关系

一是明确政府职能定位。一方面需明确政府部门在电动车协同治理中的职能,改变政府在社会治理中具有绝对治理话语权的传统,应赋予企业和社会公众部分权利,让企业和公众共同参与电动自行车安全管理的决策和治理活动中。另一方面,需界定各政府部门在电动自行车的协同治理中的权力界限和责任边界,避免各政府部门之间相互推诿、多重管理的现象,确保协同治理体系的顺畅、高效和透明。

二是确定企业权责清单。首先,通过建立完善的法律法规对电动自行车生产和销售企业权责进行界定,对有违规、违法的企业必须追究其法律责任,而对企业的权力应给与充分保障。其次,通过制定相应的扶持和鼓励政策,促使电动自行车企业的可持续发展，鼓励其主动遵守相关的政策和标准，确保企业的规范化经营。再次，企业应自觉形成社会意识，主动承担社会责任，在企业自身发展的同时还应积极投身社会公益。

三是明晰公众角色作用。一方面，社会公众是交通活动的参与者和交通规范的遵守者，所有公众必须树立安全意识、规范意识、自觉意识，主动遵守各类交通规范，杜绝不文明交通行为，形成良好的交通习惯。另一方面，社会公众是协同治理的参与者和监督者，积极主动参与，对企业的不规范经营行为和出行者的不文明出行行为进行监督和协同治理，确保友好的交通出行环境。

10.2　强化政府部门协同

10.2.1　完善法律法规建设

电动自行车管理的法律法规制定应结合本地实际（表10-1），与时俱进、以人为本，法律法规的制定应聚焦以下方面。

电动自行车的生产和销售方面。生产、销售的电动自行车应当符合强制性国家标准，并获得强制性产品认证证书。电动自行车销售者应当履行进货查验义务，建立进货和销售台账，并在销售场所醒目位置公示所售电动自行车符合强制性国家标准并获得强制性产品认证的相关信息。通过电子商务平台销售的，应当在披露的商品信息中包含上述相关信息。电动自行车及其蓄电池的生产者、销售者应当提供电动自行车废旧蓄电池更换、回收服务，建立回收台账。对拼装、改装、加装、变造或伪造整车编码的违法电动自行车，应被禁止生产和销售。

电动自行车的登记和通行方面。电动自行车上道路行驶，应当依法经当地人民政府公安机关交通管理部门注册登记，取得电动自行车号牌。未进行电动自行车注册登记的，应当向公安机关交通管理部门提出注册登记申请，交验车辆，并如实提交车辆所有人身份证明、车辆来历证明、车辆产品合格证明或者进口证明。已注册登记的电动自行车所有人姓名或者联系方式等登记内容发生变更的，应当及时向公安机关交通管理部门申请变更登记。电动自行车号牌由省人民政府公安机关交通管理部门统一监制。驾驶电动自行车上道路行驶，应当遵守道路交通安全法律法规。

电动自行车的停放和充电方面。车站、广场、商场、公园、体育场馆、医疗卫生机构、政务服务机构等公共场所以及新建住宅小区，应当按照规定配套建设电动自行车停放场所和充电设施设备。城市管理等部门应当在公共场所合理设置电动自行车等非机动车停放区域，加强停放管理。电动自行车停放不得妨碍其他车辆和行人通行。电动自行车充电时应当确保安全。不得违反用电安全要求私拉电线和插座为电动自行车充电，不得违反消防安全要求在禁止停放的区域、非集中充电的室内区域为电动自行车充电。

10　电动自行车协同治理对策

部分地区电动自行车管理政策梳理　　　　　表10-1

地区	政策名称	主要内容
山东省	《山东省电动自行车管理办法》	1.对源头生产和销售环节进行规范； 2.创新便民方式，提高便民服务水平，加强监督管理，规范执法，处罚与教育相结合； 3.驾驶员应规范佩戴头盔
浙江省	《浙江省电动自行车管理条例》	1.引导并鼓励商业保险企业为电动自行车所有人提供优惠和便利； 2.合理规划设置电动车停放区域，设置符合国家标准的充电设施； 3.驾驶人员及搭载人员应当佩戴安全头盔； 4.电动自行车销售者、维修者不可拆除或改变已登记的电动自行车限速装置
上海市	《上海市非机动车安全管理条例》	1.驾驶或乘坐电动自行车时都应佩戴头盔，不得实施浏览电子设备等妨碍安全驾驶的行为，不得牵引动物、拖挂载人载物装置； 2.电动自行车从事快递、外卖等网约配送活动时，应当使用专用车牌； 3.禁止电动自行车占用建筑物公共区域，以及影响通行的区域
河北省	《河北省电动自行车管理条例》	1.禁止拼装电动自行车，拆除或者改变限速装置； 2.电动自行车上路前应在规定位置悬挂车牌号； 3.电动自行车驾驶人应年满16岁，且成年人驾驶时，只能搭载一人，并都应佩戴安全头盔； 4.禁止电动自行车进入载人电梯，禁止占用公共区域为电动自行车充电
江苏省	《江苏省电动自行车管理条例》	1.任何个人和单位不得拼装电动自行车，不得改装电动机和蓄电池等动力装置，不得改变限速装置； 2.电动自行车上道路行驶，应在指定位置悬挂车牌，并保持清晰、完整； 3.在道路上驾驶电动自行车应年满16岁，且只能搭载一名16周岁以下的未成年人，搭载6周岁以下未成年人应使用安全座椅； 4.禁止电动自行车占用居民住宅楼的楼梯间、安全出口等区域，禁止私拉电线和插座为电动自行车充电
广西壮族自治区	《广西壮族自治区电动自行车机动轮椅车管理办法》	1.明确政府及有关部门职责，进一步加强对电动自行车的管理，维护交通秩序； 2.禁止非法拼装、改装、加装行为； 3.增加车辆停放场所，充电设施的设置和建设要求； 4.驾乘人员应佩戴头盔以及禁止电动自行车进入电梯； 5.对已经注册的电动自行车临时号码牌设置三年过渡期
贵州省	《贵州省电动自行车管理办法》	1.购买电动车，应在购车之日起30日内办理登记，领取号牌、行驶证后方可上路行驶，任何人不得伪造、变造或使用伪造、变造的车牌； 2.驾驶电动自行车，应年满16周岁以上，且无妨碍安全驾驶的身体缺陷； 3.禁止对出厂后的电动自行车实施加装、改装动力装置等行为

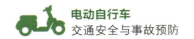

10.2.2 强化部门监管职责

电动自行车的生产、销售、登记、通行、停放、充电等均需相应的部门进行监管，监管过程涉及多个部门，需要对各部门的监管职责进行明确，以确定部门责任边界。按照2022年8月国务院安委会印发的《加强电动自行车全链条安全监管重点工作任务及分工方案》，各部门的监管职责如下：

生产源头环节安全方面，明确经济和信息化部门、市场监督部门是主要行政管理部门，负责研究制定电动自行车及电池相关的产业政策，指导电动自行车生产企业不断提高规范化水平，通过差异化监管提升电动自行车产品质量水平，强化电动自行车强制性产品认证，严查生产企业不规范行为，避免不符合强制标准的电动自行车流入市场等。

流通销售环节安全方面，明确市场监管部门是主要行政管理部门，负责查处无照销售电动自行车的行为，打击销售无合格证、无厂名厂址等来源不明和不符合国家标准、未获得认证的电动自行车的违法行为，强化销售环节电动自行车非法改装整治，开展流通领域电动自行车质量监督抽查，督促不合格产品生产单位和有关销售者落实产品质量安全主体责任，强化产品质量管控，督促企业履行缺陷召回法定义务等。

末端使用环节安全方面，明确公安部门、住房城乡建设部门、消防救援部门、市场监管部门、能源部门等是主要行政管理部门，负责建立健全电动自行车等级制度，加大路面执法管控力度，严管严查交通违法行为，加强电动自行车交通安全宣传，督促骑乘人员安全文明出行，推动停车棚、停车架、充电桩等设施建设，查处电动自行车违法违规停放行为，督促电动自行车充电设施建设和充电设施安全检测、维护管理等。

拆解回收环节安全方面，明确发展改革部门、生态环境部门、经济和信息化部门是主要行政管理部门，负责建立电动自行车蓄电池回收利用制度，明确细化电动自行车蓄电池回收利用管理的规定要求和标准规范，加强电动自行车废旧蓄电池拆解回收过程的安全监控，开展电动自行车蓄电池梯次利用，防范使用废旧电芯从事电动自行车蓄电池生产的行为等。

10.2.3 完善配套设施建设

首先，加强公共充电设施的建设。针对电动自行车公共充电建设相对滞后、分布点间隔较远，区域发展不均衡的问题，以"布局合理、安全规范、方便实惠"为原则，以电动自行车数量相对集中区域为重点，全面推动电动自行车充电设施建设，有效解决居民电动自行车充电需求。

其次，完善公共停车位的设置。针对停车位数量无法满足停车需求和停车位位置设置不合理的问题，对于小区周边，如医院、商场、农贸市场、文化体育场馆、公园等人流量集中的公共区域，应当按照国家规定标准规划、建设电动自行车集中停放场所，并落实专人管理。

再次，优化非机动车专用道建设。针对非机动车道设置过少、非机动车路权不足导致电动自行车逆行、闯红灯等现象常见的发生在街头的问题，需大力开展非机动车道的改造和优化工作，通过采用优化车行道宽度、完善标志标线、增设隔离设施等举措，完善非机动车专用道设置。

10.3 加强企业主体责任

10.3.1 加强企业自我管理

虽然电动自行车"新国标"已于2019年开始实施，但目前市场上仍有部分企业违规生产超标车辆，包括整车质量不符合标准要求、车速限值不符合标准要求、蓄电池防篡改及短路保护不符合标准等。这在很大程度上给电动自行车用户带来安全隐患，且易发生交通事故，危及公共安全。因此，从企业源头加强电动自行车安全管理是企业的重要责任。

一是企业必须坚持依法治企。市场经济是法治经济，走依法治企之路是时代发展的必然选择，要想在日趋激烈的市场竞争中获胜，就必须坚持走依法治企之路。电动自行车企业想要有序发展必须尊重并恪守法律制度。伴随"新国标"稳定有序地在全国推进，市场需求的不断变化升级，电动自行车产品和服务已经向着数字化、智能化、锂电化的趋势不断发展，电动自行车企业必须抓住转型升级的机会，同时，建立健全企业规章制度，加强自身建设和自我管理，促进电动自行车企业的健康持续发展。

二是严格执行国家相关标准。严格执行国家颁布的电动自行车"新国标"的规定（表10-2）：具有脚踏骑行能力；具有电驱动或/和电助动功能；电驱动行驶时，最高设计车速不超过25km/h；电助动行驶时，车速超过25km/h，电动机不得提供动力输出；装配完整的电动自行车的整车质量应当小于或等于55kg；蓄电池标称电压应当小于或等于48V；电动机额定连续输出功率应当小于或等于400W。企业通过最大限度地确保产品的机械安全、行驶安全、电气安全和防火安全等各方面的安全性能，确保消费者的生命财产安全。

新旧电动自行车安全技术规范对比 表10-2

比对指标	旧国标	新国标
最高车速	≤20km/h	≤25km/h
整车质量	≤40kg	≤55kg
蓄电池标称电压	≤48V	≤48V
电动机额定连续输出功率	≤240W	≤400W
脚踏骑行能力	30min的脚踏行驶距离应不小于7km	1. 30min的脚踏行驶距离≥5km； 2. 两曲柄外侧面最大距离≥300mm； 3. 鞍座前端在水平方向位置不得超过中轴中心线
尺寸限值	—	1. 整车高度≤1100mm；车体宽度（除车把、脚蹬部分外）≤450mm；前后轮中心距≤1250mm；鞍座高度≥635mm； 2. 鞍座长度≤350mm；后轮上方的车架平坦部分最大宽度≤175mm

续上表

比对指标	旧国标	新国标
续航里程	一次充电后的续行里程应不小25km	—
蓄电池的最大输出电压	—	≤60V
制动性能	电动自行车以最高车速20km/h骑行时，干态制动距离应不大于4m；湿态制动距离应不大于15m	1. 干态在试验速度为25km/h的情况下，同时使用前后车闸刹车时制动距离为≤7m；单使用后闸刹车时制动距离为≤15m； 2. 湿态在试验速度为16km/h的情况下，同时使用前后车闸刹车时制动距离为≤9m；单使用后闸刹车时制动距离为≤19m
淋水涉水性能	—	按规定试验后，电动自行车可正常骑行，各电器部件功能正常，绝缘电阻值应≥1MΩ

三是加强电动自行车生产管理。电动车的生产资质要通过"3C认证"。2018年7月19日发布的《强制性产品认证实施规则 电动自行车》（CNCA-C11-16：2018）将电动车的生产资质由生产许可证转为"3C认证"。"新国标"的发布和电动车生产认证的转变，确保了企业生产销售的电动自行车的产品质量。企业内部应积极推进落实新标准的技术指标及相关要求，严格按照经济和信息化部门、市场监督部门的管理规定，遵守行业纪律，加强生产过程中的质量监控，生产符合国家标准的产品，并对生产不合格的车辆进行处理。

四是加强电动自行车销售管理。坚决杜绝经营销售单位无证经营、超范围经营。严禁销售不符合强制性国家标准或未获得强制性产品认证的电动自行车，严禁在销售过程中对电动自行车的电动机和蓄电池等动力装置进行非法改装，严禁改装电动自行车的限速装置，杜绝安全隐患。加强相关销售人员的社会责任意识和法律意识，杜绝违规违法行为，净化销售环境。

10.3.2 强化企业责任意识

企业在电动自行车的协同管理中处于至关重要的地位，是整个治理工作中必不可少的一环。随着"新国标"的发布和相关法律法规的不断完善，对生产销售电动自行车的企业产生了一定的冲击，这意味着企业要转变之前完全以盈利为目标的倾向，更加注重产品的质量及使用安全，强化企业的社会责任，与监管部门、公众共同维护市场的管理，保障行业的良性发展。

首先，树立诚信经营的理念，将诚信经营贯穿到公司的日常经营活动中。确保自己生产的产品质量，给公众提供安全、舒适、耐用的产品，履行在产品质量和服务质量方面的承诺，绝不销售不符合国家标准的车辆，树立良好的公众形象，获得公众的支持和信任。

其次，加强企业内部员工责任意识。将承担社会责任落实到公司的企业文化和发展规划中，强化企业员工的责任意识，加强企业的自身管理，严禁公司内部出现改装、拼装电动自行车等违法行为，坚持合法经营，实现企业与政府的良好沟通。

最后，主动接受政府和社会公众的监督。电动自行车企业应主动接受政府相关质监部门、群众组织、公众个人以及大众媒体的监督，并积极协助相关部门核查情况，及时发现产品因质量问题带给社会的危害性，促进电动自行车企业的高质量发展。

10.4 引导公众积极参与

10.4.1 培养公众安全意识

目前电动自行车管理所出现的问题，并不能完全归因于企业违规生产销售的电动自行车车辆。社会公众作为道路交通中的重要参与者，在使用电动车行驶过程中的不规范行为对道路交通造成的安全隐患是电动自行车管理困难的另一原因。因此，培养公众的安全意识对电动自行车协同管理具有重大意义。

第一，加强公众对电动自行车的基本认识。公众是违规电动车质量安全的主要受害人，基础的电动自行车知识了解可以减少公众的受害概率，减少公众损失。首先我们可以拓宽公众了解电动自行车的渠道，比如，以社区为单位的相关的知识宣传，在电动自行车使用频率较高的广场、地铁和其他公共场所进行安全宣传，通过广播、电视等媒体宣传电动自行车的相关基础知识等等，让公众了解到电动自行车的合法规格及违规车辆所造成的安全隐患，防止公众受到不法商家的欺骗。其次，我国对电动自行车的使用并没有明确规定及相应考核，可以建立电动自行车使用的相关安全培训制度，对电动自行车的使用人员进行技能和安全知识考核，提高准入门槛。

第二，加强普法教育，普及安全行驶的重要性。很多电动自行车的驾驶人文化水平低、安全意识淡薄且分布范围较广，可以社区教育为主，定期进行交通安全教育，提高公众的交通安全意识。其次，在学校和企业内部也可以开展专题讲座，普及《道路交通安全法》和其他的相关基础法律法规。针对多次违规驾驶电动自行车的行为进行一定的处罚，提高居民的警惕意识，让公众认识到驾驶不合规范车辆以及违规驾驶的后果，也可对安全驾驶的公众进行一定的宣传表彰，督促公众规范使用电动自行车。让安全驾驶电动自行车的意识深入人心，逐步形成文明出行的社会风气。

10.4.2 鼓励公众深度参与

对社会公众而言，他们很难主动参与到社会治理工作中。因此，社会监督对电动自行车的管理具有重要作用。公众要正确认识到自己主人翁的身份，主动参与到电动自行车管理问题中，形成政府、企业、公众协同治理的良好氛围。

首先，号召公众个人积极承担社会监督的责任与义务，树立主人翁意识。社会监督既是每一个公民的责任也是其相应的义务，公民除了做到知法守法外，在日常生活中也应该主动参与到社会治理中，积极承担社会监督的责任和义务，及时投诉监管不当及执法不公，对违规生产的电动车辆及时上报，及时制止驾驶人的不文明行为，相关部门可相应地对积极参与监督举报的公众进行一定的奖励，推动大家改变公民在社会管理中的角色认知，形成良好的社会氛围，促进电动自行车协同管理。

其次，成立相关的行业协会，以组织的形式参与到社会治理中。电动自行车行业协会是社会监督的重要组成部分，相比个体的监督举报，组织形式的行业协会更容易与相关政府部门沟通，对政府的相关部门进行监督制约，也更容易进行相关的舆论宣传及曝光。

10.4.3 拓宽公众参与渠道

公众参与到治理中，更能保证治理过程的合理性和有效性，然而目前公众参与的力度还比较薄弱，政府应该积极宣传，使公众了解社会治理现代化的理念制度，了解参与社会化治理的程序、途经，同时不断丰富公众参与的渠道与平台，为公众创造更多参与社会治理的机会，让公众更好地参与到治理中。

首先，政府应持续简政放权，还权于民，放权于社会，明确公众参与社会治理的权利范围与义务，尤其是决策、执行、监督等环节中公众参与的程度，应以制度化的形式加以明确。同时，加大政务公开的力度，对如电动自行车交通安全的社会治理等议题提前公开并进行宣传，让公众提前了解，引导公众参与。

其次，社会组织为公众参与社会治理提供了独立的平台，是提高公众参与社会治理的有效途径。应该根据群众需求，培育和发展各类社会组织，如建立电动自行车行业协会，降低社会组织门槛，加强社会组织的建设。

最后，创新公众参与社会治理的方式，在线下参与渠道畅通的同时，拓宽线上参与渠道。充分利用大数据、人工智能等现代化手段，建立线上服务平台，让公众通过手机、电脑等设备参与到社会治理中，同时也能加强政府与群众的沟通。

10.5 本章小结

电动自行车的交通安全治理涉及的主体和环节较多，虽然行业管理部门是电动自行车交通安全治理的主体，但从实践来看，仅靠管理部门的管理行为，治理效果不甚理想，因此需要构建电动自行车协同治理体系。本章根据协同治理理论，强调从协同治理理念、协同治理机制、部门权责关系等三个方面构建电动自行车的交通安全协同治理体系。具体而言，通过完善法律法规建设、强化部门监管职责、完善配套设施建设，强化政府部门协同；通过加强企业自我管理和强化企业责任意识，加强企业主体责任；通过培养公众安全意识、鼓励公众深度参与、拓宽公众参与渠道，引导公众积极参与。充分发挥政府、企业、公众的多主体参与在协同治理中的重要作用，为提高电动自行车交通安全治理效率提供参考。

附　　录

附录1　主要研究成果

序号	研究成果	期刊/出版社	完成人	完成时间
1	Visualization and bibliometric analysis of e-bike studies: A systematic literature review (1976–2023)	Transportation Research Part D: Transport and Environment	Zhou J, Li Z, Dong S, et al.	2023.09
2	Exploring the factors affecting electric bicycle riders' working conditions and crash involvement in Ningbo, China	Journal of Traffic and Transportation Engineering (English Edition)	Zhou J, Shen Y, Guo Y, et al.	2023.08
3	Review of bike-sharing system studies using bibliometrics method	Journal of Traffic and Transportation Engineering (English edition)	Zhou J, Guo Y, Sun J, et al.	2022.08
4	Stop-and-Go Decision-making Mechanism Analysis of E-bikes During Signal Change Interval	Journal of Internet Technology	Dong S, Zhou J, Zhang S, et al.	2021.12
5	Comparative study on e-bikes' decision-making behaviors under flashing green and green countdown	Journal of Intelligent & Fuzzy Systems	Meng H, Dong S, Zhou J, et al.	2021.10
6	Personal characteristics of e-bike riders and illegal lane occupation behavior	Journal of Advanced Transportation	Ma C, Zhou J, Yang D, et al.	2020.06
7	A comparative study on drivers' stop/go behavior at signalized intersections based on decision tree classification model	Journal of Advanced Transportation	Dong S, Zhou J.	2020.05
8	Determining E-bike drivers' decision-making mechanisms during signal change interval using the hidden Markov driving model	Journal of Advanced Transportation	Dong S, Zhou J, Zhang S.	2019.04
9	Evaluating factors affecting electric bike users' registration of license plate in China using Bayesian approach	Transportation Research Part F: Traffic Psychology and Behaviour	Guo Y, Li Z, Wu Y, et al.	2018.11
10	Exploring unobserved heterogeneity in bicyclists' red-light running behaviors at different crossing facilities	Accident Analysis & Prevention	Guo Y, Li Z, Wu Y, et al.	2018.06

续上表

11	Evaluation of factors affecting e-bike involved crash and e-bike license plate use in China using a bivariate probit model	Journal of Advanced Transportation	Guo Y, Zhou J, Wu Y, et al.	2017.11
12	Feasibility analysis of phase transition signals based on e-bike rider behavior	Advances in Mechanical Engineering	Dong S, Zhou J, Zhao L, et al.	2015.11
13	绿闪灯对电动自行车停驶决策行为的安全影响	中国安全科学学报	董升,周继彪,唐克双,等	2015.09
14	城市自行车共享系统交通特性与发展策略	人民交通出版社股份有限公司	周继彪,董升,马昌喜,等	2020.12

附录2　调查相关表格

问卷调查表1（样表）　　　　　　　　　　　　　　　　　　　附表2-1

日期：　　　　　　时间：　　　　　　地点：　　　　　　调查人员：

一		个人特征	
1	您所在城市？		
2	性别：	□ 男　　□ 女	
3	年龄：	□ <30岁　　□ 30~60岁　　□ >60岁	
4	教育程度：	□ 硕士及以上　　□ 大专及本科 □ 高中及初中　　□ 初中以下	
5	职业：	□ 学生　　□ 公司/企业职员 □ 机关/事业单位人员　　□ 私营业主 □ 自由职业　　□ 退休　　□ 其他	
6	是否持有驾照：	□ 是　　□ 否	
二		家庭特征	
1	家庭人口数：	□ ≤3人　　□ >3人	
2	电动自行车数量：	□ 1辆　　□ >1辆	
3	是否拥有小汽车：	□ 是　　□ 否	
4	电动自行车类型：	□ 踏板式　　□ 自行车式	
三		出行信息	
1	您平时的出行方式？	□ 步行　　□ 自行车　　□ 电动自行车 □ 公交或地铁　　□ 私家车　　□ 其他	
2	您平时的单程出行距离？	□ <5km　　□ 5~10km　　□ 10~20km　　□ >20km	
3	您的工作日出行目的？	□ 上班　　□ 上学　　□ 出差　　□ 看医生 □ 购物　　□ 娱乐　　□ 其他	
4	您是否存在冲动行为？	□ 经常　　□ 一般　　□ 无	
5	您的骑乘经验程度？	□ 熟练　　□ 一般　　□ 新手	
6	您认为周边的交通状况？	□ 交通拥挤　　□ 交通畅通	
7	您使用电动自行车的频率？	□ 经常（每周超过5天） □ 一般（每周3~4天） □ 偶尔（每周0~2天）	
8	您是否在高峰时间出行？	□ 经常　　□ 偶尔	

续上表

四		感知	
1	您认为自身的风险认知度？	☐ 高	☐ 低
2	您所在的城市是否规定电动车必须上牌照？	☐ 是	☐ 否
3	您是否愿意给电动车上牌照？	☐ 是	☐ 否
4	您的车牌注册费用？	☐ 高	☐ 低
5	您的车牌注册时间？	☐ ≤30min	☐ >30min

路段非机动车流量调查表　　　　　　　　　　　附表2-2

调查时间：　　　　　　路段名称：

时间	车辆类型					时间	车辆类型				
	私人电动自行车	共享电动自行车	私人自行车	共享自行车	其他非机动车		私人电动自行车	共享电动自行车	私人自行车	共享自行车	其他非机动车

路段非机动车速度调查表　　　　　　　　　　　附表2-3

调查时间：　　　　　　路段名称：

车辆编号	速度	车辆编号	速度	车辆编号	速度
1		6		11	
2		7		12	
3		8		13	
4		9		14	
5		10		15	

路段电动自行车密度调查表　　　　　　　　　　　　　　　　　附表 2-4

调查时间：　　　　　　　　　　　　　路段名称：
观测区域长度：　　　　　　　　　　　非机动车道宽度：

编号	观测区域内车辆数	通过 A 的车辆数	通过 B 的车辆数	密度（辆/m²）
1				
2				
3				
4				
5				

问卷调查表 2（样表）　　　　　　　　　　　　　　　　　　　附表 2-5

		工作条件信息		
1	工作经验	○ 0~6月	○ 6~12月	○ 1~2年
		○ 2~4年	○ >4年	
2	每日工作时间	○ <4h	○ 4~12h	○ >12h
3	每天的订单数量	○ <15	○ 15~25	○ 25~35
		○ 36~45	○ >45	
4	是否收到投诉	○ 从不	○ 几乎不	○ 偶尔
		○ 经常	○ 总是	
5	如何规划路线	○ 依靠导航　○ 根据自身经验判断		
		○ 上述行为都存在		
		感知信息		
1	是否有交通险	○ 公司购买	○ 个人购买	○ 未购买
2	发生碰撞次数	○ 0	○ 1~3次	○ >3次
3	是否熟悉交通规则	○ 是	○ 一般	○ 否
4	是否受过处罚	○ 是		○ 否
5	处罚原因	○ 未戴头盔		○ 其他
6	交通安全教育数量	○ 从不	○ 每月一次	○ 每天一次
		○ 每半年一次	○ 每周一次	○ 每年一次
7	是否骑行前检查车况	○ 从不	○ 几乎不	○ 偶尔
		○ 经常	○ 总是	
		潜在风险信息		
1	最大行驶速度	○ <20km/h	○ 20~35km/h	○ 35~50km/h
		○ 50~65km/h	○ >65km/h	
2	是否单手骑车	○ 从不	○ 几乎不	○ 偶尔
		○ 经常	○ 总是	

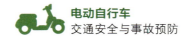

续上表

		潜在风险信息		
3	机动车道占用	○ 从不	○ 几乎不	○ 偶尔
		○ 经常	○ 总是	
4	担心迟到被顾客投诉，被公司扣钱	○ 从不	○ 几乎不	○ 偶尔
		○ 经常	○ 总是	
5	运输时情况	□ 闯红灯 □ 未戴头盔 □ 随意停车 □ 疲劳驾驶	□ 逆向行驶 □ 使用手机 □ 靠近机动车	
6	为何出现5中的行为	□ 完成订单数量指标 □ 习惯性违章 □ 路况影响	□ 客户要求 □ 餐厅要求 □ 天气原因	
		个人特质信息		
1	性别	○ 男		○ 女
2	年龄	○ 12~18岁	○ 18~30岁	○ 30~40岁
		○ 40~50岁	○ 50~70岁	
3	教育程度	○ 初中以下	○ 初高中	○ 本科及以上
4	职业	○ 兼职		○ 全职
5	是否有车牌	○ 是		○ 否
6	月收入	○ <1000元	○ 1000~4000元	○ 4000~7000元
		○ 7000~10000元		○ >10000元

附录3　电动自行车相关政策

一、电动自行车管理的法律依据

1.《中华人民共和国道路交通安全法》
2.《中华人民共和国产品质量法》
3.《中华人民共和国道路交通安全法实施条例》
4.各地方根据实际情况出台的电动自行车管理办法，如：
（1）浙江省电动自行车管理条例（浙江省第十三届人民代表大会常务委员会第二十一次会议于2020年5月15日通过，自2020年7月1日起施行。）
（2）江苏省电动自行车管理条例（江苏省第十三届人民代表大会常务委员会第十六次会议于2020年5月15日通过，自2020年7月1日起施行。）
（3）河北省电动自行车管理条例（河北省第十三届人民代表大会常务委员会第二十七次会议于2021年11月23日通过，自2022年5月1日起施行。）
（4）安徽省电动自行车管理条例（安徽省十三届人民代表大会常务委员会第三十九次会议于2022年12月15日通过，自2023年3月1日起施行。）
（5）海南省电动自行车管理条例（海南省第六届人民代表大会常务委员会第二十八次会议于2021年6月1日通过，自2022年1月1日起施行。）

二、电动自行车相关政策管理的车种类型

政策中所说的电动自行车是指以车载蓄电池作为辅助能源，具备脚踏骑行功能，能实现电助动、电驱动功能的两轮自行车。电动三轮车、四轮车的管理不在政策的规范范围内。

三、电动自行车国标

旧国标是《电动自行车通用技术条件》（GB 17761—1999）；新国标是《电动自行车安全技术规范》（GB 17761—2018）。

1.旧国标1999年至2019年4月14日实施，规定电动自行车应当符合以下基本要求：
（1）最高车速不大于20km/h；
（2）整车质量应不大于40kg；
（3）必须具有良好的脚踏骑行功能。

2.新国标2019年4月15日实施，规定电动自行车应当符合下列要求：
（1）具有脚踏骑行能力；
（2）具有电驱动或/和电助动功能；
（3）电驱动行驶时，最高设计车速不超过25km/h；电助动行驶时，车速超过25km/h，

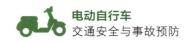

电动机不得提供动力输出；

（4）装配完整的电动自行车的整车质量小于或者等于55kg；

（5）蓄电池标称电压小于或等于48V；

（6）电动机额定连续输出功率小于或等于400W。

（7）电动自行车的尺寸限值应当符合下列要求：

①整车高度小于或等于1100mm；车体宽度（除车把、脚蹬部分外）小于或等于450mm；前、后轮中心距小于或等于1250mm；鞍座高度大于或等于635mm；

②鞍座长度小于或等于350mm；

③后轮上方的车架平坦部分最大宽度小于或等于175mm。

四、电动自行车生产、销售和维修政策

1. 生产用于国内销售的电动自行车和进口的电动自行车的设计最高时速、整车质量、外形尺寸、防火阻燃性能等应当符合强制性国家标准。

生产、销售和维修更换的电动自行车充电器、蓄电池、电动机等零部件，生产、销售的安全头盔，应当符合相关国家标准和行业标准的安全要求。

2. 电动自行车生产者、销售者或者进口商应当委托经国家指定的认证机构对其生产、销售或者进口的电动自行车进行强制性产品认证，并及时将已获得强制性产品认证的电动自行车品牌型号、认证证书和产品合格证等有关内容的数据信息上传至国家市场监督管理总局相关数据库系统。

省市场监督管理部门应当向社会公开电动自行车获得强制性产品认证相关信息的查询途径。

未获得强制性产品认证的电动自行车不得在本省销售。

3. 电动自行车销售者应当履行进货查验义务，并建立进货台账和销售台账。

电动自行车销售者应当在销售场所醒目位置公示所售电动自行车符合强制性国家标准并获得强制性产品认证的相关信息；通过电子商务平台进行销售的，应当在披露的商品信息中包含相关信息。

4. 任何单位和个人不得实施下列行为：

（1）拼装电动自行车；

（2）改装电动自行车的电动机和蓄电池等动力装置，或者更换不符合强制性国家标准的电动机和蓄电池；

（3）改装电动自行车的速度装置，使最高时速超过强制性国家标准；

（4）在电动自行车上加装车篷、车厢等改变外形结构影响行驶安全的装置。

5. 鼓励电动自行车生产者、销售者、维修者采取以旧换新、折价回购等方式回收废旧电动自行车和不符合电动自行车强制性国家标准的电动两轮车。

鼓励所有人置换、提前报废不符合电动自行车强制性国家标准的电动两轮车。

6. 电动自行车及其蓄电池的生产者、销售者、维修者应当提供电动自行车废旧蓄电池更换、回收服务，建立回收台账。

电动自行车废旧蓄电池按照固体废物依法管理，不得随意丢弃。

五、电动自行车登记和通行政策

1. 电动自行车上道路行驶，应当依法经所有人居住地设区的市、县（市）公安机关交通管理部门注册登记，取得电动自行车号牌。电动自行车自购车之日起三十日内，注册登记前，可以凭有效购车发票临时上道路行驶。

设区的市、县（市）公安机关交通管理部门应当加强对在本行政区域内使用的外地号牌电动自行车的管理。

2. 公安机关交通管理部门办理注册登记时应当查验电动自行车，并核实电动自行车所有人身份证明、购车发票等来历证明、车辆产品合格证或者进口凭证。对车辆符合强制性国家标准、获得强制性产品认证，且申请材料齐全、符合法定形式的，应当当场登记并发放电动自行车号牌；对申请材料不齐全或者不符合法定形式的，应当一次性告知需要补正的全部内容。对不符合规定要求的，不予登记，并向申请人书面说明理由。

3. 已注册登记的电动自行车所有人姓名、名称或者联系方式等登记内容发生变更的，应当及时向公安机关交通管理部门申请变更登记。

已注册登记的电动自行车所有权发生转移的，转移后的所有人应当自车辆交付之日起三十日内向公安机关交通管理部门申请办理转移登记。

已注册登记的电动自行车达到使用年限或者因遗失、灭失等原因不再上道路行驶的，所有人应当向登记地公安机关交通管理部门申请办理注销登记。

4. 公安机关交通管理部门应当建设电动自行车登记信息系统，为办理电动自行车登记、信息查询等提供便利。

公安机关交通管理部门可以在政务服务中心、公安派出所以及符合条件的电动自行车销售点等场所设立电动自行车登记代办点。

电动自行车登记不收取费用，所需经费纳入同级财政预算。

5. 电动自行车上道路行驶，应当在指定位置悬挂号牌，并保持清晰、完整，不得遮挡、污损。

任何单位和个人不得买卖、伪造、变造电动自行车号牌，不得使用伪造、变造的号牌，不得使用其他电动自行车的号牌。

6. 电动自行车有下列情形之一的，不得上道路行驶：

（1）使用满十年；

（2）违反本条例拼装、改装或者加装；

（3）制动、鸣号、灯光及夜间反光装置等安全设备性能不符合安全要求。

7. 在道路上驾驶电动自行车应当年满十六周岁。

成年人驾驶电动自行车只能搭载一名十六周岁以下的未成年人，搭载六周岁以下未成年人的应当使用安全座椅。

十六周岁以上未成年人驾驶电动自行车不得搭载人员。

驾驶电动自行车载物的，应当遵守法律、法规的规定。

8. 驾驶、乘坐电动自行车应当按照规定佩戴安全头盔。具体实施的时间和区域，由设区的市人民政府规定。

第二十三条　驾驶电动自行车上道路行驶，应当遵守下列规定：
（1）在非机动车道内行驶，没有非机动车道的靠车行道右侧行驶；
（2）在非机动车道内行驶时速不得超过15km；
（3）遵守交通信号灯、交通标志、交通标线，服从交通警察指挥；
（4）遇红灯时，在非机动车道停止线或者待驶（转）区内依次等候；
（5）转弯前减速慢行、注意瞭望，转弯时让直行车辆、行人优先通行；
（6）行经人行横道时减速慢行，遇行人正在通过人行横道的，停车让行；
（7）经没有交通信号的道路时，遇行人横过道路的，应当避让；
（8）在夜间或者遇有雨、雪、雾、霾等低能见度情况行驶时，应当开启照明灯，减速慢行；
（9）法律、法规关于非机动车道路通行的其他规定。

驾驶电动自行车上道路行驶，不得有逆向行驶、牵引动物、手持物品或者浏览电子设备等影响安全驾驶的行为，不得驶入禁止非机动车通行的区域。

禁止醉酒驾驶电动自行车。

9.电动自行车因非机动车道被占用无法在本车道内行驶，在受阻路段借用相邻机动车道行驶的，机动车应当减速让行。

电动自行车与机动车夜间在窄路、窄桥会车时，机动车应当使用近光灯。

在没有交通信号灯控制和交通警察指挥的交叉路口，转弯的机动车应当让直行的电动自行车先行。

10.电动自行车在公共场所停放，应当有序停放在非机动车停放区域内。没有设置非机动车停放区域的，电动自行车停放不得占用盲道、人行道，不得妨碍其他车辆和行人通行，不得影响市容环境。

11.本条例实施前按照省、设区的市有关规定申领临时信息牌的电动两轮车，在设区的市人民政府规定的过渡期内可以上道路行驶，过渡期满后不得上道路行驶。

参考文献

[1] GUO Y, LIU P, BAI L, et al. Red light running behavior of electric bicycles at signalized intersections in China[J]. Transportation Research Record, 2014, 2468(1): 28-37.

[2] CAMPBELL A A, CHERRY C R, RYERSON M S, et al. Factors influencing the choice of shared bicycles and shared electric bikes in Beijing[J]. Transportation Research Part C: Emerging Technologies, 2016, 67(1): 399-414.

[3] LI W, YANG Y, CHENG L, et al. Understanding adoption intent and behavioral response to shared electric bicycles: a survey in Ningbo, China[J]. Transportation Research Record, 2022, 2(2): 30-45.

[4] 于昊, 赵琳娜, 戴帅. 城市电动自行车交通安全发展趋势及应对策略[J]. 城市交通, 2022, 20(1): 76-82.

[5] World Health Organization. Geneva, Switzerland: WHO Regional Office for the Western Pacific[R]. Geneva: WHO, 2022.

[6] WU C, YAO L, ZHANG K. The red-light running behavior of electric bike riders and cyclists at urban intersections in China: an observational study[J]. Accident Analysis & Prevention, 2012, 49(1): 86-92.

[7] HU F, LV D, ZHU J, et al. Related risk factors for injury severity of e-bike and bicycle crashes in Hefei[J]. Traffic Injury Prevention, 2014, 15(3): 319-323.

[8] DONG H, ZHONG S, XU S, et al. The relationships between traffic enforcement, personal norms and aggressive driving behaviors among normal e-bike riders and food delivery e-bike riders[J]. Transport Policy, 2021, 114(2): 138-146.

[9] WANG C, XU C, XIA J, et al. The effects of safety knowledge and psychological factors on self-reported risky driving behaviors including group violations for e-bike riders in China[J]. Transportation Research Part F: Traffic Psychology and Behaviour, 2018, 56(3): 344-353.

[10] NAN S, YAN L, TU R, et al. Modeling lane-transgressing behavior of e-bike riders on road sections with marked bike lanes: A survival analysis approach[J]. Traffic Injury Prevention, 2020, 22(2): 153-157.

[11] LANGFORD B C, CHEN J, CHERRY C R. Risky riding: Naturalistic methods comparing safety behavior from conventional bicycle riders and electric bike riders[J]. Accident Analysis & Prevention, 2015, 82(2): 220-226.

[12] HU L, HU X, WANG J, et al. Casualty risk of e-bike rider struck by passenger vehicle using China in-depth accident data[J]. Traffic Injury Prevention, 2020, 21(4): 283-287.

[13] REN J, CHEN Y, LI F, et al. Road injuries associated with cell phone use while walking

or riding a bike or an e-bike: A case-crossover study[J]. American Journal of Epidemiology，2020，33（2）：1-10.

［14］ZHONG Z，LIN Z，LI L，et al. Risk factors for road-traffic injuries associated with e-bike: case-control and case-crossover study[J]. International Journal of Environmental Research and Public Health，2022，19（9）：5186.

［15］SCHLEINITZ K，PETZOLDT T，Kröling S，et al. Cyclists running the red light – The influence of bicycle type and infrastructure characteristics on red light violations[J]. Accident Analysis & Prevention，2019，122（1）：99-107.

［16］MA C，YANG D，ZHOU J，et al. Risk riding behaviors of urban e-bikes: A literature review[J]. International Journal of Environmental Research and Public Health，2019，16（13）：2308-2319.

［17］ALMUTAIRI O，WEI H. Effect of speed/red-light cameras and traffic signal countdown timers on dilemma zone determination at pre‑timed signalized intersections[J]. Accident Analysis & Prevention，2021，154（2）：106076.

［18］周继彪，王群燕，张敏捷，等.7种因素对电动自行车忍耐时间的实证研究[J].交通运输系统工程与信息，2017，17（2）：242-249.

［19］朱建安，戴帅，朱新宇.电动自行车交通事故特征与安全改善对策[J].城市交通，2018，16（1）：15-20.

［20］周继彪，郭延永，吴瑶，等.电动自行车事故和车牌使用影响因素分析[J].交通运输系统工程与信息，2017，17（2）：229-234.

［21］GUO Y，ZHOU J，WU Y，et al. Evaluation of factors affecting e-bike involved crash and e-bike license plate use in China using a bivariate probit model[J]. Journal of Advanced Transportation，2017（1）：1-15.

［22］ZHANG X，YANG Y，YANG J，et al. Road traffic injuries among riders of electric bike/electric moped in southern China[J]. Traffic Injury Prevention，2018，19（4）：417-422.

［23］中国电子技术标准化研究院，国家轻型电动车及电池产品质量监督检验中心，中国标准化研究院，等.电动自行车安全技术规范：GB 17761—2018[S].北京：国家市场监督管理总局;中国国家标准化管理委员会，2018.

［24］HUNG N B，LIM O. A review of history, development, design and research of electric bicycles[J]. Applied Energy，2020，260（11）：4323-4335.

［25］KARNAP S. Development of a motor controller for electric bicycles[J]. Project Advisor，2018.

［26］国家统计局.2020中国统计年鉴[M].北京：中国统计出版社，2021.

［27］边扬，杨家夏，赵晓华，等.基于轨迹数据的共享电动自行车逆行风险行为影响因素研究[J].中国公路学报，2021，34（2）：262-275.

［28］SCARANO A，ARIA M，MAURIELLO F，et al. Systematic literature review of 10 years of cyclist safety research[J]. Accident Analysis & Prevention，2023，184（2）：106996.

［29］FOLCHINI A. Road tests on the smallest urban vehicle: the electric bike[J]. WIT Transactions on the Built Environment, 1970, 18(1):1-10.

[30] GRAUMLICH A, Kern C. Battery Powered Small Off-Highway Vehicles[J]. SAE Transactions, 1974(1): 2650-2670.

[31] FERSCHL M S. Electric moped[R]. Wisconsin: DOE, 1981.

[32] YAMAKAWA H. Present state, prospects, and problems of bicycle transportation in Japan[J]. IATSS Research, 1999, 23(2): 20-35.

[33] WEINERT J X, Ma C, Yang X. The transition to electric bikes in China and its effect on travel behavior, transit use, and safety[J]. UC Davis Institute of Transportation Studies, 2006, 3(2): 2-20.

[34] CHERRY C. Electric bike use in China and their impacts on the environment, safety, mobility and accessibility[J]. UC Berkeley Center for Future Urban Transport, 2007, 10(2): 2-10.

[35] CHERRY C. China's motorization wave and the place of emerging technologies [J]. PSU Transportation Seminars, 2017, 10(3): 20-30.

[36] CHERRY C R. Electric two-wheelers in China: analysis of environmental, safety, and mobility impacts[M]. California: Pro Quest Dissertations Publishing, 2007.

[37] CHERRY C R, YANG H, JONES L R, et al. Dynamics of electric bike ownership and use in Kunming, China[J]. Transport Policy, 2016, 45(1): 27-35.

[38] JI S, CHERRY C R, ZHOU W, et al. Environmental justice aspects of exposure to PM2.5 emissions from electric vehicle use in China[J]. Environmental Science & Technology, 2015, 49(24): 13912-13920.

[39] LING Z, CHERRY C R, NI Y, et al. Evaluating pedestrian level of service at signalized intersections in China: Intercept Survey method[J]. Transportation Research Record, 2015, 2519(1): 75-84.

[40] LING Z, CHERRY C R, YANG H, et al. From e-bike to car: A study on factors influencing motorization of e-bike users across China[J]. Transportation Research Part D: Transport and Environment, 2015, 41(1): 50-63.

[41] WEINERT J, MA C R, CHERRY C. The transition to electric bikes in China: history and key reasons for rapid growth[J]. Transportation, 2007, 34(3): 301-318.

[42] CHERRY C R, JONATHAN X W, YANG X. Comparative environmental impacts of electric bikes in China[J]. Transportation Research Part D: Transport and Environment, 2009, 14(5): 281–290.

[43] JI S, CHERRY C R, J. BECHLE M, et al. Electric vehicles in China: emissions and health impacts[J]. Environmental Science & Technology, 2012, 46(4): 2018–2024.

[44] CHERRY C, CERVERO R. Use characteristics and mode choice behavior of electric bike users in China[J]. Transport Policy, 2007, 14(3): 247-257.

[45] ZHANG Y, LI Y, YANG X, et al. Built environment and household electric bike ownership: insights from Zhongshan metropolitan area, China[J]. Transportation Research Record, 2013, 2387(1): 102-111.

[46] CHERRY C R, WEINERT J X, XINMIAO Y. Comparative environmental impacts of electric bikes in China[J]. Transportation Research Part D: Transport and Environment, 2009, 14(5): 281-290.

[47] MURUGAN M, MARISAMYNATHAN S. Estimation of two-wheeler users' mode shift behavior and policy analysis to encourage electric-bike adoption in India[J]. Case Studies on Transport Policy, 2022, 10(3): 1673-1685.

[48] SHARMA A, KUMAR P. Air pollution exposure assessment simulation of babies in a bike trailer and implication for mitigation measures[J]. Journal of Hazardous Materials Advances, 2022, 5(1): 50-69.

[49] KHATIB M I, SHAIKH S, QAYYUMI M S, et al. Fabrication of Electric Bike[J]. International Journal of Scientific Research in Mechanical and Materials Engineering, 2020, 4(3): 9-22.

[50] WAMBURU J, LEE S, HAJIESMAILI M H, et al. Ride substitution using electric bike sharing: Feasibility, cost, and carbon analysis[J]. Proceedings of the ACM on Interactive, Mobile, Wearable and Ubiquitous Technologies, 2021, 5(1): 1-28.

[51] LIU Y, TIAN Z, PAN B, et al. A hybrid big-data-based and tolerance-based method to estimate environmental benefits of electric bike sharing[J]. Applied Energy, 2022, 315(1): 974-985.

[52] OMAN H, MORCHIN W C, JAMERSON F E. Electric-bicycle propulsion power[R]. Piscataway: IEEE Operations Center, 1995.

[53] CHERRY C, WORLEY S, JORDAN D. Electric bike sharing-system requirements and operational concepts[R]. Knoxville: University of Tennessee, 2010.

[54] WEINERT J X, BURKE A F, WEI X. Lead-acid and lithium-ion batteries for the Chinese electric bike market and implications on future technology advancement[J]. Journal of Power Sources, 2007, 172(2): 938-945.

[55] SUCHANEK M, JAGIEŁŁO A, SUCHANEK J. Substitutability and complementarity of municipal electric bike sharing systems against other forms of urban transport[J]. Applied Sciences, 2021, 11(15): 6702-6723.

[56] SOEPRAPTO S, HASANAH R N, TAUFIK T. Battery management system on electric bike using Lithium-Ion 18650[J]. International Journal of Power Electronics and Drive Systems, 2019, 10(3): 1529-1537.

[57] YAO L, WU C. Traffic safety for electric bike riders in China: attitudes, risk perception, and aberrant riding behaviors[J]. Transportation Research Record, 2012, 2314(1): 49-56.

[58] MA C, ZHOU J, YANG D, et al. Research on the relationship between the individual characteristics of electric bike riders and illegal speeding behavior: A questionnaire-based study[J]. Sustainability, 2020, 12(3): 799-820.

[59] GUO Y, LI Z, WU Y, et al. Evaluating factors affecting electric bike users' registration of license plate in China using Bayesian approach[J]. Transportation Research Part F: Traffic

Psychology and Behaviour, 2018, 59(2): 12-21.

[60] ZHOU J, ZHENG T, DONG S, et al. Impact of helmet-wearing policy on e-bike safety riding behavior: a bivariate ordered probit analysis in Ningbo, China[J]. International Journal of Environmental Research And Public Health, 2022, 19(5): 2830-2843.

[61] GALATOULAS N-F, GENIKOMSAKIS K N, IOAKIMIDIS C S. Spatio-temporal trends of e-bike sharing system deployment: A review in Europe, North America and Asia[J]. Sustainability, 2020, 12(11): 4611-4623.

[62] BIELIŃSKI T, DOPIERAŁA Ł, TARKOWSKI M, et al. Lessons from implementing a metropolitan electric bike sharing system[J]. Energies, 2020, 13(23): 6240-6259.

[63] HE Y, SONG Z, LIU Z, et al. Factors influencing electric bike share ridership: Analysis of Park City, Utah[J]. Transportation Research Record, 2019, 2673(5): 12-22.

[64] FITCH D, MOHIUDDIN H, HANDY S. Investigating the influence of dockless electric bike-share on travel behavior, attitudes, health, and equity[R]. California: University of California Institute of Transportation Studies, 2020.

[65] SYA'BANA Y M K, SANJAYA K H. The applicability of sustainable design values on electric bike sharing concept in Indonesia; proceedings of the 2019 International Conference on Sustainable Energy Engineering and Application (ICSEEA)[C]. New York: IEEE, 2019.

[66] ZHANG C, WANG C, SULLIVAN J, et al. Life cycle assessment of electric bike application in Shanghai[C]. United States: SAE Technical Paper, 2001.

[67] 王伟, 王卓群, 赵丽瑾, 等. 我国电动自行车标准发展及新旧标准对比[J]. 电子质量, 2022, 10(09): 124-125+129.

[68] 陈雷, 陆元英, 张晓. 电动自行车道路交通伤害危险因素的病例对照研究[J]. 预防医学, 2022, 10(1): 990-995.

[69] 姜文龙, 赵琬婷, 刘芳, 等. 电动自行车交通事故严重度影响因素分析——以舟山市为例[J]. 中国人民公安大学学报(自然科学版), 2021, 1(2): 1-8.

[70] 戴帅, 刘金广, 朱建安, 等. 中国城市机动化发展情况及政策分析[J]. 城市交通, 2015, 13(2): 42-47.

[71] 朱新宇, 丛浩哲, 支野, 等. 基于GIS空间聚类的事故多发路段鉴别分析系统[J]. 城市交通, 2018, 16(03): 21-27+86.

[72] HAWORTH N. Powered two wheelers in a changing world—Challenges and opportunities[J]. Accident Analysis & Prevention, 2012, 44(1): 12-18.

[73] GUO Y, OSAMA A, SAYED T. A cross-comparison of different techniques for modeling macro-level cyclist crashes[J]. Accident Analysis & Prevention, 2018, 113(2): 38-46.

[74] WONG K, LEE T C. Investigating the heterogeneity in driving behavior of powered two-wheelers under mixed traffic flow[C]. Washington, D.C.: Sage Publications Inc, 2015.

[75] WANG X, XU Y, TREMONT P J, et al. Moped rider violation behavior and moped safety at intersections in China[J]. Transportation Research Record, 2012, 2281(1): 83-91.

[76] BAI L, LIU P, CHEN Y, et al. Comparative analysis of the safety effects of electric bikes at signalized intersections[J]. Transportation Research Part D: Transport and Environment, 2013, 20(2): 48-54.

[77] SAUNIER N, SAYED T. A feature-based tracking algorithm for vehicles in intersections; Proceedings of the the 3rd Canadian Conference on Computer and Robot Vision (CRV'06) [C]. Quebec: IEEE, 2006.

[78] TAGELDIN A, SAYED T, WANG X. Can time proximity measures be used as safety indicators in all driving cultures? Case study of motorcycle safety in China[J]. Transportation Research Record, 2015, 2520(1): 165-174.

[79] VLAHOGIANNI E I, YANNIS G, GOLIAS J C. Overview of critical risk factors in Power-Two-Wheeler safety[J]. Accident Analysis & Prevention, 2012, 49(2):12-22.

[80] SAUNIER N, SAYED T, ISMAIL K. Large-scale automated analysis of vehicle interactions and collisions[J]. Transportation Research Record, 2010, 2147(1): 42-50.

[81] ISMAIL K, SAYED T, SAUNIER N. A methodology for precise camera calibration for data collection applications in urban traffic scenes[J]. Canadian Journal of Civil Engineering, 2013, 40(1): 57-67.

[82] GUO Y, SAYED T, ZAKI M H, et al. Safety evaluation of unconventional outside left-turn lane using automated traffic conflict techniques[J]. Canadian Journal of Civil Engineering, 2016, 43(7): 631-642.

[83] ZAKI M H, SAYED T. A framework for automated road-users classification using movement trajectories[J]. Transportation Research Part C: Emerging Technologies, 2013, 33(2): 50-73.

[84] ZAKI M H, SAYED T, WANG X. Computer vision approach for the classification of bike type (motorized versus non-motorized) during busy traffic in the city of Shanghai[J]. Journal of Advanced Transportation, 2016, 50(3): 348-362.

[85] AUTEY J, SAYED T, ZAKI M H. Safety evaluation of right-turn smart channels using automated traffic conflict analysis[J]. Accident Analysis & Prevention, 2012, 45(1): 20-30.

[86] SAYED T, ZEIN S. Traffic conflict standards for intersections[J]. Transportation Planning and Technology, 1999, 22(4): 309-323.

[87] BAI L, LIU P, CHEN Y, et al. Comparative analysis of the safety effects of electric bikes at signalized intersections[J]. Transportation Research Part D: Transport and Environment, 2013, 20(2): 48-54.

[88] BAI L, SZE N. Red light running behavior of bicyclists in urban area: Effects of bicycle type and bicycle group size[J]. Travel Behaviour and Society, 2020, 21(3): 226-234.

[89] PARKER A A. Electric power-assisted bicycles reduce oil dependence and enhance the mobility of the elderly, Proceedings of the 29th Australian Transport Research Forum[C]. Queensland: Sage Publications Inc, 2006.

[90] WU C, YAO L, ZHANG K. The red-light running behavior of electric bike riders and cy-

clists at urban intersections in China: an observational study[J]. Accident Analysis & Prevention, 2012, 49(2): 186-192.

[91] ZHANG Y, WU C. The effects of sunshields on red light running behavior of cyclists and electric bike riders[J]. Accident Analysis & Prevention, 2013, 52(2): 210-218.

[92] XU C, LIU P, WANG W, et al. Evaluation of the impacts of traffic states on crash risks on freeways[J]. Accident Analysis & Prevention, 2012, 47(2): 162-171.

[93] HUBBARD S M, BULLOCK D M, MANNERING F L. Right turns on green and pedestrian level of service: Statistical assessment[J]. Journal of Transportation Engineering, 2009, 135(4): 153-159.

[94] MOUDON A V, LIN L, JIAO J, et al. The risk of pedestrian injury and fatality in collisions with motor vehicles, a social ecological study of state routes and city streets in King County, Washington[J]. Accident Analysis & Prevention, 2011, 43(1): 11-24.

[95] GUO Y, WU Y, LU J, et al. Modeling the unobserved heterogeneity in e-bike collision severity using full Bayesian random parameters multinomial Logit regression[J]. Sustainability, 2019, 11(7): 2071-2080.

[96] WANG X, CHEN J, QUDDUS M, et al. Influence of familiarity with traffic regulations on delivery riders' e-bike crashes and helmet use: Two mediator ordered Logit models[J]. Accident Analysis & Prevention, 2021, 159(3): 77-86.

[97] ROSENBLOOM T. Crossing at a red light: Behaviour of individuals and groups[J]. Transportation Research Part F: Traffic Psychology and Behaviour, 2009, 12(5): 389-394.

[98] WANG Y, NIHAN N L. Estimating the risk of collisions between bicycles and motor vehicles at signalized intersections[J]. Accident Analysis & Prevention, 2004, 36(3): 313-321.

[99] SZUMILAS M. Explaining odds ratios[J]. Journal of The Canadian Academy of Child and Adolescent Psychiatry, 2010, 19(3): 227-238.

[100] PAI C W, JOU R C. Cyclists' red-light running behaviours: An examination of risk-taking, opportunistic, and law-obeying behaviours[J]. Accident Analysis & Prevention, 2014, 62(2): 191-198.

[101] XU C, WANG W, LIU P, et al. Development of a real-time crash risk prediction model incorporating the various crash mechanisms across different traffic states[J]. Traffic Injury Prevention, 2015, 16(1): 28-35.

[102] SPIEGELHALTER D J, BEST N G, CARLIN B P, et al. Bayesian measures of model complexity and fit[J]. Journal of the Royal Statistical Society: Series B (Statistical Methodology), 2002, 64(4): 583-639.

[103] WASHINGTON S, KARLAFTIS M, MANNERING F, et al. Statistical and econometric methods for transportation data analysis[M]. Florida: CRC Press, 2020.

[104] LING H, WU J. A study on cyclist behavior at signalized intersections[J]. IEEE Transactions on Intelligent Transportation Systems, 2004, 5(4): 293-299.

[105] XU C, LIU P, WANG W, et al. Identification of freeway crash-prone traffic conditions for traffic flow at different levels of service[J]. Transportation Research Part A: Policy and Practice, 2014, 69(1): 58-70.

[106] EL-BASYOUNY K, SAYED T. Accident prediction models with random corridor parameters[J]. Accident Analysis & Prevention, 2009, 41(5): 1118-1123.

[107] CHEN E, TARKO A P. Modeling safety of highway work zones with random parameters and random effects models[J]. Analytic Methods in Accident Research, 2014, 1(2): 86-95.

[108] RUSSO B J, KAY J J, SAVOLAINEN P T, et al. Assessing characteristics related to the use of seatbelts and cell phones by drivers: application of a bivariate probit model[J]. Journal of Safety Research, 2014, 49(1): 137-142.

[109] LIPOVAC K, VUJANIC M, MARIC B, et al. The influence of a pedestrian countdown display on pedestrian behavior at signalized pedestrian crossings[J]. Transportation Research Part F: Traffic Psychology and Behaviour, 2013, 20(1): 21-34.

[110] LI C, MIROSA M, BREMER P. Review of online food delivery platforms and their impacts on sustainability[J]. Sustainability, 2020, 12(14): 5528-5535.

[111] LIN X, WELLS P, SOVACOOL B K. Benign mobility? Electric bicycles, sustainable transport consumption behaviour and socio-technical transitions in Nanjing, China[J]. Transportation Research Part A: Policy and Practice, 2017, 103(2): 23-34.

[112] CHANG F, LI M, XU P, et al. Injury severity of motorcycle riders involved in traffic crashes in Hunan, China: a mixed ordered Logit approach[J]. International Journal of Environmental Research and Public Health, 2016, 13(7): 714-728.

[113] CHEN C F. Personality, safety attitudes and risky driving behaviors-Evidence from young motorcyclists[J]. Accident Analysis & Prevention, 2009, 41(5): 963-978.

[114] DU W, YANG J, Powis B, et al. Understanding on-road practices of electric bike riders: an observational study in a developed city of China[J]. Accident Analysis & Prevention, 2013, 59(3): 19-26.

[115] ZHENG Y, MA Y, CHENG J. Effects of personality traits and sociocognitive determinants on risky riding behaviors among Chinese e-bikers[J]. Traffic Injury Prevention, 2019, 20(8): 838-843.

[116] MCLEOD F, CHERRETT T, BEKTAS T, et al. Quantifying environmental and financial benefits of using porters and cycle couriers for last-mile parcel delivery[J]. Transportation Research Part D: Transport and Environment, 2020, 82:102-111.

[117] GAO Y, SCHWEBEL D C, ZHANG L, et al. Unsafe bicycling behavior in Changsha, China: a video-based observational study[J]. International Journal of Environmental Research and Public Health, 2020, 17(9): 3256-3267.

[118] SHEN X, ZHANG F, LV H, et al. The application and extension of the theory of planned behavior to an analysis of delivery riders' red-light running behavior in China[J]. Acci-

dent Analysis & Prevention, 2020, 144(10): 1-10.

[119] QUDDUS M A, NOLAND R B, CHIN H C. An analysis of motorcycle injury and vehicle damage severity using ordered probit models[J]. Journal of Safety Research, 2002, 33(4): 445-462.

[120] FOUNTAS G, ANASTASOPOULOS P C, ABDEL-ATY M. Analysis of accident injury-severities using a correlated random parameters ordered probit approach with time variant covariates[J]. Analytic Methods in Accident Research, 2018, 18(1): 57-68.

[121] EBOLI L, MAZZULLA G. A methodology for evaluating transit service quality based on subjective and objective measures from the passenger's point of view[J]. Transport Policy, 2011, 18(1): 172-181.

[122] ABDEL-ATY M. Analysis of driver injury severity levels at multiple locations using ordered probit models[J]. Journal of Safety Research, 2003, 34(5): 597-603.

[123] KOCKELMAN K M, KWEON Y J. Driver injury severity: an application of ordered probit models[J]. Accident Analysis & Prevention, 2002, 34(3): 313-321.

[124] CAO Q, REN G, LI D, et al. Semi-supervised route choice modeling with sparse Automatic vehicle identification data[J]. Transportation Research Part C: Emerging Technologies, 2020, 121(10): 2857-2868.

[125] DONG S, SUN J, LI K, et al. Study on the influence of transition signal setting to the safety of non-motorized traffic at intersections, Proceedings of the TRB Annual Meeting[C]. Washington D.C.: Sage Publications Inc, 2010.

[126] DONG S, LI K, FU X, et al. Non-motorized vehicle drivers behavior with flashing green and green countdown at intersections: a comparative study[C]. Washington D.C.: Sage Publications Inc, 2011.

[127] LUM K, HALIM H. A before-and-after study on green signal countdown device installation[J]. Transportation Research Part F: Traffic Psychology and Behaviour, 2006, 9(1): 29-41.

[128] BONNESON J A, SON H J. Prediction of expected red-light-running frequency at urban intersections[J]. Transportation Research Record, 2003, 1830(1): 38-47.

[129] LI P, ABBAS M. Stochastic dilemma hazard model at high-speed signalized intersections[J]. Journal of Transportation Engineering, 2010, 136(5): 448-456.

[130] KÖLL H, BADER M, AXHAUSEN K W. Driver behaviour during flashing green before amber: a comparative study[J]. Accident Analysis & Prevention, 2004, 36(2): 273-280.

[131] MAHALEL D, ZAIDEL D. Safety evaluation of a flashing-green light in a traffic signal[J]. Traffic Engineering and Control, 1985, 26(2): 79-81.

[132] LIU C, HERMAN R, GAZIS D C. A review of the yellow interval dilemma[J]. Transportation Research Part A: Policy and Practice, 1996, 30(5): 333-348.

[133] GAZIS D, HERMAN R, MARADUDIN A. The problem of the amber signal light in traffic flow[J]. Operations Research, 1960, 8(1): 112-132.

[134] TANG K, DONG S, WANG F, et al. Behavior of riders of electric bicycles at onset of green and yellow at signalized intersections in China[J]. Transportation Research Record, 2012, 2317(1): 85-96.

[135] TANG K, XU Y, WANG F, et al. Exploring stop-go decision zones at rural high-speed intersections with flashing green signal and insufficient yellow time in China[J]. Accident Analysis & Prevention, 2016, 95(1): 470-480.

[136] WANG F, TANG K, LI K. A stochastic computational model for yellow time determination and its application[J]. Journal of Advanced Transportation, 2015, 49(3): 457-474.

[137] FACTOR R, PRASHKER J N, MAHALEL D. The flashing green light paradox[J]. Transportation Research Part F: Traffic Psychology and Behaviour, 2012, 15(3): 279-288.

[138] KIM S C, RO Y S, SHIN S D, et al. Preventive effects of safety helmets on traumatic brain injury after work-related falls[J]. International Journal of Environmental Research and Public Health, 2016, 13(11): 1063-1075.

[139] HØYE A. Bicycle helmets – To wear or not to wear? A meta-analyses of the effects of bicycle helmets on injuries[J]. Accident Analysis & Prevention, 2018, 117(1): 85-97.

[140] DONG S, ZHOU J, ZHAO L, et al. Feasibility analysis of phase transition signals based on e-bike rider behavior[J]. Advances in Mechanical Engineering, 2015, 7(11): 1-10.

[141] 曹弋, 杨忠振, 左忠义. 绿灯倒计时信号对驾驶行为的影响[J]. 中国安全科学学报, 2015, 25(2): 77-82.

[142] 李克平, 杨佩昆, 倪颖. 城市道路交叉口信号控制中的黄灯问题[J]. 城市交通, 2010(10): 67-72.

[143] 钱红波, 韩皓. 机动车绿灯倒计时对交叉口交通安全的影响研究[J]. 中国安全科学学报, 2010, 20(2): 9-13.

[144] 余璇. 交叉口信号控制安全的研究[D]. 上海: 同济大学, 2008.

[145] HURWITZ D S, KNODLERJR M A, NYQUIST B. Evaluation of driver behavior in type II dilemma zones at high-speed signalized intersections[J]. Journal of Transportation Engineering, 2011, 137(4): 277-286.

[146] ZEGEER C V, DEEN R C. Green-extension systems at high-speed intersections[R]. Department of Transportation, Commonwealth of Kentucky, 1978.

[147] AN K, CHEN X, XIN F, et al. Travel characteristics of e-bike users: Survey and analysis in Shanghai[J]. Procedia-Social and Behavioral Sciences, 2013, 96(2): 1828-1838.

[148] GUO Y, ZHOU J, WU Y, et al. Identifying the factors affecting bike-sharing usage and degree of satisfaction in Ningbo, China[J]. Plos One, 2017, 12(9): 1-15.

[149] World Health Organization. Global status report on alcohol and health 2018[M]. Geneva: World Health Organization, 2019.

[150] WANG C, KOU S, SONG Y. Identify risk pattern of e-bike riders in China based on machine learning framework[J]. Entropy, 2019, 21(11): 1084-1096.

[151] PAPOUTSI S, MARTINOLLI L, BRAUN C T, et al. E-bike injuries: experience from an

urban emergency department-a retrospective study from Switzerland[J]. Emergency Medicine International, 2014, 2014(1): 1-20.

[152] BJØRNARÅ H B, BERNTSEN S, TE VELDE S J, et al. The impact of weather conditions on everyday cycling with different bike types in parents of young children participating in the cartobike randomized controlled trial[J]. International Journal of Sustainable Transportation, 2021, 1(2): 1-8.

[153] WEBER T, SCARAMUZZA G, SCHMITT K U. Evaluation of e-bike accidents in Switzerland[J]. Accident Analysis & Prevention, 2014, 73(2): 47-52.

[154] WANG L, WU J, LIU M, et al. Sociotechnical view of electric bike issues in China: Structured review and analysis of electric bike collisions using Rasmussen's risk management framework[J]. Human Factors and Ergonomics in Manufacturing & Service Industries, 2021, 31(6): 625-636.

[155] HAUSTEIN S, MØLLER M. E-bike safety: Individual-level factors and incident characteristics[J]. Journal of Transport & Health, 2016, 3(3): 386-394.

[156] CARMINES E G, ZELLER R A. Reliability and validity assessment[M]. California: Sage Publications, 1979.

[157] POPHAM W J. Criterion-referenced measurement: An introduction[M]. United States: Educational Technology Publications, 1971.

[158] GKRITZA K. Modeling motorcycle helmet use in Iowa: evidence from six roadside observational surveys[J]. Accident Analysis & Prevention, 2009, 41(3): 479-484.

[159] YUAN Q, XU X, XU M, et al. The role of striking and struck vehicles in side crashes between vehicles: Bayesian bivariate probit analysis in China[J]. Accident Analysis & Prevention, 2020, 134(1): 24-34.

[160] GUO Y, LI Z, WU Y, et al. Evaluating factors affecting electric bike users' registration of license plate in China using Bayesian approach[J]. Transportation Research Part F: Traffic Psychology and Behaviour, 2018, 59(2): 212-221.

[161] WANG C, XU C, XIA J, et al. Modeling faults among e-bike-related fatal crashes in China[J]. Traffic Injury Prevention, 2017, 18(2): 175-181.

[162] WU Y, GUO Y, LI Z, et al. Investigating the factors related to the registration of electric bicycle licenses in China[C]. Washington, D.C.: Sage Publications Inc, 2015.

[163] DE ROME L, FITZHARRIS M, BALDOCK M, et al. Characteristics of motorcycle riders in NSW, Proceedings of the Proceeding of the 2013 Australasian Road Safety Research, Policing & Education Conference[C]. Washington, D.C.: Sage Publications Inc, 2013.

[164] YAGIL D. Gender and age-related differences in attitudes toward traffic laws and traffic violations[J]. Transportation Research Part F: Traffic Psychology and Behaviour, 1998, 1(2): 123-135.

[165] BERNHOFT I M, CARSTENSEN G. Preferences and behaviour of pedestrians and cyclists by age and gender[J]. Transportation Research Part F: Traffic Psychology and Be-

haviour, 2008, 11(2): 83-95.

[166] DRAGUTINOVIC N, TWISK D. The effectiveness of road safety education: A literature review[J]. SWOV Institute for Road Safety Research, 2006, 5(2): 1-18.

[167] MCDAVID J C, LOHRMANN B A, LOHRMANN G. Does motorcycle training reduce accidents? Evidence from a longitudinal quasi-experimental study[J]. Journal of Safety Research, 1989, 20(2): 61-72.

[168] LARDELLI-CLARET P, JIMENEZ-MOLEON J J, DE DIOS LUNA-DEL-CASTILLO J, et al. Driver dependent factors and the risk of causing a collision for two wheeled motor vehicles[J]. Injury Prevention, 2005, 11(4): 225-231.

[169] CHEN X, ZHAO J. Bidding to drive: Car license auction policy in Shanghai and its public acceptance[J]. Transport Policy, 2013, 27(2): 39-52.

[170] 顾雯雯, 丛黎明, 俞敏, 等. 电动自行车道路伤害危险因素的病例对照研究[J]. 浙江预防医学, 2011, 23(2): 4-7.

[171] 王卫杰, 沈轩霆, 王贵彬, 等. 电动自行车骑行者事故伤害程度影响因素分析[J]. 中国安全科学学报, 2019, 29(1): 20-25.

[172] 汤天培, 陈丰, 郭赟韬, 等. 基于强化敏感性理论的电动自行车风险骑行行为影响因素[J]. 交通信息与安全, 2021, 39(3): 25-32.

[173] 董春娇, 薛维洋, 谢坤, 等. 电动自行车不安全骑行决策行为建模[J]. 北京交通大学学报, 2021, 45(3): 105-110.

[174] BAI L, LIU P, GUO Y, et al. Comparative analysis of risky behaviors of electric bicycles at signalized intersections[J]. Traffic Injury Prevention, 2015, 16(4): 424-428.

[175] PAULOZZI L J. The role of sales of new motorcycles in a recent increase in motorcycle mortality rates[J]. Journal of Safety Research, 2005, 36(4): 361-374.

[176] PRATI G, MARÍN PUCHADES V, DE ANGELIS M, et al. Factors contributing to bicycle–motorised vehicle collisions: a systematic literature review[J]. Transport Reviews, 2018, 38(2): 184-208.

[177] ANASTASOPOULOS P C, KARLAFTIS M G, HADDOCK J E, et al. Household automobile and motorcycle ownership analyzed with random parameters bivariate ordered probit model[J]. Transportation Research Record, 2012, 2279(1): 12-20.

[178] RUSSO B J, SAVOLAINEN P T, SCHNEIDER W H, et al. Comparison of factors affecting injury severity in angle collisions by fault status using a random parameters bivariate ordered probit model[J]. Analytic Methods in Accident Research, 2014, 2(3): 21-29.

结　　语

2019年，世界卫生组织WHO发布《2018年道路安全全球状况报告》（以下简称"报告"）指出，全球道路交通死亡人数继续攀升，每年死于道路交通事故的人数高达135万，每24s就有1人在道路上失去生命。该数据较2015年的报告增加了10万人。道路交通伤害，是导致5至29岁儿童和青少年死亡的主要原因。报告显示，正确使用头盔可使致命伤风险降低42%，头部受伤风险降低69%。报告还指出，道路交通死亡人数的变化，也反映在道路使用者的不同类型上。在全球范围内，行人和骑自行车者占所有道路交通死亡人数的26%，非洲的这一数字高达44%，东地中海地区也高达36%；摩托车驾驶者和乘坐者占所有道路交通死亡人数的28%。2021年，世界卫生组织启动《全球道路安全行动十年计划》，提出到2030年将全球道路交通伤亡人数降低至少50%的宏伟目标。2023年，是我国全面贯彻落实党的二十大精神的开局之年。坚持人民至上、生命至上，坚持安全第一、预防为主，建立大安全大应急框架，完善公共安全体系，推动公共安全治理模式向事前预防转型。针对电动自行车交通安全与事故预防开展研究，是改善全球道路交通安全行动的有力途径，是践行党的二十大精神的重要实践。

本书整合了研究团队近10年来在电动自行车交通安全与事故预防领域的研究成果，以电动自行车为研究对象，基于文献计量学分析法、知识领域图谱技术、隐马尔科夫模型、二元概率模型、问卷调查法、实地调研法和统计分析法等方法，较为全面地论述和解析了电动自行车的发展历程、交通出行特性、交通事故特征、交通安全影响因素、风险骑行行为、停/驶决策行为、头盔政策与上牌政策以及协同治理对策等，并形成了以下几个结论：

（1）中国电动自行车产业的发展史，可划分为电动自行车的初级发展、生产规模化、加速发展和政策推进4个阶段。

（2）在对电动自行车未来研究中，数字化电动自行车车牌的应用研究、智能网联环境下的交通电动自行车事故预防研究、共享电动自行车的后期运营和管理等问题将愈发受到关注。

（3）电动自行车骑行者出行的主要目的是上下班/上下学、工作出行、休闲购物；电动自行车出行时段具有明显的双峰特征，71.5%的出行发生在早高峰（7:00—9:00）和晚高峰（17:00—19:00）时段；91.94%的电动自行车骑行距离不超过7km，且骑行距离在3km内的比例最大。

（4）目前国内城市的电动自行车交通事故肇事占全部交通方式比例显著上升。以宁波为例，电动自行车交通事故肇事已成为仅次于小型汽车、摩托车的排名第三的交通事故肇事方式，并且其事故年平均增长率远超机动车和摩托车，达到17.17%，需要引起交

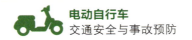

通安全管理者的重视。

（5）电动自行车闯红灯率随交叉口宽度、冲突交通量和行人段绿灯率的增加而降低，但随其车辆体积的增加略有增加。男性骑行者比女性骑行者更容易闯红灯；年轻骑行者比中年和老年骑行者更容易闯红灯；在路口等待的车辆越少，骑行者越有可能闯红灯。此外，工作年薪、每天送单数量、年龄、职业、熟悉交通规则、处罚、交通安全教育量、随意停车、违规占用车道、送单提醒、餐厅服务无效等变量对电动自行车事故的发生具有显著影响。

（6）基于过渡信号对电动自行车决策行为影响分析和影响机理解析的结果表明，潜在通行时间是电动自行车停/驶决策行为的决定性影响因素；绿闪灯促使电动自行车骑行者更早地进行停/驶决策；绿灯倒计时则增加了电动自行车骑行者决策的复杂性。更进一步的电动自行车决策点分布分析显示，绿闪灯或绿灯倒计时在一定程度上提高了电动自行车在过渡信号期间的过街安全性，但也容易导致骑行者做出较为乐观的估计，从而降低行为决策的可靠性。

（7）电动自行车事故发生率与骑行者头盔佩戴率之间存在一定程度的相关性。其原因是头盔的正确佩戴率越高，电动自行车骑行者群体的交通安全性也越高，电动自行车事故发生的概率则随之降低。以宁波为例，电动自行车事故发生率与头盔佩戴率呈显著负相关。该结论揭示了电动自行车骑行者的交通安全意识提升在治理电动自行车交通事故中的重要性，以及正确头盔佩戴率这一反映群体交通安全意识的外在表现指标应当引起管理者的重视。

（8）电动自行车碰撞事故与车牌使用之间存在一定程度的相关性，其原因是电动自行车强制上牌有助于规范电动自行车技术特性、提升骑行者交通安全共识和意识，从而使电动自行车碰撞事故发生的概率降低。以宁波为例，电动自行车碰撞事故与车牌使用之间呈密切负相关。此外，我们还发现，性别、年龄、教育程度、驾驶执照、家庭用车、使用电动自行车的经验、遵守法律等因素对电动自行车的车牌使用都有较大影响。此外，电动自行车的类型、使用电动自行车的频率、冲动行为、骑乘经验的程度和风险感知度是影响电动自行车碰撞事故的重要因素。

鉴于此，在道路交通安全形势和建设需求下，针对电动自行车等弱势交通群体的保护尤为重要，需要着重从以下5个方面展开工作：

（1）安全宣传教育方面。通过广泛的社会宣传，在校园、社区、企业等实施案例警示教育，增强各方交通群体交通安全、交通规则、交通礼让的意识。针对机动车等强势交通群体，除了宣导遵守交通规则和交通秩序外，更要加强驾车途经学校、医院、居住区等区域缓行、礼让（包含电动自行车在内的弱势交通群体）的意识教育。针对电动自行车等弱势交通群体，加强宣导遵守交通规则和保持交通秩序意识、安全正确佩戴头盔意识、不随意改装电动自行车等交通安全意识。另外，交通管理部门、工业和信息化等部门应加强对强制性国家标准《摩托车、电动自行车乘员头盔》（GB 811—2022）的宣贯工作，指导电动自行车头盔生产企业严格按照新标准生产，鼓励头盔生产企业采纳实施团体标准《电动自行车骑乘头盔安全技术规范》等。

（2）道路路权通行方面。通过明确界定和落实保障各方交通群体的路权，使各方交通群体都能各有其道、各行其道。针对机动车等强势交通群体，除了宣传交通礼让意识外，在学校、医院、居住区等人员密集区域需增设安全设施（如礼让行人标志牌、地面标线、行人过街斑马线、彩色路面等），加强监管执法力度，以点带面引导、推动机动车等强势交通群体的礼让风气。针对电动自行车等弱势交通群体，加强城市非机动车道网络的规划和建设，切实保障电动自行车等的路权空间，尤其注重提升非机动车道网络的通行能力、交通连续性、网络可达性和交通舒适性，加强电动自行车等非机动车的秩序监管和引导。

（3）交通安全设施设计方面。道路交通安全设施设计、标准应关注和响应电动自行车等弱势交通群体的需求。代表性的安全设计应包括针对机动车右转冲突的交叉口右转安全渠化设计、交叉口非机动车左转安全设计。交叉口右转安全渠化设计从分析交通轨迹冲突、转向内轮差等方面考虑弱势交通群体的保护，基于直角转向、较小半径的机动车右转模式，有效降低机动车车速来提升电动自行车等弱势交通群体的交通安全。交叉口非机动车左转安全设计应通过设置左转非机动车道或二次过街规则来保障电动自行车等弱势交通群体的交通安全。

（4）车辆标准更新审查方面。政府相关管理部门应加强电动自行车车辆标准更新审查、电动自行车车辆生产企业的资质审查、电动自行车车辆牌照监管。强制实施电动自行车安全标识标准（如，车身反光膜和车尾指示灯等），以及电动自行车骑行防护设计标准（如，增加车载蜂鸣器、超速警示器或电子警示器等）。鼓励电动自行车车辆生产企业创新电动自行车车辆防撞和安全保护设计。另外，积极探索构建电动自行车车辆数字身份注册认证体系，使用内嵌芯片、外印二维码的新型数字化电子车牌，便于交叉口或路段处监控自动识别和通过移动终端查询信息，实现溯源核查及非现场取证管理。

（5）监管机制设计方面。加强针对快递行业、外卖企业等电动自行车强使用场景企业的监管机制设计，以及共享电单车等企业的运营管理机制设计。鼓励对快递、外卖等行业用车进行分类登记备案，发放专用号牌（如新型数字化电子车牌），为深化社会共治创造条件。设立政企协商联络机制，落实电动自行车生产企业的安全生产责任制。借鉴广州《2022年广州市道路交通秩序大整治行动方案》的经验做法，即建设非现场执法设备，综合应用人脸识别、RFID号牌识别等技术手段，提高对电动自行车交通违法行为的发现和取证能力；推广"智慧劝导码"，加强交通违法行为人教育；探索构建电动自行车交通信用监管机制；探索建立电动自行车骑行者文明交通信用管理制度。

致　　谢

时光荏苒，岁月如梭。值此专著完成之际，内心十分激动，谨向给予全书指导、关心和帮助的老师、同事、同学、朋友、亲人表示最衷心的感谢。

本书稿是在我的博士后合作导师孙剑教授和博士生导师陈红教授的亲切关怀和悉心指导下完成的。他们严肃的科学态度，严谨的治学精神，精益求精的工作作风，深深地感染和激励着我。从专著选题、文献查阅、理论论证到专著撰写、修改等各个阶段，无不凝聚着孙老师和陈老师的关心与指导。在此谨向恩师们致以最诚挚的谢意和最崇高的敬意。

本书稿的写作萌芽来源于白翰老师指导我的本科毕业论文《电动自行车通行能力研究》（2009年）。当时的观点是设置专享的非机动车专用道是解决电动自行车安全问题的有效途径之一。当时的大背景是我国电动自行车正作为一种新型的廉价代步或"过渡"交通工具受到了广大市民的青睐，国外电动自行车的安全还未引起足够重视。早期，美国田纳西大学Cherry，Christopher R.教授和东南大学刘攀教授团队的研究都以中国为实践案例，分别在中国电动自行车使用特征、模式选择行为、出行环境影响对比分析等领域进行了初步探索。白老师也引导我研究电动自行车安全这个方向，当时非常有前瞻性。白老师一直谆谆教导我做人、做事、做学问，这给予了我深远的影响并将受益终生，再次向白老师表示衷心的感谢和深深的敬意。十三年间，白翰教授在本科阶段对我的科研影响，一直激励着我聚焦行人和骑行者等弱势道路使用者等交通安全领域进行研究。

感谢东南大学郭延永教授、同济大学陈丰教授、兰州交通大学马昌喜教授、司法鉴定科学研究院冯浩教高、中国城市规划设计研究院付凌峰教高、深圳市城市交通规划设计研究中心有限公司朱宏佳、刘鹏娟等专家们对本专著提出的宝贵意见，在这里请接受我诚挚的谢意。感谢宁波工程学院杨仁法教授、张水潮教授、郭璘教授、宛岩副教授、张振亚副教授、许菲菲博士、胡正华博士等对本专著的支持。同时，感谢宁波市公安局交通警察局道路秩序处戈永刚、宁波市公安局交通警察局鄞州大队教导员李贤达、副大队长邢立利、情报指挥中心林震、秩序中队范潇莹，感谢你们日日夜夜的坚守，尤其感谢你们在破解共享电单车治理难题的法治探索，为浙江省率先开展共享电单车管理立法探明了方向。

在图片制作、文字修改、格式调整等方面，感谢长安大学2020级研究生任毅、王瑞，东南大学科研助理徐贵龙和2022级研究生郑韬、叶陈灏涵的贡献。在电动自行车流量调查、速度调查、密度调查、违法行为调查等方面，感谢宁波工程学院交通工程专业孟浩阳、李泽炜、孟学骏、祝君恺、王莹、钱成博、董程骏、袁晶晶、林俊阳、田仁勇、盛夏雨、雷浩、陈俊傲、侯红博、罗佳等20余名本科学生作出的辛勤付出，在此一并感谢。

感谢国家自然基金项目"城市大型客运枢纽高密度客流失稳机理解析与管控方法"（52002282）、浙江省哲学社会科学规划课题"面向'城市大脑'的数据驱动型交通事故风险防控策略研究"（21NDJC163YB）、"基于D-S证据推理的疫情风险动态评估与精准管控策略"（22NDJC166YB）、浙江省自然科学基金项目"跨空间数据驱动的城市道路交通运行态势演化分析关键技术研究"（LY21E080010）和浙江省基础公益研究计划项目"基于溢流控制的过饱和干道公交绿波协调控制方法研究"（LGF20F030004）对本专著的支持与资助。

衷心感谢人民交通出版社在书稿意识形态、三审三校、图表制作和文档编排等过程中的辛勤劳动和辛苦付出，感谢各位专家和学者在百忙之中对本书稿的评阅、宝贵意见和建议，感谢提供宝贵数据资料、参考文献和图片等资料的所有作者和同行，感谢在书稿选题、构思、撰写、定稿等过程中全体作者的辛苦付出。最后，向多年来一直给予我无私关怀和支持的家人们致以诚挚的谢意，谢谢你们！

作　者

2023年3月